초단기
고속득점
초고속
TOEIC
SPEAKING
한 권으로 완성하는
토익 스피킹 공략법과 빈출 표현
공략법+표현집

초고속

TOEIC
SPEAKING
공략법+표현집

초판 인쇄일 | 2013년 1월 20일
초판 발행일 | 2013년 2월 1일
지은이 | 하태경
원어민 감수 | Elliot Halpert
발행인 | 박정모
발행처 | 도서출판 혜지원
주소 | 서울시 동대문구 장안1동 420-3호
전화 | 02)2212-1227
팩스 | 02)2247-1227
홈페이지 | http://www.hyejiwon.co.kr

편집진행 | 김형진, 이희경
본문디자인 | 이미소
표지디자인 | 이미소
영업마케팅 | 김남권, 황대일, 서지영
ISBN | 978-89-8379-772-8
정가 | 15,000원

한 권으로 완성하는
토익 스피킹 공략법과 빈출 표현

초고속 TOEIC SPEAKING 공략법+표현집

| 하태경 지음 |

헤지원

Preface

많은 한국 학생들은 정규교과과정을 거치며 영어 공부에 익숙해져 있습니다. 그리고 진학이나 취업을 위해 TOEIC 시험도 한 번쯤은 준비해본 학생들이 대다수일 것입니다. 지금껏 이러한 공부나 시험은 대체로 문법, 읽기, 듣기 등에 국한되어 실제로 학생들이 생활을 하는 데 있어서 필요한 영어 회화 실력을 갖추기에는 부족합니다. 우리 사회가 점점 더 국제화, 글로벌화 되어 가면서 다양하게 활용할 수 있는 영어 실력은 매우 큰 장점이자 꼭 필요한 자질이라고 할 수 있습니다. 따라서 이를 효과적이고 객관적으로 평가할 수 있도록 2006년 도입된 TOEIC Speaking 시험은 많은 업체와 기관에서 채택되고 있고, 많은 학생들이 본인의 영어 실력을 검증하기 위한 도구로 이용하고 있습니다.

그렇다면 영어 말하기에 익숙하지 않은
한국 학생들이 어떻게 TOEIC Speaking 시험을 잘 볼 수 있을까요?

그간 오랜 수업을 통해 많은 학생들을 만나고 함께 공부를 해오면서, 학생들이 겪는 가장 큰 어려움은 바로 영어 말하기에 대한 '두려움'이라는 것을 알게 되었습니다. 자신감과 하고자하는 열의만 충분하다면, 실력의 부족은 연습을 통해 얼마든지 극복해낼 수 있습니다. 더군다나 TOEIC Speaking 시험은 영어 말하기 실력을 평가하기 위한 시험이지만 일종의 '구성과 틀'을 갖추고 있는 시험입니다. 즉 시험의 파트별 구성, 답변의 틀, 다양한 표현과 패턴 등을 충분히 익히고 연습한다면 누구나 다 치를 수 있는 시험이라는 얘기입니다. 시험을 준비하는 학생들은 다음 내용들을 우선 명심하도록 합시다.

· 각 파트별 유형과 평가 기준을 숙지할 것!
· 각 파트별 공략법을 숙지할 것!
· 각 파트별 빈출 어휘와 표현들을 익혀둘 것!
· 평상시에 영작을 습관화할 것!
· 소리 내어 읽기와 말하기를 두려워하지 말 것!
· 끊임없이 연습할 것!
· 항상 자신감을 가질 것!

이 항목들을 잘 지키면서 본 교재를 공부한다면 여러분은 시험을 성공적으로 치를 준비가 된 것입니다.

두꺼운 기본서 없이도 TOEIC Speaking 시험에 완벽 대비할 수 있도록 본 교재를 구성했습니다. '공략법&표현집'이라는 콘셉트이지만 각 파트별 이론과 유형, 꼭 알아두어야 할 것들, 시험 볼 때의 요령, 그리고 다양한 예시 답안들과 연습문제들을 수록했고, 시중에 나와 있는 어떠한 교재보다도 다양한 어휘·표현과 풍부한 예문들을 실었습니다. 뒤에서도 여러 차례 지시가 나오겠지만, CD로 제공되는 음원을 참고해 소리 내어 예문들을 읽으며 연습하길 바랍니다. 또한, 각 파트별 설명과 공략법 안내는 반드시 읽어보고 숙지하세요.

여러분이 이 책을 통해 TOEIC Speaking 시험에서의 목표도 달성하고, 더 나아가 영어 회화 자체에 대한 실력과 흥미도 키울 수 있기를 진심으로 바라는 마음을 담아 열심히 저의 모든 노하우를 공개했습니다.

이 책이 세상에 나오기까지 많은 도움을 주신 모든 분들에게 감사의 말씀을 전합니다.

저자 하태경

About This Book

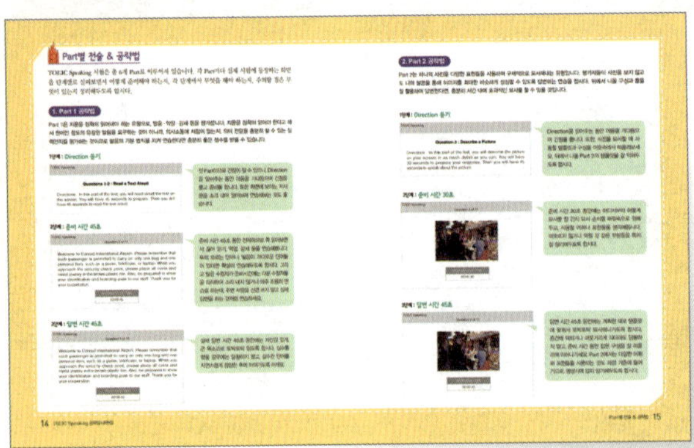

파트별 전술&공략법

본격적인 학습에 들어가기 전에 실제 TOEIC Speaking 시험이 진행되는 동안 각 단계별로 준비하고 대처해야 할 저자만의 노하우를 설명합니다.

파트별 공략법과 요령

TOEIC Speaking의 각 파트별 고득점을 위한 학습방법과 시험 대비 요령을 상세하게 설명합니다.

02-01 MP3 파일명입니다.

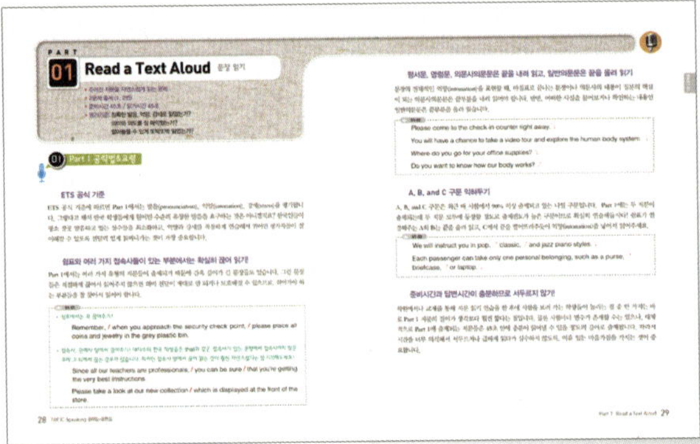

파트별 이론 설명과 공략 트레이닝

TOEIC Speaking 이론서와 비교해도 부족함 없는 각 파트별 고득점 공략 이론 설명과 저자의 노하우를 실었습니다. 이론 설명과 함께 각 파트 특성에 맞는 다양한 트레이닝 코너를 구성해 효과적으로 학습하도록 했습니다.

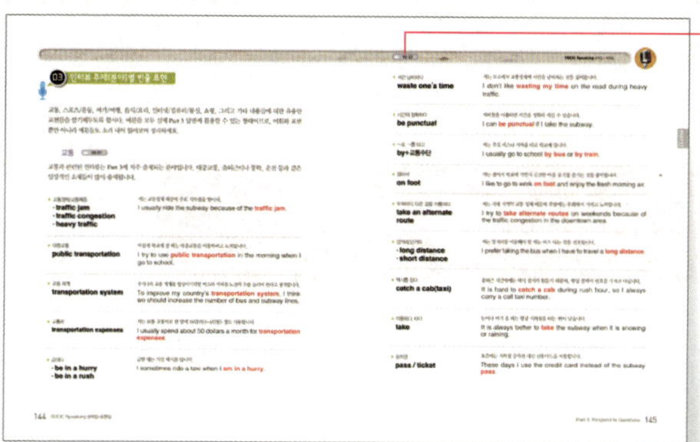

03-22 MP3 파일명입니다.

주제 및 분야별 빈출표현과 예문

Speaking의 핵심, '어휘력'과 '문장력' 보강을 위해 각 파트별 주제 및 분야를 세분화하여 방대한 양의 빈출표현과 활용 예문을 실었습니다. 모든 표현과 예문은 원어민의 발음으로 녹음해 부록 CD에 MP3 파일로 담았습니다.

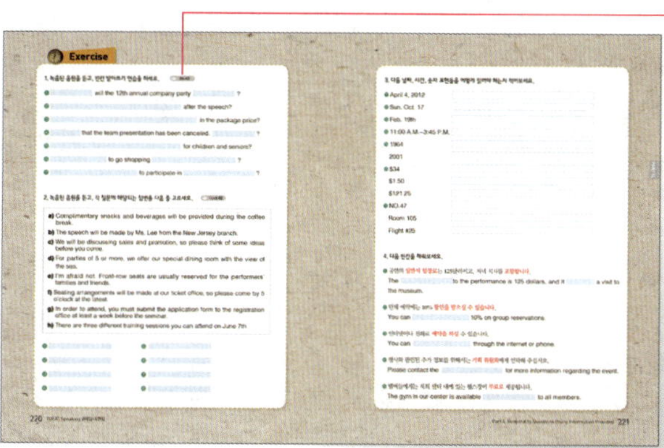

04-43 MP3 파일명입니다.

Exercise

각 파트가 끝나면 실전 TOEIC Speaking을 대비할 수 있도록 다양한 Exercise를 실었습니다.

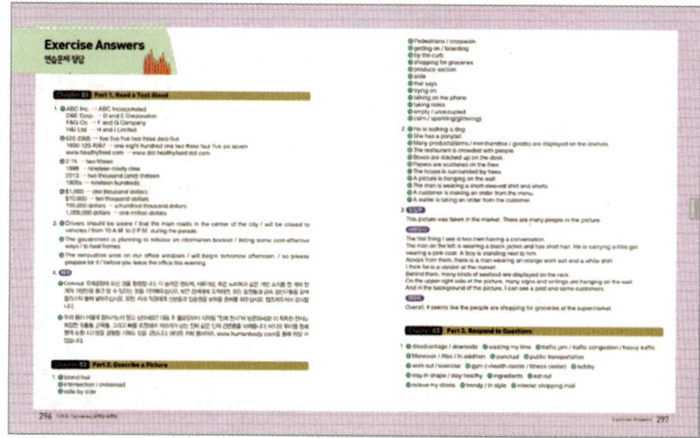

Exercise Answers

책의 마지막 부분에 Exercise 문제의 한글 해석과 정답을 실었습니다.

Contents 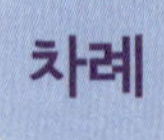 차례

Chapter 02 / Part 2 **Describe a Picture**
사진 묘사

01 Part 2 공략법&요령

02 Template에서 활용 가능한 표현들

03 사진 속 상황별 빈출 표현

Contents 차례

Chapter 04 / Part 4 **Respond to Questions Using Information Provided**
제공된 정보를 사용하여 질문에 답하기

Contents 차례

Chapter 06 / Part 6 **Express an Opinion**
의견 제시하기

Part별 전술 & 공략법

TOEIC Speaking 시험은 총 6개 Part로 이루어져 있습니다. 각 Part마다 실제 시험에 등장하는 화면을 단계별로 살펴보면서 어떻게 준비해야 하는지, 각 단계에서 무엇을 해야 하는지, 주의할 점은 무엇이 있는지 정리해두도록 합시다.

Part 1 공략법

Part 1은 지문을 정확히 읽어내야 하는 유형으로, 발음·억양·강세 등을 평가합니다. 지문을 정확히 읽어야 한다고 해서 원어민 정도의 유창한 발음을 요구하는 것이 아니라, 의사소통에 지장이 없는지, 의미 전달을 충분히 할 수 있는 실력인지를 평가하는 것이므로 발음의 기본 법칙을 지켜 연습한다면 충분히 좋은 점수를 받을 수 있습니다.

1단계 : Direction 듣기

첫 Part이므로 긴장이 될 수 있으니, Direction을 읽어주는 동안 마음을 가다듬으며 긴장을 풀고 준비를 합니다. 또한 화면에 보이는 지시문을 소리 내어 읽으며 연습해보는 것도 좋습니다.

2단계 : 준비 시간 45초

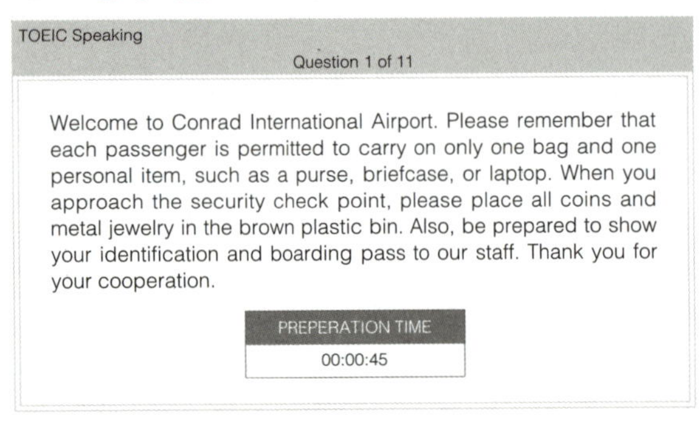

준비 시간 45초 동안 전체적으로 쭉 읽어보면서 끊어 읽기, 억양, 강세 등을 연습해봅니다. 특히 모르는 단어나, 발음이 까다로운 단어들이 있다면 확실히 연습해두도록 합시다. 그리고 많은 수험자가 준비시간에는 다른 수험자들을 의식하여 소리 내지 않거나 아주 조용히 연습을 하는데, 주변 사람을 신경 쓰지 말고 실제 답변하는 것처럼 연습하세요.

3단계 : 답변 시간 45초

실제 답변 시간 45초 동안에는 자신감 있게, 큰 목소리로 또박또박 읽도록 합시다. 실수를 했을 경우에는 당황하지 말고, 실수한 단어를 자연스럽게 정정한 후에 이어가도록 하세요.

Part 2 공략법

Part 2는 하나의 사진을 다양한 표현들을 사용하여 구체적으로 묘사해내는 유형입니다. 평가자들이 사진을 보지 않고도 나의 설명을 통해 이미지를 최대한 비슷하게 상상할 수 있도록 답변하는 연습을 합시다. 뒤에서 나올 구성과 틀을 잘 활용하여 답변한다면, 충분히 시간 내에 효과적인 묘사를 할 수 있을 것입니다.

1단계 : Direction 듣기

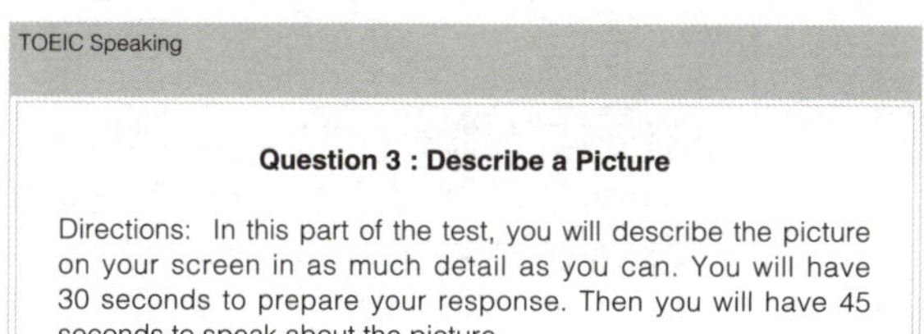

Direction을 읽어주는 동안 마음을 가다듬으며 긴장을 풉니다. 또한, 사진을 묘사할 때 사용할 템플릿과 구성을 머릿속에서 떠올려보세요. 뒤에서 나올 Part 2의 템플릿을 잘 익혀두도록 합시다.

2단계 : 준비 시간 30초

준비 시간 30초 동안에는 어디서부터 어떻게 묘사를 할 건지 묘사 순서를 머릿속으로 정해두고, 사용할 어휘나 표현들을 생각해둡니다. 떠오르지 않거나 막힐 것 같은 부분들을 특히 잘 정리해두도록 합시다.

3단계 : 답변 시간 45초

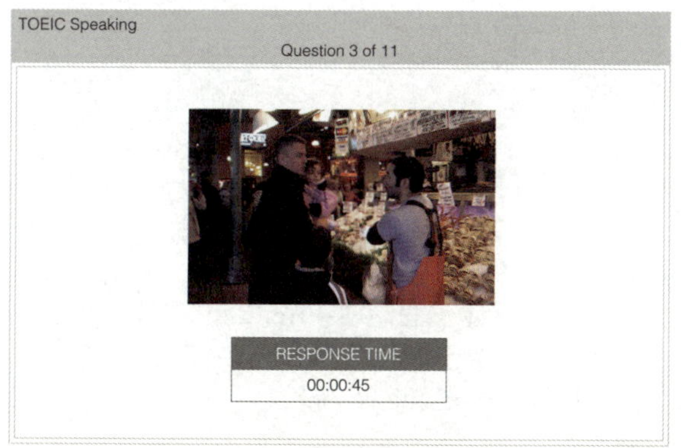

답변 시간 45초 동안에는 계획한 대로 템플릿에 맞춰서 또박또박 묘사해나가도록 합시다. 중간에 막히거나 머뭇거리게 되더라도 당황하지 말고, 준비 시간 동안 잡은 구성을 잘 떠올리며 이어나가세요. Part 2에서는 다양한 어휘와 표현들을 사용하는 것도 채점 기준에 들어가므로, 평상시에 많이 암기해두도록 합시다.

Part 3는 전화 인터뷰 형식으로 3문제가 출제됩니다. 전문적이지 않은 일상 대화에서 자연스럽고 순발력 있게 대처하는 능력을 측정하는 유형이므로, 다양한 일상적인 주제에 대해 준비 시간 없이 바로 질문에 대한 답변을 해내야 합니다. 설문조사의 상황을 가정하고 문제가 출제되므로 단계별 유형과 공략법을 잘 익혀두도록 합시다.

1단계 : Direction 듣기

> TOEIC Speaking
>
> **Questions 4-6 : Respond to Questions**
>
> Directions: In this part of the test, you will answer three Questions. For each question, begin responding immediately after you hear a beep. No preparation time is provided. You will have 15 seconds to respond to questions 4 and 5 and 30 seconds to respond to question 6.

Direction을 읽어주는 동안 마음을 가다듬으며 긴장을 풉니다. 또한 본인의 답변에 사용할 패턴을 빠르게 머릿속으로 떠올려 봅니다.

2단계 : 설문 조사 안내 듣기

> TOEIC Speaking
>
> Question 4 of 11
>
> Imagine that a British marketing firm is doing research in your country. You have agreed to participate in a telephone interview about restaurants.

Part 3에는 답변 준비 시간이 따로 없는 대신, 문제가 나오기 전 설문조사 안내를 읽어주는 이 단계를 준비시간으로 활용해야 합니다. 좌측에 보이는 안내글은 음성으로 제공됨과 동시에 화면으로도 보이기 때문에, 이 화면이 나오자마자 맨 끝에 있는 'about~'을 보고 주제가 무엇인지 파악하고, 그 주제에 대한 자신의 의견을 머릿속으로 재빠르게 정리합니다.

3단계 : (4번 문제) 답변 시간 15초

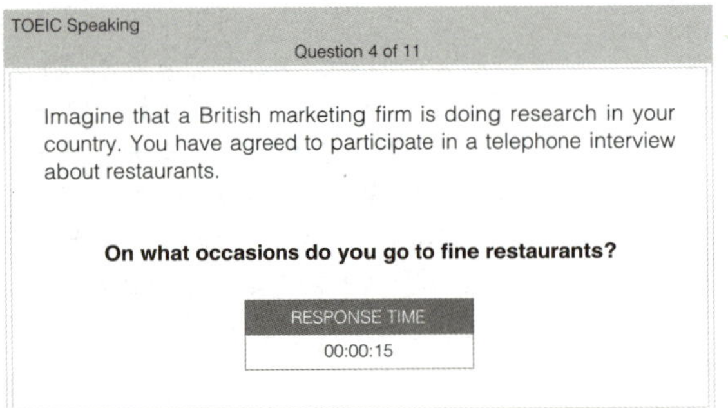

설문조사 안내가 끝나자마자 화면이 바뀌면서 첫 번째 문제가 출제됩니다. 문제 역시 음성으로 제공됨과 동시에 화면에도 보이기 때문에 화면이 뜨자마자 눈으로 재빨리 문제를 파악하고 답변 내용을 머릿속으로 떠올리도록 합시다. 답변 시간은 15초로 비교적 짧기 때문에 질문의 핵심을 정확히 담은 답변을 만드는 연습을 많이 해둡시다.

4단계 : (5번 문제) 답변 시간 15초

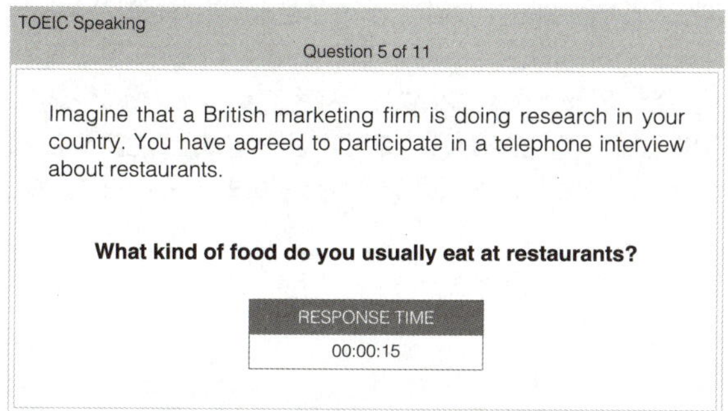

5번 문제 역시 4번과 마찬가지로 15초가 주어집니다. 남은 시간을 잘 보면서 핵심 내용을 담은 답변을 만들도록 합시다.

5단계 : (6번 문제) 답변 시간 30초

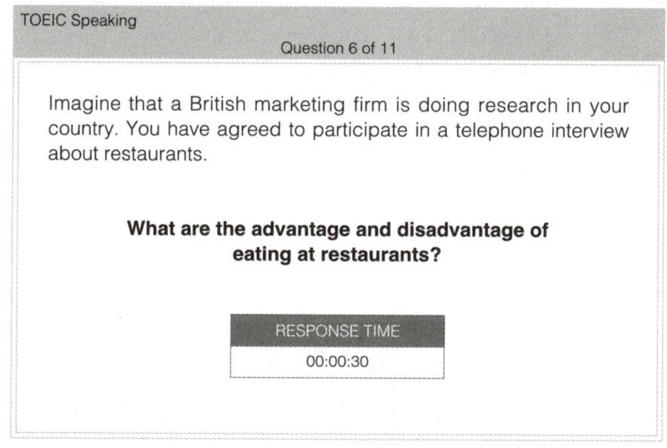

6번 문제의 답변 시간은 30초로, 4 · 5번보다는 더 구체적이고 길게 얘기를 해야 합니다. 뒤에서 나올 6번 문제의 답변 패턴과 탬플릿을 잘 익혀두도록 합시다.

Part 4는 표를 관찰한 후, 표에서 주어진 정보에 대한 답변을 해야 하는 유형으로, Part 3와 마찬가지로 3문제가 출제되며 각각 15초, 15초, 30초씩 답변 시간이 주어집니다. 화면에는 질문이 보이지 않고 음성으로만 제공되기 때문에 듣기 실력도 키워두는 것이 필요합니다. 역시 각 답변에 대한 준비 시간은 주어지지 않지만, 문제가 나오기 전 표를 관찰할 수 있는 시간이 30초 제공됩니다. 또한, Part 3에는 주로 일상적인 소재가 출제되지만, Part 4는 다소 비즈니스와 관련된 내용으로 출제되며, 주로 본인은 어떠한 기관의 관계자이고 전화상에서 고객이 묻는 정보를 답변해주는 상황임을 이해합시다. 이는 실제 회사 생활을 할 때 업무상 필요한 고객 응대 능력을 평가하는 것이라고 볼 수 있습니다.

1단계 : Direction 듣기

TOEIC Speaking

**Questions 7-9: Respond to Questions
Using Information Provided**

Directions: In this part of the test, you will answer three questions based on the information provided. You will have 30 seconds to read the information before the questions begin. For each question, begin responding immediately after you hear a beep. No additional preparation time is provided. You will have 15 seconds to respond to questions 7 and 8 and 30 seconds to respond to question 9.

> Direction을 읽어주는 동안 마음을 가다듬으며 긴장을 풉니다. 또한 본인의 답변에 사용할 패턴을 빠르게 머릿속으로 떠올려 봅니다.

2단계 : 표 관찰 시간 30초

TOEIC Speaking
Question 7 of 11

Edmonds Conference Center

201 Fourth Ave. Edmonds, Washington / Phone&Fax: 425-650-1809
Conference Hall Reservation Schedule: October 5-11

Conference Hall/ Seating	5 (Mon)	6 (Tue)	7 (Wed)	8 (Thu)	9 (Fri)	10 (Sat)	11 (Sun)
Navy Hall / 20 ($60)	(O)	(X)	(O)	(X)	(X)	(O)	(X)
Yellow Hall / 35 ($70)	(X)	(O)	(X)	(O)	(O)	(O)	(O)
Violet Hall / 50 ($85)	(X)	(O)	(X)	(O)	(X)	(O)	(O)
Golden Hall / 70 ($125)	(O)	(O)	(O)	(X)	(X)	(X)	(X)

(O) Indicates availability, (X) Indicates no availability

Prices are on a per hour basis.
Please call our office for inquiries or reservation.

PREPERATION TIME
00:00:30

> 답변을 준비할 시간 없이 질문을 듣고 바로 대답해야 하기 때문에, 표 관찰 시간 30초의 활용이 매우 중요합니다. 위에서부터 아래로 읽어 내려가며 어떤 내용의 도표이고 특이사항은 무엇이 있는지 완벽히 이해하도록 합시다.

3단계 : 질문자의 소개 멘트 듣기

Edmonds Conference Center

201 Fourth Ave. Edmonds, Washington / Phone&Fax: 425-650-1809
Conference Hall Reservation Schedule: October 5-11

Conference Hall/ Seating	5 (Mon)	6 (Tue)	7 (Wed)	8 (Thu)	9 (Fri)	10 (Sat)	11 (Sun)
Navy Hall / 20 ($60)	(O)	(X)	(O)	(X)	(X)	(O)	(X)
Yellow Hall / 35 ($70)	(X)	(O)	(X)	(O)	(O)	(O)	(O)
Violet Hall / 50 ($85)	(X)	(O)	(X)	(O)	(X)	(O)	(O)
Golden Hall / 70 ($125)	(O)	(O)	(O)	(X)	(X)	(X)	(X)

(O) Indicates availability, (X) Indicates no availability

Prices are on a per hour basis.
Please call our office for inquiries or reservation.

표 관찰 시간 30초가 끝나고 질문이 시작되기 전에, 전화를 건 질문자가 자신을 소개하는 음성이 나옵니다. 자신이 누구이고 왜 전화를 걸었는지 등을 간단히 소개하는 내용으로, 잘 들으며 답변을 시작할 준비를 합시다.

4단계 : 〔7번 문제〕 답변 시간 15초

Edmonds Conference Center

201 Fourth Ave. Edmonds, Washington / Phone&Fax: 425-650-1809
Conference Hall Reservation Schedule: October 5-11

Conference Hall/ Seating	5 (Mon)	6 (Tue)	7 (Wed)	8 (Thu)	9 (Fri)	10 (Sat)	11 (Sun)
Navy Hall / 20 ($60)	(O)	(X)	(O)	(X)	(X)	(O)	(X)
Yellow Hall / 35 ($70)	(X)	(O)	(X)	(O)	(O)	(O)	(O)
Violet Hall / 50 ($85)	(X)	(O)	(X)	(O)	(X)	(O)	(O)
Golden Hall / 70 ($125)	(O)	(O)	(O)	(X)	(X)	(X)	(X)

(O) Indicates availability, (X) Indicates no availability

Prices are on a per hour basis.
Please call our office for inquiries or reservation.

RESPONSE TIME
00:00:15

화면에는 보이지 않고 음성으로만 질문이 나온 후 답변 시간 15초가 주어집니다. 표에서 찾을 수 있는 간단한 내용의 정보를 묻는 문제가 주로 출제되므로 질문의 핵심을 정확히 이해한 후 답변하도록 합시다.

TOEIC Speaking

Question 8 of 11

Edmonds Conference Center

201 Fourth Ave. Edmonds, Washington / Phone&Fax: 425-650-1809
Conference Hall Reservation Schedule: October 5-11

Conference Hall/ Seating	5 (Mon)	6 (Tue)	7 (Wed)	8 (Thu)	9 (Fri)	10 (Sat)	11 (Sun)
Navy Hall / 20 ($60)	(O)	(X)	(O)	(X)	(X)	(O)	(X)
Yellow Hall / 35 ($70)	(X)	(O)	(X)	(O)	(O)	(O)	(O)
Violet Hall / 50 ($85)	(X)	(O)	(X)	(O)	(X)	(O)	(O)
Golden Hall / 70 ($125)	(O)	(O)	(O)	(X)	(X)	(X)	(X)

(O) Indicates availability, (X) Indicates no availability

Prices are on a per hour basis.
Please call our office for inquiries or reservation.

RESPONSE TIME
00:00:15

7번 문제와 마찬가지로 답변 시간 15초가 주어지며, 7번과 비슷하거나 조금 더 구체적인 내용을 묻는 문제가 출제됩니다.

TOEIC Speaking

Question 9 of 11

Edmonds Conference Center

201 Fourth Ave. Edmonds, Washington / Phone&Fax: 425-650-1809
Conference Hall Reservation Schedule: October 5-11

Conference Hall/ Seating	5 (Mon)	6 (Tue)	7 (Wed)	8 (Thu)	9 (Fri)	10 (Sat)	11 (Sun)
Navy Hall / 20 ($60)	(O)	(X)	(O)	(X)	(X)	(O)	(X)
Yellow Hall / 35 ($70)	(X)	(O)	(X)	(O)	(O)	(O)	(O)
Violet Hall / 50 ($85)	(X)	(O)	(X)	(O)	(X)	(O)	(O)
Golden Hall / 70 ($125)	(O)	(O)	(O)	(X)	(X)	(X)	(X)

(O) Indicates availability, (X) Indicates no availability

Prices are on a per hour basis.
Please call our office for inquiries or reservation.

RESPONSE TIME
00:00:30

9번 문제는 답변 시간이 30초로, 앞의 두 문제보다 더 자세한 설명이나 정보의 나열을 해야 하는 문제가 출제됩니다. 질문을 들으며 재빨리 표를 스캔해서 필요한 정보를 찾아내는 것이 좋지만, 만약 정보를 다 찾지 못했다면 5초 이내로 생각을 정리한 후 답변을 시작해도 괜찮습니다.

Part 5는 어떠한 문제에 대한 도움 요청이나 불만사항을 얘기하는 전화 음성메시지를 듣고, 그에 대한 답변 메시지를 녹음하는 유형입니다. 주로 비즈니스와 관련된 내용으로 메시지가 출제되며 답변에는 본인이 메시지의 내용을 제대로 이해했다는 것과 그 문제에 대한 적절한 해결책을 제시해주어야 합니다. 이는 실제 회사생활을 할 때 관계자나 고객을 상대하는 능력과 문제에 대처하는 능력을 평가하는 것이라고 볼 수 있습니다. 메시지가 나온 후 답변 준비 시간 30초가 주어지고, 실제 답변 시간은 60초입니다. 비교적 긴 답변을 해야 하기 때문에, 준비 시간을 효과적으로 활용하는 것이 매우 중요합니다. 뒤에서 나올 Part 5의 답변 템플릿을 확실히 익혀두도록 합시다.

1단계 : Direction 듣기

TOEIC Speaking

Question 10: Propose a Solution

Directions: In this part of the test, you will be presented with a problem and asked to propose a solution. You will have 30 seconds to prepare. Then you will have 60 seconds to speak.

Direction을 읽어주는 동안 마음을 가다듬고 긴장을 풀며 답변 메시지에서 사용할 패턴을 빠르게 머릿속으로 떠올려 봅니다.

2단계 : 전화 음성메시지 듣기

TOEIC Speaking

Question 10 of 11

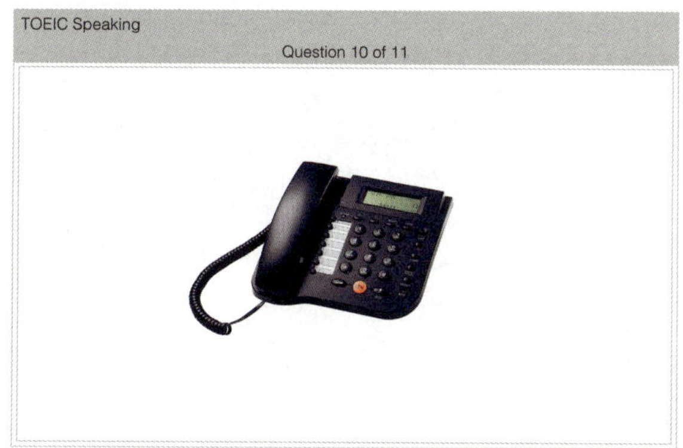

화면에는 전화기 그림만 보이고 음성으로 메시지가 나옵니다. 화자가 누구이며, 나와의 관계는 어떻게 되는지, 전화한 용건과 문제가 무엇이며 나에게 요구하는 것은 무엇인지 등을 정확히 파악하면서 들어야 합니다. 또한 화자의 이름이 언급된다면 잘 기억해두었다가 답변에서 이름을 부르며 인사를 하면 메시지를 잘 들었다는 인상을 심어줄 수 있습니다. 메시지를 잘 들어야지만 적절한 답변을 할 수 있으므로, 평소에 듣기 연습도 많이 해두세요.

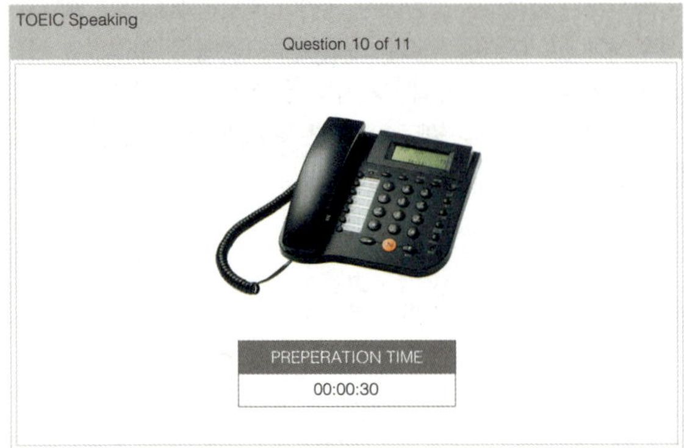

준비 시간 30초의 활용이 매우 중요합니다. 실제 답변 시간의 반밖에 되지 않으므로 처음부터 끝까지 연습해볼 시간은 없습니다. 따라서 미리 암기해둔 탬플릿에 영작해서 넣어줘야 하는 부분만 재빨리 떠올려야 합니다. 메시지의 내용 요약과 화자의 용건, 내가 제시하는 두 가지 정도의 해결책 등을 영작해보면서 실제 답변을 준비합니다.

4단계 : **답변 시간 60초**

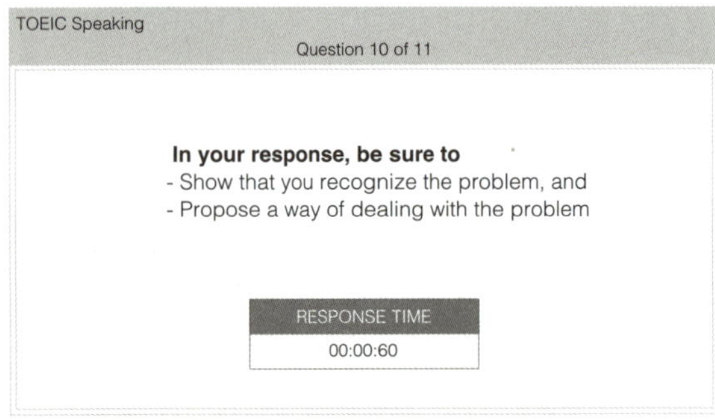

화면에는 문제를 인식했음을 보여주고(show that you recognize the problem), 해결책을 제시하라(propose a solution)는 지시문이 나오면서 60초의 시간이 주어집니다. 미리 암기해놓은 탬플릿에 준비 시간 동안 영작한 내용들을 넣어 답변해나가도록 합시다. 〈인사말→메시지 요약→해결책 제시→마무리〉의 구조로 되어있는 탬플릿을 뒤에서 꼭 확인하고 암기해두도록 하세요.

마지막 Part 6는 하나의 주제에 대하여 15초간 생각한 후 본인의 의견을 60초 동안 얘기하는 유형입니다. 주로 회사 생활, 일상생활, 그리고 학교생활에 대한 주제가 출제되며, 이는 실제 회사생활을 할 때나 여러 가지 일상적인 상황에서 본인의 입장이나 주장을 영어로 논리적으로 표현할 수 있는가를 평가하는 것이라고 볼 수 있습니다. 따라서 평상시에 많은 영작 연습과 다양한 주제들에 대한 의견을 정리해두는 것이 많은 도움이 됩니다.

1단계 : Direction 듣기

TOEIC Speaking

Question 11 of 11

Question 11 : Express an Opinion

Directions: In this part of the test, you will give your opinion about a specific topic. Be sure to say as much as you can in the time allowed. You will have 15 seconds to prepare. Then You will have 60 seconds to speak.

Direction을 읽어주는 동안 마음을 가다듬고 긴장을 풀며 답변 메시지에서 사용할 패턴을 빠르게 머릿속으로 떠올려 봅니다.

2단계 : 문제 듣기

TOEIC Speaking

Question 11 of 11

Do you prefer a job that requires you to transfer a lot, or a job that requires you to work at one place for a long time?

화면에도 문제가 보이고, 문제를 읽어주는 음성 또한 제공됩니다. Part 6는 준비 시간이 15초로 매우 짧기 때문에, 문제를 읽어주는 이 시간의 활용이 매우 중요합니다. 음성이 나오는 동안 재빨리 눈으로 문제의 내용을 이해한 후 본인의 입장을 확정 짓도록 합시다.

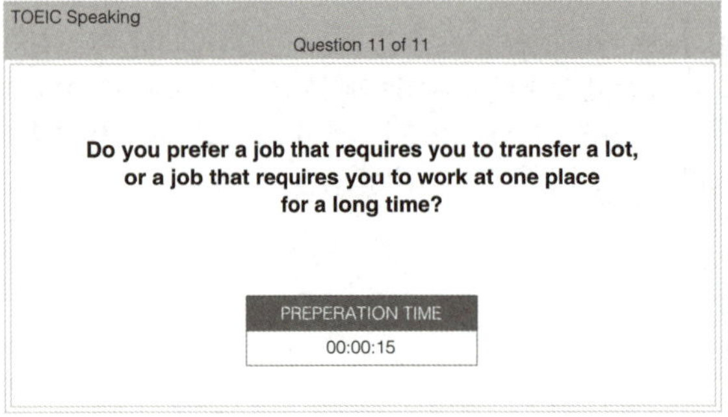

앞서 문제를 읽어주는 시간 동안 본인의 입장을 확실히 정한 후, 준비 시간 15초가 시작되면 그 입장을 뒷받침할 수 있는 근거나 이유 두 가지를 빨리 생각해 내야 합니다. 시간이 촉박하기 때문에 아주 구체적으로 할 말을 모두 떠올릴만한 여유는 없을 것이므로 큰 의견을 정리해둔 후 답변을 해나가면서 구체화시키도록 합시다.

4단계 : 답변 시간 60초

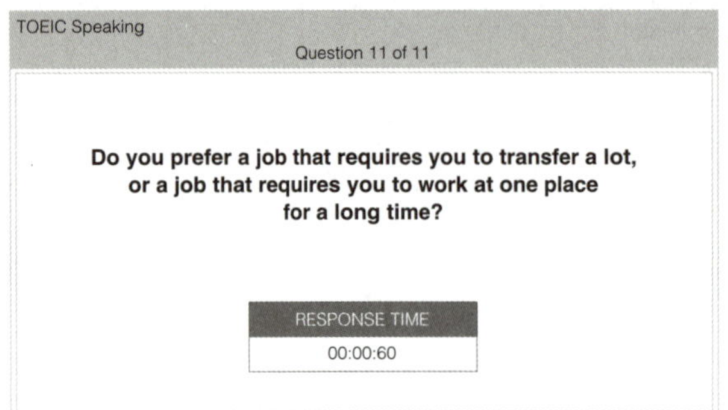

〈본인의 입장 → 두 가지 근거 → 마무리〉 순의 탬플릿에 맞춰 본인의 의견을 얘기해나가도록 합니다. 이론적인 근거도 좋지만 경험이나 예시를 들어서 부연 설명을 하는 것도 더욱 신빙성을 줄 수 있습니다. 뒤에서 나올 Part 6 답변 탬플릿을 꼭 익혀두도록 하세요.

TOEIC Speaking 시험의 Part별 실제 화면을 통해서 각 단계의 공략법과 준비해야 하는 것들을 살펴보았습니다. 실제 시험을 볼 때 효율적이고 여유 있게 답변을 해나갈 수 있도록, 시험을 보러 가기 전 위의 단계들을 잘 살펴보며 숙지해두세요. 이제, 각 Part별 빈출 표현들과 공략법, 탬플릿 등을 더 자세히 정리해보겠습니다.

★ TOEIC Speaking 학습 노하우

· 각 파트별 유형과 평가 기준을 숙지할 것!
· 각 파트별 공략법을 숙지할 것!
· 각 파트별 빈출 어휘와 표현들을 익혀둘 것!
· 평상시에 영작을 습관화할 것!
· 소리 내어 읽기와 말하기를 두려워하지 말 것!
· 끊임없이 연습할 것!
· 항상 자신감을 가질 것!

자, 시작해볼까요?

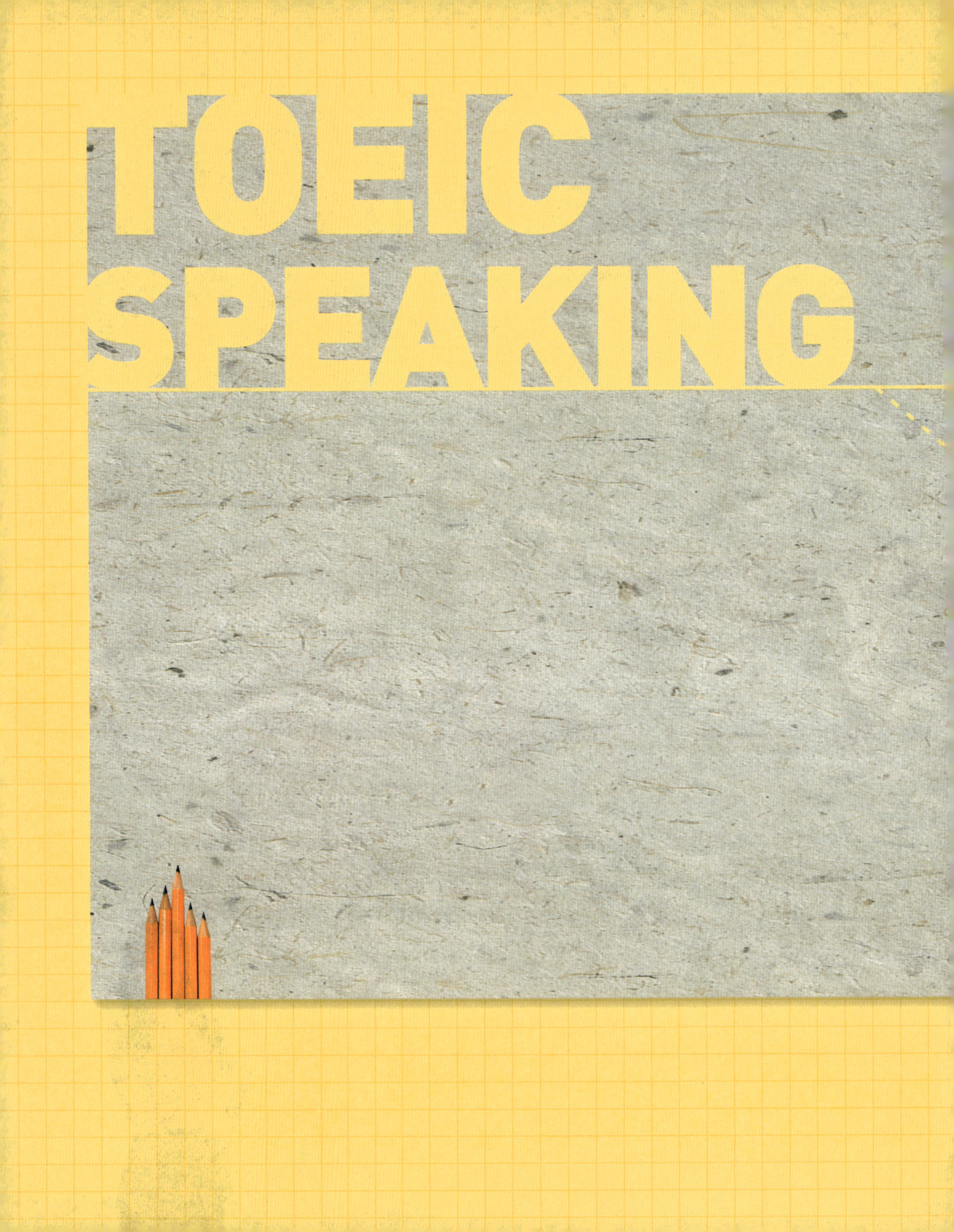

TOEIC
SPEAKING

Part 1

Read a Text Aloud

문장 읽기

- **Part 1 공략법&요령
- 제대로 읽기!
- 주제별 빈출 표현
- **Exercise**

01 Read a Text Aloud 문장 읽기

▶ 주어진 지문을 자연스럽게 읽는 문제
▶ 2문제 출제 (1, 2번)
▶ 준비시간 45초 / 읽기시간 45초
▶ 평가기준: 정확한 발음, 억양, 강세로 읽었는가?
　　　　　 의미와 의도를 잘 파악했는가?
　　　　　 알아들을 수 있게 또박또박 읽었는가?

01 Part 1 공략법&요령

① ETS 공식 기준

ETS 공식 기준에 따르면 Part 1에서는 발음(pronunciation), 억양(intonation), 강세(stress)를 평가합니다. 그렇다고 해서 한국 학생들에게 원어민 수준의 유창한 발음을 요구하는 것은 아니겠지요? 한국인들이 평소 잘못 발음하고 있는 실수들을 최소화하고, 억양과 강세를 적절하게 연습해서 원어민 평가자들이 잘 이해할 수 있도록 전달력 있게 읽어나가는 것이 가장 중요합니다.

② 쉼표와 여러 가지 접속사들이 있는 부분에서는 확실히 끊어 읽기!

Part 1에서는 여러 가지 유형의 지문들이 출제되기 때문에 간혹 길이가 긴 문장들도 있습니다. 그런 문장들은 적절하게 끊어서 읽어주지 않으면 의미 전달이 제대로 안 되거나 모호해질 수 있으므로, 쉬어가야 하는 부분들을 잘 찾아서 읽어야 합니다.

• 쉼표에서는 꼭 끊어주기!

> ex Remember, / when you approach the security check point, / please place all coins and jewelry in the grey plastic bin.

• 접속사, 관계사 앞에서 끊어주기! 대다수의 한국 학생들은 that과 같은 접속사가 있는 문장에서 접속사까지 읽은 후에 그 뒤에서 끊는 경우가 많습니다. 하지만 접속사 앞에서 끊어 읽는 것이 훨씬 자연스럽다는 점 기억해두세요!

> ex Since all our teachers are professionals, / you can be sure / that you're getting the very best instructions.

> Please take a look at our new collection / which is displayed at the front of the store.

③ 평서문, 명령문, 의문사의문문은 끝을 내려 읽고, 일반의문문은 끝을 올려 읽기

문장의 전체적인 억양(intonation)을 표현할 때, 마침표로 끝나는 문장이나 의문사의 내용이 질문의 핵심이 되는 의문사의문문은 끝부분을 내려 읽어야 합니다. 반면, 어떠한 사실을 물어보거나 확인하는 내용인 일반의문문은 끝부분을 올려 읽습니다.

01-02

ex Please come to the check-in counter right away. ↘

You will have a chance to take a video tour and explore the human body system. ↘

Where do you go for your office supplies? ↘

Do you want to know how our body works? ↗

④ A, B, and C 구문 익혀두기

A, B, and C 구문은 최근 매 시험에서 90% 이상 출제되고 있는 나열 구문입니다. Part 1에는 두 지문이 출제되는데 두 지문 모두에 등장할 정도로 출제빈도가 높은 구문이므로 확실히 연습해둡시다! 쉼표가 연결해주는 A와 B는 끝을 올려 읽고, C에서 끝을 떨어뜨려주듯이 억양(intonation)을 넣어서 읽어주세요.

01-03

ex We will instruct you in pop, ↗ classic, ↗ and jazz piano styles. ↘

Each passenger can take only one personal belonging, such as a purse, ↗ briefcase, ↗ or laptop. ↘

⑤ 준비시간과 답변시간이 충분하므로 서두르지 않기!

학원에서나 교재를 통해 지문 읽기 연습을 한 후에 시험을 보러 가는 학생들이 놀라는 점 중 한 가지는 바로 Part 1 지문의 길이가 생각보다 훨씬 짧다는 점입니다. 물론 시험마다 변수가 존재할 수는 있으나, 대체적으로 Part 1에 출제되는 지문들은 45초 안에 충분히 읽어낼 수 있을 정도의 길이로 출제됩니다. 따라서 시간을 너무 의식해서 서두르거나 급하게 읽다가 실수하지 않도록, 여유 있는 마음가짐을 가지는 것이 중요합니다.

⑥ Part 1은 첫인상이다!

TOEIC Speaking이라는 시험을 취업 면접을 보는 상황과 비교해봅시다. 첫인상이 굉장히 중요하겠죠? 면접관들에게 좋은 첫인상을 심어주어야 그 사람에 대해 더 알고 싶고 듣고 싶다고 느낄 수 있듯이, 스피킹 시험도 마찬가지입니다. 시험을 보는 학생들에게는 시험의 총 소요 시간이 20분 정도로 짧게 느껴질 수 있으나, 많은 학생의 답변을 듣고 평가를 해야 하는 평가위원들에게는 다를 수 있습니다. Part 1에서 밝은 목소리와 또렷한 발음으로 좋은 인상을 심어주는 것이 필요하다는 것이지요.

또한 우리가 실제로 사람을 대면해서 얘기할 때와 녹음한 목소리를 들어보면 확연한 차이가 느껴집니다. 녹음한 목소리는 대체적으로 한 톤 다운된 느낌을 주거나, 우리가 발성했다고 생각한 만큼의 음성보다 더 작게 들릴 수 있습니다. 따라서 연습할 때 최대한 밝고 크게, 약간은 high-tone의 느낌으로 읽기 훈련을 해두면 시험을 보러 갔을 때 더 좋은 소리를 낼 수 있다는 점 명심하세요!

 제대로 읽기!

Part 1에서 좋은 점수를 받기 위해서는 한국인들이 잘못 발음하고 있는 영어 표현들을 적절한 발음으로 제대로 읽어내야 합니다. 따라서 한글에는 없는 소리들, 놓치기 쉬운 연음들, 우리가 잘못 읽고 있는 고유명사나 외래어 표현들, 그리고 품사별 강세 등을 제대로 발음하는 법을 숙지하고 연습해두도록 합시다.

① 한국인들이 실수하기 쉬운 발음들

❶ [p] & [f]

영어의 [p]나 [f]와 비슷한 발음으로는 한글의 [ㅍ]이 있지만, 두 발음 모두 발음하는 방식에서는 차이가 있습니다. [p]는 두 입술을 물었다가 강하게 뱉어내는 느낌으로, 한글의 [ㅍ]이나 [ㅃ]과 비슷하게, [f]는 바람을 '후~' 분다는 느낌으로 소리를 내면서 윗니로 아랫입술을 막아줍니다. 그래서 바람이 스치는 소리를 만들어줍니다.

연습해보기 🎧 01-04		
pool [pu:l] 수영장	↔	fool [fu:l] 바보
pie [pai] 파이	↔	five [faiv] 다섯
peel [pi:l] 뜯어내다, 벗겨내다	↔	feel [fi:l] 느끼다
pick [pik] 고르다	↔	flick [flik] 튕기다

❷ [b] & [v]

앞의 [p]&[f] 발음과 마찬가지의 방식으로 발음합니다. [b]는 두 입술을 물었다가 뱉어내는 느낌으로, 한글의 [ㅂ]과 비슷하게, [v]는 '우~' 소리를 내면서 윗니로 아랫입술을 막아주고 바람이 스치는 소리를 부드럽게 내줍니다.

연습해보기 🎧 01-05		
bow [bau] 절하다	↔	vow [vau] 맹세, 서약
best [best] 최고의	↔	vest [vest] 조끼
berry [béri] 열매	↔	very [véri] 매우
boat [bout] 배	↔	vote [vout] 투표

❸ [l] & [r]

영어의 [l]이나 [r]과 비슷한 발음으로는 한글의 [ㄹ]이 있지만, 세 발음 모두 사실 전혀 다른 발음입니다. 한글의 [ㄹ]
은 발음을 해보면 혀끝이 입천장에 닿습니다. 하지만 [l]은 혀끝에 힘을 주어 윗니 뒤에 닿게 해야 하고, [r]은 혀가
입천장에 닿지 않도록 굴려서 발음해줍니다. 발음 방식을 달리하여 비교해봅시다.

연습해보기 01-06

lap [læp] 무릎	↔	rap [ræp] 랩
late [leit] 늦은	↔	rate [reit] 비율
lime [laim] 라임	↔	rhyme [raim] 운(율)
collect [kəlékt] 수집하다	↔	correct [kərékt] 올바른

❹ [θ] & [ð]

[th] 발음은 한국인들이 가장 어려워하는 발음 중 하나입니다. 특히 스펠링은 같아도 두 가지로 발음이 될 수 있기
때문에 단어별 정확한 발음을 익혀두어야 합니다. 두 발음 모두 혀를 윗니와 아랫니 사이에 대고 스치는 소리를 내
주어야 합니다. [θ] 발음은 혀를 물면서 시작하는데 한글의 [ㄸ] 발음처럼 세게 발음해야 하고, [ð] 발음은 비슷하게
시작하되 한글의 [ㄷ] 발음처럼 부드럽게 발음합니다.

연습해보기 01-07

[θ]	[ð]
thesis [θíːsis] 논제, 학위 논문	the [ðə] (정관사) 그
thrilling [θríliŋ] 오싹하게 하는	there [ðɛəːr] 거기에
three [θriː] 3개	weather [wéðəːr] 날씨
think [θiŋk] 생각하다	that [ðæt] 그것

❺ [w] & [kw]

[w] 발음은 한글의 [위–] 발음과 비슷한데, '우~' 소리를 빨리 내주고 시작하면 더 정확한 발음을 할 수 있습니다.

연습해보기 01-08

week [wiːk] 주 → [우위크]

west [west] 서쪽 → [우웨스트]

want [wɔ(ː)nt] 원하다 → [우원트]

wish [wiʃ] 소원 → [우위쉬]

Q는 대부분의 한국인이 잘못 발음하는 알파벳입니다. 대부분의 사람은 Q를 한글의 [ㅋ] 발음과 똑같이 읽는 경향이 있는데, 발음기호가 [kw]인만큼 '쿠~' 소리를 시작으로 발음해주어야 합니다.

> **연습해보기** 01-09
>
> | | | |
> |---|---|---|
> | question [kwéstʃən] 질문 | 퀘스천 (x) → 쿠에스천 (o) |
> | quick [kwik] 빠른 | 퀵 (x) → 쿠윅 (o) |
> | quality [kwáləti] 품질 | 퀄리티 (x) → 쿠얼리티 (o) |
> | require [rikwáiə:r] 요구하다 | 리콰이어 (x) → 리쿠아이어 (o) |

❻ [dr] & [tr]

[dr]이나 [tr]로 시작되는 단어들을 보통 한국식 발음으로는 그대로 표기하거나 발음합니다. 하지만 d와 r, t와 r이 만나면서 연음이 되어 각각 [주]와 [추]로 발음이 바뀝니다.

> **연습해보기** 01-10
>
> | | |
> |---|---|
> | drop [drɑp] 떨어지다 | 드롭 (x) → 주랍 (o) |
> | dry [drai] 건조한 | 드라이 (x) → 주롸이 (o) |
> | drip [drip] (액체가) 떨어지다 | 드립 (x) → 주립 (o) |
> | drink [driŋk] 마시다 | 드링크 (x) → 주링크(o) |
> | tree [tri:] 나무 | 트리 (x) → 추뤼 (o) |
> | try [trai] 시도하다 | 트라이 (x) → 추롸이 (o) |
> | training [tréiniŋ] 훈련 | 트레이닝 (x) → 추뤠이닝 (o) |
> | trunk [trʌŋk] 줄기, 여행가방 | 트렁크 (x) → 추룅크 (o) |

② 한국인들이 실수하기 쉬운 연음들

❶ 비슷한 소리가 만날 때

두 단어가 만날 때, 앞 단어의 끝과 뒤 단어의 시작이 비슷한 소리를 가지고 있다면, 각각 다 발음하지 않고 두 발음을 합쳐서 읽어줍니다. 따라서 두 단어가 이어지는 느낌이 나야 합니다.

> **연습해보기** 01-11
>
> | | |
> |---|---|
> | gas station | [gæs stéiʃ-ən] 가스 스테이션 (x) → [gæstéiʃ-ən] 개스테이션 (o) |
> | expected to | [ikspéktid tu] 익스펙티드 투 (x) → [ikspéktitu] 익스펙틑투 (o) |
> | night time | [nait taim] 나이트 타임 (x) → [naitaim] 나잇타임 (o) |

두 단어가 만날 때, 앞 단어가 자음으로 끝나고 뒤 단어가 모음으로 시작되면 역시 각각 다 발음하지 않고 두 발음을 합쳐서 읽어줍니다.

연습해보기 01-12

pick up	[pik ʌp] 픽 업 (x) → [pikʌp] 픽껍 (o)
take off	[teik ɔːf] 테이크 오프 (x) → [teikɔːf] 테익꺼프 (o)
lined up along	[laind ʌp əlɔ́ːŋ] 라인드 업 얼롱 (x) → [laindʌpəlɔ́ːŋ] 라인덥뻘롱 (o)
cup of coffee	[kʌp ɑv kɔ́ːfi] 컵 오브 커피 (x) → [kʌpɑvkɔ́ːfi] 컵뻐커피 (o)

❸ [t]와 [d] 발음 굴리기

미국식 발음에서는 [t]와 [d] 다음에 모음이 올 경우 [t]와 [d] 발음을 그대로 딱딱하게 발음하지 않고 굴려서 [ㄹ] 발음처럼 연음시켜줍니다.

연습해보기 01-13

light up	[lait ʌp] 라잇 업 (x) → [lairʌp] 라이럽 (o)
about us	[əbáut ʌs] 어바웃 어스 (x) → [əbáurʌs] 어바우러스 (o)
at all times	[æt ɔːl taimz] 앳 올 타임스 (x) → [ærɔːl taimz] 애롤타임즈 (o)
hit it off	[hit it ɔːf] 힛 잇 오프 (x) → [hiririɔːf] 히리로프 (o)

Check up 01-14

밑줄 그어진 표현들의 연음현상에 주의하며 문장을 읽어보고, 음원을 들으며 연습하세요.

1. Please <u>stop by</u> the <u>gas station</u> and <u>fill up</u> the fuel.

2. You <u>must take down</u> the notices <u>posted on</u> the bulletin board <u>as soon as</u> the <u>event is over</u>.

3. The vehicles <u>that are</u> <u>lined up along</u> the street will be towed if they are not relocated by <u>the end of</u> the day.

해석

1. 주유소에 들러서 연료를 채워 넣으십시오.
2. 행사가 끝나는 대로 게시판에 게시되어 있는 공지사항들을 내려야 합니다.
3. 길을 따라 줄지어 있는 차량들은 오늘까지 다른 곳으로 옮기지 않으면 견인될 것입니다.

③ 주의해야 할 발음을 가진 어휘들 – 고유명사

국가명, 도시명, 사람 이름 등과 같이 한글로 번역할 수 없는 어휘들은 그대로 읽어야 하는데 영어식 발음으로 제대로 읽어주어야겠죠? 몇 가지 대표적인 고유명사들의 발음을 연습해봅시다.

연습해보기 01-15

Boston [bɔ́(:)stən]	보스톤 (x) → 바스턴 (o)
Pacific [pəsífik]	퍼시픽 (x) → 퍼시픽 (o)
Chicago [ʃiká:go]	시카고 (x) → 쉬카고 (o)
Moscow [másko]	모스코바 (x) → 모스카우 (o)
Athens [ǽθinz]	아테네 (x) → 에이뜬즈 (o)
Naples [néiplz]	나폴리 (x) → 네이쁠즈 (o)
Asia [éiʒə]	아시아 (x) → 에이쉬아 (o)
Argentina [à:rdʒəntí:nə]	아르헨티나 (x) → 알젠티나 (o)
Rome [roum]	로마 (x) → 로움 (o)
Los Angeles	로스앤젤레스 (x) → 러스 **앤**젤레스 (o)
New York	뉴욕 (x) → 뉴 **욕** (o)
San Francisco	샌프란시스코 (x) → 샌 프랜**시**스코 (o)
New Zealand	뉴질랜드 (x) → 뉴 **질**랜드 (o)

* 두 단어로 이루어진 지명들은 대개 뒤 단어에 강세를 붙여줍니다!

④ 주의해야 할 발음을 가진 어휘들 – 외래어

한국에서 특별히 번역하지 않고 그냥 사용되고 있는 외래어들이 굉장히 많습니다. 그 중에서 잘못된 발음으로 통용되는 어휘들도 상당수가 있는데, TOEIC Speaking 시험에 출제된다면 미국식 발음으로 정확하게 읽어주어야 좋은 점수를 받을 수 있습니다. 우리가 일상적으로 많이 사용하는 어휘들이기 때문에 습관적으로 실수하기 쉬우므로, 많이 연습해두고 정확히 읽도록 합시다.

연습해보기 01-16

bouquet [boukéi]	부케 (x) → 부**케**이 (o)
café [kæféi]	카페 (x) → 카**페**이 (o)
buffet [bəféi]	뷔페 (x) → 브**페**이 (o)
modern [mádə:rn]	모던 (x) → **마**던 (o)
model [mádl]	모델 (x) → **마**들 (o)

camera [kǽmərə]	카메라 (x) → **캐**므라 (o)
amateur [ǽmətʃùər]	아마추어 (x) → **애**매추어 (o)
academy [əkǽdəmi]	아카데미 (x) → 어**캐**더미 (o)

⑤ 품사/형태별 강세 제대로 발음하기

모든 영어 어휘에는 강세가 있습니다. 또 스펠링이 똑같거나 비슷한 어휘들이 품사나 형태에 따라서 다른 강세를 가지는 경우도 상당히 많기 때문에 미리 이러한 어휘들을 익혀두고 연습해두어야 실수 없이 읽어 낼 수 있습니다. 특히 품사가 다른 경우에는 강세를 잘못 넣게 되면 전혀 다른 뜻으로 해석이 될 수 있기 때문에 주의해야 합니다.

연습해보기 01-17

record	명 기록 [rékə:rd]	–	동 기록하다 [rikɔ́:rrd]	
increase	명 증가 [ínkri:s]	–	동 증가하다 [inkrí:s]	
lives	명 삶 [laivz]	–	동 살다 [livz]	
present	명 현재, 선물 [prézənt]	–	동 발표하다 [prizént]	
economy	명 경제 [ikánəmi]	–	economical	형 경제적인 [ì:kənámikəl]
biology	명 생물학 [baiálədʒi]	–	biological	형 생물학적인 [bàiəládʒikəl]
technology	명 기술 [teknálədʒi]	–	technological	형 기술적인 [tèknəládʒikəl]
exhibit	명 전시 [igzíbit]	–	exhibition	명 전시회 [èksəbíʃən]
photograph	명 사진 [fóutəgræf]	–	photographer	명 사진작가 [fətágrəfər]
			photography	명 사진술 [fətágrəfi]

Check up 01-18

다음 지문을 정확한 발음으로 읽어보고, 음원을 들어보며 반복적으로 연습하세요.

Tonight, we present to you the exhibit of ancient Asian artworks. These artifacts will show you the lives of the Chinese royalties who lived in the Southern part of China. Also, you will have a chance to learn about the scientific technology that was used to build ancient structures in the 17th century. Please remember that flash photography is not allowed in the exhibition hall. Thank you for your cooperation and enjoy your visit.

해석

오늘 밤, 고대 아시아 예술품 전시를 소개합니다. 이 예술 작품들은 여러분에게 중국의 남쪽 지역에 살았던 중국 왕족들의 삶을 보여줄 것입니다. 또한, 17세기 고대 구조물들을 짓는 데에 사용되었던 과학적인 기술에 대해서도 배울 기회가 있을 겁니다. 전시회장 안에서 플래시 사진촬영은 금지되어 있음을 기억해주십시오. 협조해주셔서 감사드리며, 즐거운 시간 보내시길 바랍니다.

03 주제별 빈출 표현

Part 1에는 광고문, 교통관련 공지문, 여러 가지 행사 안내문, 관광 및 문화와 관련된 안내문, 사내공지나 비즈니스 관련 지문, 방송 및 보도문, 그리고 전화메시지 등 여러 가지 내용과 유형의 지문들이 출제됩니다. 각 유형별로 자주 나오는 표현들을 익혀두고 예문을 소리 내어 읽으면서 연습해봅시다.

① 광고문

TOEIC Speaking 시험에 가장 많이 출제되는 지문 유형 중 한 가지는 무언가를 광고하는 내용의 지문입니다. 광고라는 것은 소비자들에게 어떠한 상품이나 서비스를 소개하고, 흥미를 가지도록 관심을 유도하는 것이기 때문에 밝고 활기찬 느낌으로 읽어주는 것이 효과적입니다.

광고(상품/서비스) `01-19`

+ **accessories** n 액세서리, 부속물

Women's clothing and **accessories** will go on sale starting next month.
여성복과 액세서리들은 다음 달부터 할인됩니다.

+ **antique** a 골동(품)의, 앤틱

Take a look at our collection of **antique** furniture, now on display on the second floor.
지금 2층에서 전시되고 있는 저희 앤틱 가구 컬렉션을 구경하세요.

+ **assorted** a 여러 가지의, 다채로운

For this week only, you can sample our **assorted** sweets and pastries made by master patissiers.
이번 주만, 최고의 파티시에들이 만든 다양한 사탕류와 제과류를 시식해보실 수 있습니다.

+ **beverage** n 음료수

Power Water is a new health **beverage** for those of you who want low-calorie drinks.
파워 워터는 저칼로리 음료수를 원하시는 분들을 위한 새로운 건강 음료입니다.

+ **catalog** 🄽 카탈로그, 목록

You can pick up the latest issue of our **catalog** at any Mark Furniture branch.
모든 Mark 가구점에서 저희 신상 카탈로그를 가져가실 수 있습니다.

+ **clearance** 🄽 재고정리, 정리

Bloomside Shopping Mall will be having a **clearance** sale on all summer season products.
Bloomside 쇼핑몰은 모든 여름 제품들에 재고정리 세일을 할 것입니다.

+ **collection** 🄽 소장품, 컬렉션

Our finest **collection** of jewelry is now displayed at the rear of the store.
저희 최상 쥬얼리 컬렉션이 지금 가게 뒤쪽에 전시되어 있습니다.

+ **contain** 🆅 담고 있다, 포함하다

This delicious snack **contains** various vitamins including vitamin A, C, and E.
이 맛있는 스낵은 비타민 A, C, 그리고 E를 포함한 다양한 비타민들을 함유하고 있습니다.

+ **coupon** 🄽 쿠폰, 할인권

Those customers who make a purchase over 150 dollars will receive discount **coupons** that can be used at our on-line shop.
150달러 이상 구입하시는 고객들은 저희 온라인 상점에서 사용할 수 있는 할인 쿠폰을 받으실 겁니다.

+ **custom-made** 🄰 주문 제작의, 맞춤 제작의

We can cater to your needs with our **custom-made** furnishing equipment that are made by leading craftsmen.
저희는 최고의 장인들이 만든 주문제작 가구 용품들로 여러분의 요구에 맞춰드릴 수 있습니다.

+ **decoration** 🄽 장식, 장식물

Our finest furniture will make your home **decoration** more easier and fancier than ever.
저희의 멋진 가구들은 여러분의 집 장식을 그 어느 때보다도 더 쉽고 화려하게 만들어드릴 것입니다.

+ **department store** 백화점

Mandy's **Department Store** is conveniently located on 5th street, adjacent to the city hall.
Mandy's 백화점은 시청 바로 옆, 5번가에 편리하게 위치해 있습니다.

+ floral arrangement 꽃 장식

We provide a variety of **floral arrangements** for all kinds of events and parties.
저희는 모든 종류의 행사와 파티를 위한 다양한 꽃 장식들을 제공해드립니다.

+ gift certificate 상품권

For those of you wanting a memorable gift for your family or friends, we have a range of **gift certificates** from 50 to 1,000 dollars.
가족이나 친구들을 위한 기념할만한 선물을 찾으시는 분들을 위해, 50달러에서 1,000달러까지의 다양한 상품권이 있습니다.

+ ingredient n 재료

Taste our house salad made with the freshest **ingredients** that are grown locally.
이 지역에서 기른 최고로 신선한 재료로 만들어진 저희 하우스 샐러드를 맛보세요.

+ memorable a 기념할만한, 기억할만한

With our high-quality photo service, keep record of your **memorable** moments that you want to celebrate.
저희 고품질 사진 서비스로, 여러분이 기리고 싶은 기념할만한 순간들을 기록해두세요.

+ merchandise n 상품, 제품

Mania Gifts provide branded promotional **merchandise** for corporate and businesses, ideal for functional giveaways.
Mania Gifts는 행사용 경품으로 적합한, 기업과 사업체들을 위한 홍보용 브랜드 상품을 제공합니다.

+ name-brand 유명상표, 메이커 제품

Come and take a look at our **name-brand** items, which you can never get at these prices after this sale.
이번 세일이 끝나면 절대로 이 가격에 구입할 수 없는 저희의 메이커 상품들을 오셔서 구경하세요.

+ nutritional value 영양가

Mix Jones Granola Bar will delight you with its taste, and then surprise you with its **nutritional value**.
Mix Jones Granola Bar는 맛으로 여러분을 기쁘게 해드리고, 영양가로 한 번 더 놀라게 해드릴 것입니다.

+ nutritious 🅐 영양가 있는

Researchers say that improving public awareness of **nutritious** meal choices and healthy habits are necessary.

연구가들은 영양가 있는 음식의 선택과 건강한 생활방식에 대한 대중의 인식을 키우는 것이 필수적이라고 말합니다.

+ patron 🅝 단골손님

Paper World branches are dedicated to providing our **patrons** with excellence in customer service.

Paper World 지점들은 단골 고객들에게 훌륭한 고객 서비스를 제공하는 것에 헌신합니다.

+ quality 🅝 품질

We guarantee the best **quality** in roofing and construction, so visit us now for a free estimate.

저희는 지붕 작업과 공사에 최고의 품질을 보장하니, 무료 견적을 위해 지금 방문하세요.

+ shopping mall 쇼핑몰, 백화점

K-Bay is one of the most popular online **shopping malls** providing free online auctions for electronic products like cell phones, digital cameras, computers, and so on.

K-Bay는 휴대폰, 디지털 카메라, 컴퓨터 등의 전자제품을 위한 무료 온라인 경매를 제공하는 가장 인기 있는 쇼핑몰 중 하나입니다.

+ special offer 특가품, 특가 판매

View our **special offers** and last minute holiday deals at our web site, but hurry, these won't be around for long.

저희 웹사이트에서 특가품들과 임박한 휴가 상품들을 확인하시되 서두르세요, 금방 품절될 것입니다.

+ unique 🅐 독특한, 특별한

At Strisand Menswear, we stock an incredible range of **unique** designer clothes.

Strisand 남성복에서는 엄청난 종류의 독특한 디자이너 의류들을 보유하고 있습니다.

+ various 🅐 다양한

Telemaker offers **various** products and services to help you stay connected with family and friends nationwide and around the world.

텔레메이커는 여러분이 전국적으로, 그리고 전 세계적으로 가족, 친구들과 연락을 유지할 수 있도록 다양한 상품과 서비스들을 제공해드립니다.

+ **vitamin** 🄝 비타민

You can buy all your **vitamins**, herbs and alternative health supplements at Vita World.
여러분은 모든 비타민, 허브, 그리고 대체 건강보조품들을 비타월드에서 구입하실 수 있습니다.

+ **voucher** 🄝 쿠폰, 상품권

Buy anything from K-Smith and receive a **voucher** giving you from 10 to 30 percent off your total spending at Beefking restaurants.
K-Smith에서 무엇이든 구입하시고, Beefking 식당에서 총 구매액의 10에서 30퍼센트까지 할인해주는 상품권을 받아가세요.

+ **an assortment of** 다양한, 여러 가지의 (= a variety of / a selection of / a choice of / a range of / an array of)

All breakfast menus are served with **an assortment of** breakfast pastries and bagels, with fresh sliced fruit.
모든 아침 식사 메뉴들은 여러 가지 종류의 패스트리와 베이글, 신선한 조각 과일들과 함께 제공됩니다.

+ **be marked down** 할인되다

Currently we are having an end-of-season sale, where items **are marked down** up to 70%.
현재 저희는 상품들이 70%까지 할인되는 시즌 정리 세일을 하고 있습니다.

+ **for purchases over~** ~이상 구매하면

We provide free shipping services to anywhere throughout the country **for purchases over** 500 dollars.
저희는 500달러 이상 구매하시면 국내 어디로든 무료 배송 서비스를 제공해드립니다.

+ **offer a discount** 할인을 제공하다

For the next three hours, we will **offer a discount** on all items in the dairy product section.
앞으로 세 시간 동안, 유제품 코너의 모든 상품들에 할인을 제공합니다.

+ **~percent off the regular price** 정가에서 ~퍼센트 할인

You can get at least 30 **percent off the regular price** on women's shoes, accessories and handbags.
여성화, 액세서리, 그리고 핸드백 제품들에서 정가의 최소 30퍼센트까지 할인을 받으실 수 있습니다.

+ **prices that can't be beat** 최고의 가격, 능가할 수 없는 가격

Stop by our branches located throughout the city, and check out the **prices that can't be beat**!

도시 전역에 위치해 있는 저희 지점에 들르셔서 최고의 가격대를 확인해보세요!

+ **take advantage of** ~를 이용하다, ~를 기회로 활용하다

Visit our web site today, and **take advantage of** this incredible offer which will last until this weekend only.

오늘 저희 웹사이트에 방문하셔서 이번 주말까지만 제공될 이 엄청난 특가 판매를 이용하세요.

+ **there's no~ like~** ~같은 ~는 없다

There's no place **like** Aden's Furniture, where we have it all - from stylish lighting equipment to luxury couches and sofas.

스타일리시한 조명 기구들부터 럭셔리 소파들까지 – 모두 갖추고 있는 Aden's 가구점만한 곳은 없습니다.

광고(기관/교육) 01-25

+ **absolutely** ad 전적으로, 틀림없이

DV Music School is **absolutely** the best choice for those of you wanting to learn how to play guitars of all kinds.

DV 뮤직스쿨은 모든 종류의 기타 연주를 배우고자 하는 분들을 위한 최고의 선택임이 틀림없습니다.

+ **academy** n 학원, 아카데미

At Hillside **Academy**, you can get systematic education and practical advice on planning and starting new businesses.

Hillside 아카데미에 오시면, 새로운 사업체를 계획하고 시작하는 것에 관한 체계적인 교육과 실질적인 조언을 받으실 수 있습니다.

+ **affordable** a (가격이) 적당한, 알맞은

By visiting our web site at www.findplaces.com, you can compare a selection of properties at **affordable** prices.

저희 웹사이트 www.findplaces.com에 방문하시면, 적당한 가격대의 다양한 건물들을 비교해보실 수 있습니다.

+ **athletic** ⓐ 운동의, 스포츠의

With Perry's DVD set, you will be able to experience dramatic results without using any **athletic** equipment.

Perry의 DVD 세트로, 어떠한 운동 기구도 사용하지 않고 큰 효과를 경험하실 수 있을 것입니다.

+ **branch** ⓝ 지점, 지사

Our **branches** are conveniently located throughout the state, with at least one in every major city.

저희 지점들은 대도시에 최소 하나씩, 주 전역에 편리하게 위치해 있습니다.

+ **certified** ⓐ 보증된, 공인된

You can get personal training from more than 10 **certified** health instructors with professional licenses.

전문적인 자격증들을 갖고 있는 10명 이상의 보증된 헬스 강사들로부터 개인적인 트레이닝을 받으실 수 있습니다.

+ **course** ⓝ 과정, 강의

You can choose to take **courses** at your convenient time, by making your own timetable.

각자의 시간표를 작성함으로써 편하신 시간대에 강의를 들으실 수 있습니다.

+ **diet** ⓝ 식단, 식습관

Our professionals will help you create a **diet** that suits your own needs and conditions.

저희의 전문가들은 여러분 각자의 필요와 상태에 맞는 식단을 짜는 것을 도와드릴 것입니다.

+ **exercise** ⓝ 운동, 연습 ⓥ 운동하다

From weight training to healthy **exercise** programs, we have everything here at Barney Health Center.

근력 운동에서 건강 운동 프로그램까지, 여기 Barney 헬스 센터에 모두 준비되어 있습니다.

+ **expand** ⓥ 확장하다, 확대되다

In an effort to offer better services, we are planning to **expand** our offices to the suburban areas by early next year.

더 나은 서비스를 제공하고자 하는 노력의 일환으로, 저희는 내년 초까지 교외 지역들로 저희 지점들을 확장할 계획입니다.

+ extended hours　연장 근무시간

In accordance with increasing demands, we have decided to offer **extended hours** during the weekend.

늘어나는 요구에 따라, 주말 동안 연장 근무시간을 제공하기로 결정했습니다.

+ fitness center　피트니스 센터, 헬스장

Call now and book a free consultation at our **fitness center** to find out the program that you need.

여러분에게 필요한 프로그램을 알아보기 위해 저희 피트니스 센터로 지금 전화하셔서 무료 상담을 예약하세요.

+ gym　n 체육관, 헬스클럽

Our **gym** features various facilities including an olympic-sized swimming pool, a weight-lifting center, and a tennis court.

저희 체육관은 올림픽 크기의 수영장, 역도 센터, 그리고 테니스장을 포함한 다양한 시설들을 갖추고 있습니다.

+ health　n 건강

For a more satisfying experience, we have developed a customized training program for your **health** and diet.

더 만족스러운 경험을 위해서, 저희는 여러분의 건강과 다이어트를 위한 개개인의 요구에 맞춘 트레이닝 프로그램을 개발했습니다.

+ incredible　a 굉장한, 믿을 수 없는

You will be astonished by the **incredible** results you can get from this little booklet that contains only the key factors to success.

여러분은 성공을 위한 핵심 요소들만을 담고 있는 이 작은 책자에서 얻게 되실 굉장한 결과에 놀랄 것입니다.

+ medical　a 의료의, 의학의

You are probably well aware that it's very important to choose a **medical** plan that's best for you and your family.

여러분은 본인과 가족들을 위한 최고의 의료보험을 선택하는 것이 매우 중요하다는 점을 아마 알고 계실 것입니다.

+ order　n 주문　v 주문하다

Place an **order** now, and receive a set of Pilates DVDs only at an additional cost of 15 dollars!

지금 주문하시고, 추가 비용 단돈 15달러에 필라테스 DVD 세트도 함께 받아가세요!

+ reasonable   🇦 (가격 등이) 합리적인, 적당한

At DMC Real Estate Agency, you can get a list of apartments at **reasonable** prices in your preferred area.

DMC 부동산에서, 여러분이 선호하시는 지역에 있는 합리적인 가격대의 아파트 목록을 받으실 수 있습니다.

+ session   🇳 세션, 수업

Call 555-3245, and schedule your free leadership and life coaching **session** today.

555-3245로 전화하셔서, 무료 리더십과 인생 코치 세션을 오늘 예약하세요.

+ state-of-the-art   🇦 최신식의

Experience our personalized service, in concert with stylish guest rooms and **state-of-the-art** facilities.

멋스러운 객실과 최신식 시설들이 협력하여 만들어내는 저희의 개인 맞춤 서비스를 경험해 보십시오.

+ suitable   🇦 적합한, 알맞은

We will offer you not only expert advice, but also an experienced and objective viewpoint as to whether if the vehicle is **suitable** for your everyday needs.

저희는 전문적인 조언뿐만 아니라, 그 차량이 여러분의 일상적인 필요에 적합한지에 대한 노련하고 객관적인 견해를 제공해드릴 것입니다.

+ technology   🇳 기술

Our creative solution team will help you experience the latest LED **technology**, which we are sure you will be satisfied with.

저희의 창의적인 지원팀은 여러분들이 최신 LED 기술을 경험할 수 있게 도와드릴 것이며, 분명 이에 만족하실 것입니다.

+ treatment   🇳 치료, 처치

In case of emergencies, we guarantee proper **treatment** for you to cope with the situation and endure any pain.

위급상황 시, 저희는 여러분이 상황에 대처하고 고통을 견딜 수 있도록 적절한 치료를 보장합니다.

+ trial   🇳 시험, 실험

Our free **trial** classes will give you and your child the opportunity to experience our program first hand.

저희 무료 시범 수업은 여러분과 여러분의 아이들이 직접 저희의 프로그램을 체험할 수 있는 기회를 드릴 것입니다.

+ **work out** 운동하다

You can now **work out** at our gym until 2 A.M. with our new extended operating hours.
저희의 새로운 영업시간으로 인해 여러분은 이제 오전 2시까지 체육관에서 운동하실 수 있습니다.

+ **for further information** 더 자세한 내용을 위하여

Please call or visit our web site **for further information** or free consultation.
더 자세한 정보나 무료 상담을 위해서는 저희에게 전화를 주시거나 웹사이트를 방문해주세요.

+ **go into operation** 영업에 들어가다, 영업을 시작하다

After a successful market research and analysis, our institution will **go into operation** starting next Monday.
성공적인 시장조사와 분석 끝에, 저희의 기관은 다음주 월요일을 시작으로 영업에 들어갈 것입니다.

+ **hours of operation** 영업시간, 근무시간 (= operating hours / business hours / office hours / working hours)

Our customer care **hours of operation** are from 9 A.M. to 10 P.M., Monday through Friday, and from 10 A.M. to 8 P.M. on Saturdays.
저희 고객 관리 영업시간은 월요일부터 금요일까지는 오전 9시부터 오후 10시까지, 토요일에는 오전 10시부터 오후 8시까지입니다.

+ **lose (one's) weight** (~의) 살을 빼다

If you are planning on **losing weight**, you must find an effective method according to your physical status.
살을 뺄 계획이라면, 본인의 체력 상태에 따른 효과적인 방법을 찾아야 합니다.

+ **provide A with B** A에게 B를 제공하다

We will **provide** you **with** the most convenient and efficient service, with our on-line payment system.
저희의 온라인 결제 시스템으로, 여러분에게 가장 편리하고 효율적인 서비스를 제공해 드리겠습니다.

+ **the offer lasts until~** 이 할인은 ~까지이다

Hurry up, because **the offer lasts until** this Friday only!
서두르세요, 이 할인은 이번 주 금요일까지입니다!

+ **the very best instructions**   최고의 설명

Our sales representatives are always on standby with **the very best instructions** that you need.

저희 영업 사원들은 여러분이 필요로 하는 최고의 설명들을 가지고 항시 대기 중입니다.

+ **when it comes to~**   ～에 관한 한, ～에 관해서라면

When it comes to business education, there is no other program like Skyhigh Consulting.

비즈니스 교육에 관해서라면, Skyhigh Consulting만 한 프로그램은 없습니다.

+ **24 hours a day**   하루 24시간

Our experienced technicians are on duty **24 hours a day**, to provide you with quality service.

저희의 능숙한 기술자들은 여러분에게 고품질 서비스를 제공해드리기 위해 하루 24시간 근무 중입니다.

② 교통 관련 공지 01-31

Part 1에서 가장 많이 출제되는 지문 유형 중 또 한 가지는 바로 교통과 관련된 공지문입니다. 비행기나 기차와 같은 교통수단 내에서 뭔가를 안내하는 내용이나, 공항 혹은 터미널 같은 교통수단과 관련된 장소에서 방송되는 안내문들을 출제하는데, 이들은 주로 어떠한 지시를 하거나 안내를 하기 위한 목적이기 때문에 또박또박, 전달력 있게 읽어주는 것이 중요합니다.

+ airways 🄽 항공사

Thank you for traveling with United **Airways**, and we hope to see you again soon.

United 항공사와 함께 여행해주셔서 감사드리며, 조만간 다시 뵙길 바랍니다.

+ arrive 🆅 도착하다

We will be **arriving** at Seattle-Tacoma International Airport in approximately 15 minutes.

우리는 약 15분 후에 Seattle-Tacoma 국제공항에 도착할 것입니다.

+ attention 🄽 주의, 주목

Attention all passengers waiting to board flight 426 headed for New Orleans, Louisiana.

Louisiana주, New Orleans로 가는 426번 항공편을 탑승하기 위해 기다리고 계시는 승객들은 모두 주목해주십시오.

+ boarding pass 탑승권

Please prepare to show your **boarding pass** to our staff, so we can speed up the boarding process.

탑승을 빨리 진행하기 위하여, 저희 직원에게 탑승권을 보여줄 준비를 해주십시오.

+ bound for~ ~행의, ~로 가는

The train **bound for** Towson, Maryland will be arriving shortly, so please proceed to the gate now.

Maryland주, Towson으로 가는 기차가 곧 도착할 예정이니, 지금 게이트로 가십시오.

+ cabin crew 승무원

Feel free to ask any of our **cabin crews** for assistance if you need anything.

무엇이든 필요하시면 저희 승무원들에게 마음껏 도움을 요청하십시오.

+ captain 기장

Good evening ladies and gentlemen, this is your **captain** speaking.
좋은 저녁입니다. 신사숙녀 여러분. 저는 여러분의 기장입니다.

+ check-in 체크인. 탑승수속(대)

Please proceed to the **check-in** counter if you wish to check or change your seat assignment.

좌석을 확인하거나 변경하고 싶으시면 탑승수속대로 가십시오.

+ delay n 지연, 지체 v 연기하다, 미루다

Due to some technical problems on the tracks, the 6:15 train from Grove Town is being **delayed**.

선로의 기술적인 문제들 때문에, Grove Town에서 오는 6시 15분 기차가 지연되고 있습니다.

+ departure n 출발, 떠남

There have been unexpected changes to the scheduled **departure** times for several outbound flights due to weather conditions at the destinations.

목적지의 날씨 상황 때문에 몇몇 떠나는 항공편들의 예정 출발 시각이 예상치 못하게 변경되었습니다.

+ descend v 내려오다, 내려가다

Be careful when you **descend** the staircase of the boat, since it is very steep and rusty.
매우 가파르고 녹슬었으므로, 배의 계단을 내려가실 때 조심하십시오.

+ destination n 목적지, 도착지

For those of you with connections from Bangkok to other **destinations** please be advised that the gate assignments will be announced shortly.

Bangkok에서 다른 목적지들로 가는 연결 항공편을 타실 분들께 지정 게이트가 곧 방송될 것임을 알려 드립니다.

+ economy class 이코노미석, 일반석 (cf.business class 비즈니스석 / first class 일등석)

Economy class passengers should proceed to the luggage claim area C, located next to the exit.

이코노미석 승객들은 출구 옆에 있는 수하물 수취소 C 구역으로 가셔야 합니다.

+ electronic device 전자기기

Please return your seat to the upright position, and refrain from using **electronic devices** during take off.

의자 등받이를 똑바로 세워주시고, 이륙하는 동안에는 전자기기 사용을 삼가주십시오.

+ exit n 출구 v 나가다

There is an **exit** at the rear of the ship that can be used in case of an emergency.

배의 뒤쪽에 비상시에 사용할 수 있는 출구가 있습니다.

+ flight n 항공편, 비행

Currently, dusty wind conditions are causing delays for incoming and outgoing **flights**.

현재, 황사 때문에 입국과 출국 항공편들이 지연되고 있습니다.

+ flight attendant 승무원

You can get assistance from our **flight attendants** by pressing the button above your seat.

좌석 위에 있는 버튼을 누름으로써 승무원들에게서 도움을 받으실 수 있습니다.

+ get off 내리다

Those passengers transferring to the Blue Line should **get off** at the next station.

블루 라인으로 갈아타실 승객들은 다음 역에서 내리셔야 합니다.

+ identification n 신분증

Please have your **identification** and boarding pass ready so that we can speed up the boarding process.

탑승 절차를 신속히 하기 위하여 신분증과 탑승권을 준비해주십시오.

+ inconvenience n 불편

We sincerely apologize for any **inconvenience** this may cause.

이것이 끼치는 모든 불편에 진심으로 사과드립니다.

+ **luggage** ⓝ 짐, 수하물

Remember, only one **luggage** per passenger can be stored in the overhead compartment.

기억하세요, 머리 위 짐칸에는 승객 한 명당 하나의 짐만 보관하실 수 있습니다.

+ **make sure** 확실히 하다, 확인하다

Please **make sure** you take all your belongings with you when you leave the train.

기차에서 내리실 때 모든 소지품을 다 챙기셨는지 확인하십시오.

+ **maintenance** ⓝ 관리, 보수, 수리

Our flight is currently being delayed due to runway **maintenance**, but will be taking off shortly.

우리 비행기는 현재 활주로 관리 작업 때문에 지연되고 있으나, 곧 이륙할 것입니다.

+ **metal jewelry** 금속 장신구

Please put all coins and **metal jewelry** inside the red bin on the counter before you walk through the security.

보안 검색대를 통과하기 전에 카운터 위에 있는 빨간 통에 모든 동전과 금속 장신구를 넣으십시오.

+ **passenger** ⓝ 승객

Business class **passengers** can wait in the guest lounge until further announcements are made.

비즈니스석 승객들은 추후 안내가 있을 때까지 게스트 라운지에서 기다리셔도 됩니다.

+ **personal belongings** 개인 소지품

Please double check for any **personal belongings** left behind before disembarking from the plane.

비행기에서 내리기 전에 남겨진 개인 소지품이 없는지 다시 한 번 확인해주십시오.

+ **plastic bin** 플라스틱 통

All passengers must place their bags and coats in the **plastic bin** at the security check point.

모든 승객들은 보안 검색 지점에서 가방과 외투를 플라스틱 통 안에 넣으셔야 합니다.

+ railway n 철도, 철길

Thank you for traveling with Black Hound **Railways**, and we will look forward to seeing you again.

Black Hound 철도를 이용해주셔서 감사드리며, 조만간 다시 뵙기를 바랍니다.

+ resume v 재개하다, 복구되다

Regular service is expected to **resume** at around 5 P.M., so please wait at the passenger lounge until then.

정상 운행이 오후 5시 정도에 재개될 것으로 예상되오니, 그때까지 승객 라운지에서 기다려 주십시오.

+ shuttle bus 셔틀버스

Shuttle buses leave every 30 minutes in front of the airport and you can check the routes on the bulletin board.

셔틀버스들은 공항 앞에서 30분마다 출발하고 노선은 게시판에서 확인하실 수 있습니다.

+ station n 역

The underpass that connects to the subway **station** is on level B.

지하철로 연결되는 지하도는 B층에 있습니다.

+ suitcase n 여행가방

Please place your **suitcases** on the scale so we can weigh your luggage.

저희가 수하물의 무게를 측정할 수 있도록 저울 위에 여행가방을 올려주십시오.

+ technical difficulty 기술적인 문제

The aircraft is currently being inspected due to some **technical difficulties**.

기술적인 문제들로 인하여 항공기는 현재 점검 중입니다.

+ temporarily ad 일시적으로

The check-in counter is **temporarily** closed for system maintenance, but we will start operating shortly.

탑승 수속대는 시스템 관리를 위해 일시적으로 닫았지만, 곧 다시 운영을 시작하겠습니다.

+ terminal　🇳 터미널

Passengers for Blueray Airlines traveling to Newfoundland, please proceed to gate 4 at the East **Terminal**.

Newfoundland로 가는 Blueray 항공사 승객들은 동쪽 터미널에 있는 4번 게이트로 가십시오.

+ transfer　🇻 옮기다, 이동하다, 갈아타다

You can **transfer** to the Yellow Line at the stations marked on the route map.

노선도에 표시되어 있는 역들에서 노란색 노선으로 갈아타실 수 있습니다.

+ transportation system　교통시스템, 교통시설

Please understand the delay, as this maintenance is to improve the city's overall **transportation system**.

이번 정비는 도시의 전반적인 교통시스템을 향상시키기 위함이므로, 지연을 양해해 주십시오.

+ be permitted to　～하도록 허락되다

You **are permitted to** smoke only in the designated smoking area.

지정된 흡연구역에서만 흡연하실 수 있습니다.

+ fasten one's seat belts　안전벨트를 매다

Ladies and gentlemen, please **fasten your seat belts** until the seat belt sign goes off.

신사숙녀 여러분, 안전벨트 사인이 꺼질 때까지 안전벨트를 매고 계십시오.

+ for your safety　여러분의 안전을 위하여

For your safety, please remain in your seats with your seat belts fastened at all times.

여러분의 안전을 위하여, 항상 안전벨트를 맨 채로 자리에 앉아 계십시오.

+ in an orderly manner　질서정연하게

Please disembark from the train **in an orderly manner**.

질서정연하게 기차에서 하차하여 주십시오.

+ **in the meantime**　그 동안에

In the meantime, our crew will walk around to check your boarding passes, so please have them ready.

그 동안에, 우리 승무원들이 여러분의 탑승권을 확인하기 위하여 돌아다닐 것이므로, 준비하여 주십시오.

+ **please do not hesitate to~**　~하는 것을 망설이지 마십시오

Please do not hesitate to ask for assistance to any of our crew members.

저희 승무원들 중 아무에게나 망설이지 말고 도움을 요청하십시오.

+ **remain in one's seats**　~의 자리에 앉아 계십시오

We ask you to **remain in your seats** since we are experiencing some turbulence.

난기류를 통과하고 있으므로 자리에 앉아 계시기를 부탁드립니다.

+ **we are now approaching**　~에 접근하고 있습니다

We are now approaching Penn Station in the borough of Manhattan.

우리는 Manhattan시의 Penn Station에 접근하고 있습니다.

+ **Welcome aboard~**　~에 탑승하신 것을 환영합니다

Welcome aboard flight 507 bound for Honolulu International Airport via Dallas.

Dallas를 경유하여 Honolulu 국제공항으로 가는 507번 항공편에 탑승하신 것을 환영합니다.

③ 행사 안내 `01-38`

행사 안내문은 시상식, 연회, 회의 등 여러 가지 행사장에서 사람들에게 행사의 일정이나 연설자, 수상자 등을 소개하는 내용으로 출제됩니다. 이러한 소개문 유형에서는 여러 단어로 이루어진 관용적인 표현들이 많이 등장하므로 그런 표현들을 자연스럽게 연결하여 읽는 연습을 해두어야 합니다.

+ annual　🅐 연간의, 연례의

Welcome everyone to the 5th **annual** conference on International Tour Packages.
5번째 연례 국제 관광 패키지 회의에 오신 것을 환영합니다.

+ attentively　🆎 경청하여, 주의 깊게

Please listen **attentively** to our invited guests who will talk to you today about their experiences in the IT industry.

오늘 IT 산업에서의 경험에 대하여 얘기해주실 초대 손님들의 말을 경청하여 주십시오.

+ award ceremony　시상식

This **award ceremony** is organized and hosted by the Janine Foundation which supports women and children with cancer.

이 시상식은 암에 걸린 여성들과 아이들을 후원하는 Janine 재단에 의해 조직되고 진행됩니다.

+ banquet hall　연회장

We have prepared a special Mediterranean buffet dinner for you in the **banquet hall**, so please go and enjoy yourselves.

연회장에 특별 지중해식 뷔페 저녁 식사를 준비해두었으니, 가셔서 마음껏 드십시오.

+ coordinator　🆖 조정자, 조직자

We are pleased to introduce you to Mark Jones, the **coordinator** of this evening's event.

오늘 저녁 행사의 조직자인 Mark Jones를 소개해드리게 되어 기쁩니다.

+ furthermore　🆎 게다가, 더욱이

Furthermore, Ms. Leeny has wrote a series of best selling books that inspired millions of students throughout the world.

게다가, Ms. Leeny는 전 세계적으로 수백만의 학생들에게 영감을 준 베스트셀러 책들을 많이 쓰셨습니다.

+ guest speaker 초대 연설자

Today's **guest speaker** is Karl Brown, who won the "Musician of the Year Award" at last year's Music Choice Ceremony.

오늘 초대 연설자는 작년 뮤직 초이스 행사에서 "올해의 음악가 상"을 수상한 Karl Brown입니다.

+ keynote speaker 기조 연설자

Our **keynote speaker** is currently being delayed at immigration, so he will be speaking in the afternoon, right after the luncheon.

우리의 기조 연설자는 현재 입국심사대에서 늦어지고 있으므로, 오찬 행사 후, 오후에 연설을 하시겠습니다.

+ lecture 🔟 강의, 강연

Ms. Wise is a frequent guest at various **lectures** and forums nationwide, and she is also planning to attend a foreign seminar next month.

Ms. Wise는 전국적으로 다양한 강연과 포럼에 자주 초대되시며, 다음 달에 해외 세미나에도 참석하실 계획입니다.

+ presentation 🔟 발표

You can find the schedule for the **presentations** and discussions on the last page of your booklets.

책자의 마지막 페이지에서 발표와 토론회들의 일정표를 찾으실 수 있습니다.

+ registration 🔟 등록, 신청

Registration for the seminar should be done by March 4th, at the lobby of Sunrise Incorporated.

세미나 등록은 3월 4일까지, Sunrise 주식회사 본사에서 이루어져야 합니다.

+ valuable insights 귀중한 통찰력

Please take this opportunity to listen to Dr. Kim's **valuable insights** on this topic, and please hold your questions until the end of the talk.

이 기회를 빌려 이 주제에 대한 Dr. Kim의 귀중한 통찰력을 들어보시고, 질문들은 연설이 끝날 때까지 기다려주십시오.

+ a brief introduction 간단한 소개

Before we start tonight's ceremony, I will give you **a brief introduction** on our foundation.

오늘 밤 행사를 시작하기 전에, 저희 재단에 대한 간단한 소개를 해드리겠습니다.

+ a round of applause　박수갈채

Ladies and gentlemen, please give **a round of applause** for Tina Warren, who will be presenting tonight's recipient of the Airline of the Year Award!

신사숙녀 여러분, 오늘 밤 올해의 항공사 상 수상자를 발표해드릴 Tina Warren 씨를 위하여 박수갈채를 보내주십시오!

+ be proud to announce　～를 발표하게 되어 자랑스럽다

I **am proud to announce** the opening of the Florence Gallery which holds more than a thousand pieces of art created by local artists.

지역 예술가들이 창조한 1,000점이 넘는 예술 작품들을 보유하고 있는 Florence Gallery의 오프닝을 발표하게 되어 자랑스럽습니다.

+ be sponsored by　～가 후원하다

Our performance today **is sponsored by** the American Experimental Art Association, as an effort to encourage young independent artists across the country.

오늘 공연은 전국의 젊은 독립 예술가들을 장려하기 위한 노력으로 미국 실험예술협회에서 후원합니다.

+ be thrilled to　～하게 되어 기쁘다

We **are thrilled to** be gathered here today to raise fund for the Local Reporters' Institution.

저희는 오늘 지역 기자 협회를 위한 기금을 모으기 위해 이 자리에 모이게 되어 기쁩니다.

+ for your convenience　여러분의 편의를 위하여

For your convenience, we have organized the companies into sections for you to navigate your way around easily.

여러분의 편의를 위하여, 쉽게 길을 찾아 돌아다니시라고 회사들을 구역별로 구분해 놓았습니다.

+ give a warm welcome to　～를 따뜻하게 환영해주다

Please **give a warm welcome to** Mary Hopkins our guest lecturer for the evening!

오늘 저녁 초청 강연자인 Mary Hopkins 씨를 따뜻하게 환영해주십시오!

+ It's a great pleasure to　～하게 되어 매우 기쁘다

It's a great pleasure to be here tonight and introduce you to our new employees who will start working at our branch offices throughout the city from next month.

다음 달부터 도시 전역에 있는 우리 지사들에서 일을 시작하게 될 새로운 직원들을 오늘 밤 이 자리에서 소개하게 되어 매우 기쁩니다.

+ **on behalf of** ~를 대신하여, 대표하여

On behalf of our staff and management, I'd like to give thanks to our clients for their continuing support and loyalty.

저희 직원들과 경영진들을 대표하여, 계속되는 후원과 충성심에 대하여 고객들에게 감사의 인사를 드리고 싶습니다.

+ **the winner of~ award** ~상의 수상자

Mr. Fernando is **the winner of** this year's "Most Creative Ideas **Award**" hosted by ML Advertising Company.

Mr. Fernando는 ML 광고회사에서 주최하는 올해의 '가장 창의적인 아이디어 상'의 수상자이십니다.

④ 관광 / 문화 01-42

관광지나 문화생활을 하는 곳에서 무언가를 안내하는 내용의 지문도 시험에 자주 등장하는 유형 중 하나입니다. 투어의 일정이나 내용 등을 소개하는 내용이므로 자연스럽고 활기차게 읽어주는 것이 중요합니다. 자주 출제되는 다음 예문들을 소리 내어 읽어보며 연습합시다.

+ **artifact** n 인공유물, 공예품

You will have an opportunity to get close up and look at **artifacts** from the ancient Roman Empire.

여러분은 고대 로마 제국의 인공유물들을 가까이에서 볼 수 있는 기회를 얻으실 겁니다.

+ **artwork** n 예술 작품, 미술품

More than one thousand pieces of **artwork** are being displayed right now in our main exhibition hall which is located on the fifth floor.

5층에 위치한 저희 메인 전시회장에서 1,000점이 넘는 예술 작품들이 지금 전시되고 있습니다.

+ **authentic** a 진품인, 진짜인

This event will be the only chance where you can see and touch **authentic** pieces of art and create your own.

이 행사는 여러분이 진짜 예술 작품들을 보고 만져보고 자신만의 작품도 만들어 볼 수 있는 유일한 기회일 것입니다.

+ **exhibit** n 전시

Welcome to the grand opening of Hillside Museum's Hyper-Realism **Exhibit**.

Hillside 박물관의 극사실주의 전시의 대 개관식에 오신 것을 환영합니다.

+ **exhibition** n 전시회

The **exhibition** on the history of modern cinema and the movie industry will take place in the Green Hall starting next Monday.

근대 영화와 영화 산업의 역사에 대한 전시회는 다음 주 월요일을 시작으로 Green Hall에서 열릴 것입니다.

+ **explore** v 탐험하다, 탐구하다

If you wish to **explore** and learn about ocean life, visit Aqua Land where you can see all sorts of sea creatures and experience the marine world.

해양의 삶에 대하여 배우고 탐험해보고 싶으시다면, 모든 종류의 바다 생물을 볼 수 있고 해양 세계를 경험해 볼 수 있는 Aqua Land에 방문하십시오.

+ flash photography 플래시 촬영

Please do not use **flash photography** during the safari tour, since it can provoke the wild animals and make them more aggressive.

야생동물들을 자극하고 더 공격적으로 만들 수 있기 때문에, 사파리 투어 중에는 플래시 촬영을 하지 마십시오.

+ gallery n 갤러리, 미술관

In recognition of it's generous financial donation, the new **gallery** has been named in honor of the foundation's CEO, Richard Gibson.

관대한 기부금을 인정하여, 새로운 갤러리는 그 재단 최고 경영자인 Richard Gibson을 기념하기 위하여 이름 지어졌습니다.

+ historical a 역사적인, 역사상의

If you're more interested in the presentation on **historical** issues than the self audio tour, please go to the auditorium at the end of the main hallway.

셀프 오디오 투어보다 역사적인 사건들에 대한 프레젠테이션에 더 관심이 있으시다면, 메인 복도 끝에 있는 강당으로 가십시오.

+ intricate a 복잡한

You'll be able to take a look at models of various human body parts, including **intricate** veins, muscles, and bones.

여러분은 복잡한 핏줄, 근육, 그리고 뼈를 포함한 다양한 인체 부분들의 표본을 볼 수 있을 것입니다.

+ museum n 박물관

Our tour today will take approximately 60 minutes, and it will focus on the **museum**'s collection from Ancient Greece.

오늘 투어는 대략 60분 정도 소요될 것이며, 박물관이 보유하고 있는 고대 그리스 컬렉션에 초점을 맞출 것입니다.

+ musical n 뮤지컬 a 음악의, 음악적인

Good evening ladies and gentlemen, and welcome to this season's final performance of the award-winning **musical**, "Blue Betty Blue."

좋은 저녁입니다. 신사숙녀 여러분, 상을 수상한 뮤지컬인 "Blue Betty Blue"의 시즌 마지막 공연에 오신 것을 환영합니다.

+ performance n 공연, 퍼포먼스

We're very pleased to present the farewell **performance** of the world-renowned musician, Susan Santana.

세계적으로 유명한 뮤지션인 Susan Santana의 고별 공연을 소개하게 되어 매우 기쁩니다.

+ scenic a 경치가 좋은

01-44

You can enjoy the **scenic** view along the East coast as we head to Jasmine Island for lunch.

점심 식사를 위해 Jasmine 섬으로 향하는 길에 동해안을 따라 있는 멋진 경치를 감상하실 수 있습니다.

+ sculpture n 조각, 조각품

Most of the **sculptures** you'll see here today come from ancient Egypt, but we were also fortunate enough to secure some pieces from Greece, Italy and France.

여러분이 오늘 여기서 보실 대부분의 조각품들은 고대 이집트에서 왔지만, 운이 좋게도 그리스, 이탈리아, 그리고 프랑스의 작품들도 몇 점 확보할 수 있었습니다.

+ specimen n 견본, 샘플

All our authentic artifacts and **specimens** are displayed in highly realistic settings, which gives our visitors a whole new experience through the Middle Ages of Europe.

저희의 모든 진품 유물들과 견본품들은 매우 사실적인 세팅으로 전시되어 있고, 이는 방문객들에게 중세 시대의 유럽을 새롭게 경험해볼 수 있도록 해줍니다.

+ take pictures 사진 찍다

You will have an opportunity to **take pictures** with the performers after the show, so please wait until then.

쇼가 끝난 후에 연기자들과 함께 사진 찍을 기회가 있을 테니, 그때까지 기다려 주십시오.

+ theater n 극장

Please note that our **theater** will be undergoing renovations from July 10th to 15th, and will be closed during that time.

7월 10일부터 15일까지 저희 극장은 개조공사 중일 것이며, 그 기간 동안 문을 닫는다는 점을 기억해주십시오.

+ tour guide 투어 가이드

Hello everyone, I'm your **tour guide** Meridith Lexington and I'll be leading today's session through the Inca Civilization exhibit.

모두 안녕하세요, 저는 여러분의 투어 가이드 Meridith Lexington이고 오늘 잉카 문명 전시 세션을 이끌 것입니다.

+ visiting hours 방문 시간, 면회 시간

Our gallery's **visiting hours** are from 10 A.M. to 6 P.M., Monday through Friday, and from 11 A.M. to 5 P.M. on weekends.

저희 갤러리의 방문 시간은 월요일부터 금요일까지는 오전 10시부터 오후 6시까지, 주말에는 오전 11시부터 오후 5시까지입니다.

+ a series of 일련의, 다양한

We have prepared **a series of** group tour sessions on various artists of Modern and Contemporary art history.

저희는 근현대 미술사의 다양한 예술가들에 대한 일련의 그룹 투어 세션을 준비하였습니다.

+ for groups of~ ~명의 그룹(집단)을 위해

We offer a 30% discount on the full cruise package tour **for groups of** 8 or more.

저희는 8명 혹은 그 이상의 그룹을 위해 완전한 크루즈 패키지여행에 30% 할인을 제공합니다.

+ for your convenience 여러분의 편의를 위해

For your convenience, we have prepared some complimentary snacks and beverages in front of the bus.

여러분의 편의를 위해, 버스 앞쪽에 무료 스낵과 음료수를 준비해 두었습니다.

+ let's take a look at ~를 살펴봅시다

Please follow me, and **let's take a look at** the manufacturing process in detail.

저를 따라오시고, 제조 과정을 자세히 살펴보도록 합시다.

+ refrain from -ing ~하는 것을 삼가다

Please **refrain from using** cell phones, taking pictures, and eating food at all times during the performance.

공연 중에는 항상 휴대폰 사용하는 것, 사진 찍는 것, 그리고 음식물 섭취하는 것을 삼가 주십시오.

+ Welcome to~ ~에 오신 것을 환영합니다

Good evening and **welcome to** the grand opening of our exhibit "Explorations of Outer Space."

안녕하세요, "우주 공간의 탐험" 전시의 대 개관식에 오신 것을 환영합니다.

⑤ 사내공지 / 비즈니스　🎧 01-46

사내공지나 비즈니스 관련 지문은 직원들이나 업무 관계의 사람들에게 무언가를 안내하거나 공지하는 내용의 지문입니다. 따라서 어느 정도 사무적인 느낌으로 읽되, 또박또박 전달력 있게 내용을 전하는 것이 중요합니다. 정확한 발음과 끊어 읽기를 연습하도록 합시다.

+ **agenda**　ⓝ (회의의) 의제, 안건

The first item on the **agenda** of this morning's meeting is our company's new travel expense policy.

오늘 아침 회의 안건의 첫 번째 항목은 우리 회사의 새로운 여행 경비 정책입니다.

+ **assembly line**　조립라인

We will be shutting down the **assembly line** next week for regular maintenance and repairs.

다음 주에 정기 관리와 수리를 위해 조립라인을 폐쇄할 것입니다.

+ **auditorium**　ⓝ 강당

You will begin the first day of your 5-day on-the-job training here in the **auditorium**.

여러분은 5일간의 현장 교육의 첫 번째 날을 여기 강당 안에서 시작하게 되실 겁니다.

+ **be aware of**　~를 알다, 알아차리다

Since all of you are managers, it is crucial that you **are** all **aware of** your duties and responsibilities in relation to your work crews.

여러분 모두 매니저로서, 여러분의 동료들과 관련된 임무와 책임에 대해 전부 알고 있는 것이 매우 중요합니다.

+ **bulletin board**　게시판

Starting next month, all of your work schedules and notifications will be posted on the **bulletin board** in the employee lounge.

다음 달을 시작으로, 여러분의 모든 작업 일정과 공지사항들은 직원 라운지에 있는 게시판에 게시될 것입니다.

+ **cafeteria**　ⓝ 구내식당

The company has decided to provide a refrigerator in the **cafeteria** so employees can store their lunches and snacks more conveniently.

회사는 직원들이 점심과 간식을 더 편리하게 보관할 수 있도록 구내식당에 냉장고를 제공하기로 결정했습니다.

+ **chief executive officer (CEO)** 최고경영자

At the annual meeting held last week in Miami, our **Chief Executive Officer**, Laura Lopez outlined some ways to reduce energy consumption at the factory by 10% within two years.

지난주 마이애미에서 열린 연간 회의에서, 우리 최고경영자인 Laura Lopez는 2년 내로 공장의 에너지 소비를 10%까지 줄일 수 있는 방법들을 간단하게 설명했습니다.

+ **cooperation** 협력, 합동, 협조

In **cooperation** with Oakland Chemistries, we have decided to open a new plant in the New Jersey area within the next 5 years.

Oakland Chemistries 협력하여, 앞으로 5년 내로 뉴저지 지역에 새로운 공장을 열기로 결정했습니다.

+ **corporation** 기업, 회사

As president, it gives me great pleasure to announce that this has been the most profitable year ever at Bailcity **Corporation**.

회장으로서, Bailcity 기업이 올 한 해 동안 사상 최고의 수익을 올렸다는 것을 발표하게 되어 매우 기쁩니다.

+ **departmental** 부서의

We have made it a new policy to hold **departmental** meetings once every other month in the auditorium.

강당에서 두 달에 한 번씩 부서 회의를 개최하는 것을 새로운 정책으로 만들었습니다.

+ **employee of the year** 올해의 직원

Please give a warm round of applause for Miranda Walters, the winner of this year's **employee of the year** award!

올해의 직원 상 수상자인 Miranda Walters를 위해 따뜻한 박수를 보내주세요!

+ **expense** 비용, 경비

In order to get your travel **expenses** reimbursed, you need to fill out the necessary forms at the accounting department.

여행 경비를 변상 받으려면, 필요한 서류들을 회계부서에서 작성하셔야 합니다.

+ facility　🅝 시설, 기관

Use of the new gym **facility** is free for all employees during the week, and 3 dollars per hour on weekends.

새로운 체육관 시설의 이용은 주중에는 모든 직원들에게 무료이고, 주말에는 시간당 3달러입니다.

+ feel free to~　마음껏 ~하다

Feel free to contact your department heads if you have any questions or difficulties adjusting to your new tasks.

새로운 업무에 적응하는 데 질문이나 어려움이 있으시다면 부서장들에게 자유롭게 연락하십시오.

+ headquarters　🅝 본사, 본부

We have decided to postpone the general meeting until we receive the statistics from the **headquarters**.

본사에서 통계 자료를 받을 때까지 전체 회의를 연기하기로 결정했습니다.

+ I'd like to announce~　~를 발표하고 싶습니다

I'd like to announce some changes to our overall construction schedule.

우리의 전반적인 공사 일정의 몇 가지 변경사항들을 발표해드리겠습니다.

+ manufacturing plant　제조공장

In an effort to reduce the demanding workload, management has decided to hire 10 more workers for our **manufacturing plant** in Detroit.

엄청난 작업량을 줄이고자 하는 노력으로, 경영진들은 Detroit에 있는 우리 제조공장에 10명의 추가 직원들을 고용하기로 결정했습니다.

+ merger　🅝 합병

The board members are currently considering the **merger** with Pottree Industries, which they believe will bring a noticeable advantage for our company.

현재 이사회 멤버들은 우리 회사에 상당한 이익을 가져다줄 것으로 예상하는 Pottree Industries와의 합병을 고려하고 있습니다.

+ new recruits　신입사원

We are receiving volunteers who will lead the group tour sessions for the **new recruits** this coming Friday.

다가오는 금요일에 신입사원들을 위한 그룹 투어 세션을 이끌 지원자들을 모집하고 있습니다.

+ orientation 🔊 오리엔테이션

You'll be getting more information about the parking regulations at the new employee **orientation** which is scheduled for Monday, April 27th.

주차 규정에 대한 더 많은 정보는 4월 27일 월요일로 예정된 신입사원 오리엔테이션에서 얻으실 겁니다.

+ quality control 품질 조정

After you complete your duties of product testing and **quality control**, you have to submit a report regarding the results.

여러분이 제품 검사와 품질 조정 업무를 끝내고 나면, 그 결과에 대한 보고서를 제출해야 합니다.

+ renovation 🔊 수리, 혁신

The **renovation** work on our office windows will begin tomorrow afternoon, so please prepare for it before you leave the office this evening.

우리 사무실 창문의 수리 작업이 내일 오후에 시작될 것이므로, 오늘 저녁 퇴근하기 전에 그에 대한 대비를 하고 가십시오.

+ sales figures 판매 수치

And thanks to all of your hard work, this year's **sales figures** have far exceeded our expectations.

여러분의 노력 덕분에, 올해의 판매 수치는 우리의 예상보다 훨씬 높습니다.

+ seminar room 세미나실

While the conference rooms are being renovated, you can use the **seminar room** on the fifth floor for department meetings.

회의실들이 수리되는 동안에, 부서 회의를 위해서 5층에 있는 세미나실을 사용하시면 됩니다.

+ smoking zone 흡연구역

As an effort to make a non-smoking environment, the board has decided to remove all **smoking zones** from our company.

금연 환경을 만들고자 하는 노력으로, 이사회는 회사의 모든 흡연구역들을 없애버리기로 결정했습니다.

+ strategy 🔵 전략

If you have any ideas or suggestions regarding the marketing **strategy**, please feel free to contact me at extension 249.

마케팅 전략과 관련하여 아이디어나 제안사항이 있다면, 내선번호 249번으로 자유롭게 연락 주십시오.

+ take part in~ ～에 참여하다, 참가하다

If you would like to **take part in** the hiring committee, fill out the application form and submit it to the Personnel office by the end of this week.

고용 위원회에 참여하고 싶으시면, 신청서를 작성하여 이번 주말까지 인사부로 제출하여 주십시오.

라디오에서 들을 수 있을법한 여러 가지 내용의 방송문이나 보도문 유형도 시험에 간혹 출제됩니다. 이러한 지문들은 청취자들에게 어떠한 주제와 관련된 정보를 전하고자 하는 목적이므로, 중요한 내용을 적절히 강조하며 전달력 있게 읽어주는 것이 중요하고, 따라서 준비 시간 동안에 방송/보도의 내용을 어느 정도 이해하면서 읽는 연습을 해두어야 합니다.

+ alertness 🄝 조심성, 경계성

According to the research results, more than 60% of the accidents were caused by lack of **alertness** and caution.

연구 결과에 따르면, 사고의 60% 이상은 조심성과 주의 부족으로 인해 발생했습니다.

+ avoid 🅥 피하다

Officials from the weather monitoring agency are advising people to drink plenty of water and **avoid** too much outdoor activities.

기상청 관계자들은 사람들에게 물을 많이 마시고 너무 많은 야외 활동은 피하라고 권하고 있습니다.

+ be aired 방송되다

The full speech that the president gave will **be aired** this coming Thursday evening at 8 P.M.

대통령이 하신 연설의 전문은 돌아오는 목요일 저녁 8시에 방송될 것입니다.

+ be backed up 밀려 있다, 막혀 있다

Traffic **is backed up** for miles on Winston Avenue, so if you are planning to head downtown, we suggest you take Pole Street or Northview Boulevard instead.

Winston Avenue의 교통이 수 마일 밀려 있으므로, 시내로 가실 계획이라면 Pole Street나 Northview Boulevard를 대신 이용할 것을 제안합니다.

+ be brought to you by~ ~에 의해 여러분에게 전달되다

This public service announcement **is brought to you by** the National Charity Auction Organization.

이 공익 방송은 국립 자선 경매 기관에 의해 여러분에게 전달됩니다.

+ beneficial 🅐 유익한, 이로운

Researchers say that drinking a moderate amount of coffee everyday can actually be **beneficial** to health.

매일 적당한 양의 커피를 마시는 것은 실제로 건강에 이로울 수 있다고 연구원들은 말합니다.

+ blood circulation 혈액순환

Taking a walk for 30 minutes everyday can significantly improve your **blood circulation** and leg muscles.

매일 30분간 산책하는 것은 여러분의 혈액순환과 다리 근육을 상당히 발달시킬 수 있습니다.

+ caffeine 🅝 카페인

Doctors recommend that people suffering from insomnia should always care about drinking **caffeine**-free beverages.

불면증으로 고생하는 사람들은 항상 카페인이 없는 음료수를 마시는 것에 신경 써야 한다고 의사들은 추천합니다.

+ congestion 🅝 정체, 혼잡

Severe **congestion** is expected in the downtown area during the parade tomorrow afternoon from 1 o'clock to 4 o'clock.

내일 오후 1시부터 4시까지 퍼레이드 동안에 시내 지역의 심각한 정체가 예상됩니다.

+ conduct research 조사(연구)를 실시하다

According to the company's representative, BizTech Motors will be **conducting research** on consumer preferences with second-hand vehicles.

회사의 대변인에 따르면, BizTech Motors는 중고차에 대한 소비자 선호도 조사를 실시할 것입니다.

+ cost-effective 🅐 비용 효율이 높은

The government is planning to release an information booklet listing some **cost-effective** ways to heat homes.

정부는 집을 따뜻하게 할 수 있는 몇 가지 비용 효율이 높은 방법들을 기록한 안내 책자를 발간할 예정입니다.

+ eco-friendly 🅐 친환경적인

CEO Carl Brighton is trying to promote more **eco-friendly** factories by setting an example with their plant in Kentucky.

최고경영자 Carl Brighton은 Kentucky에 있는 공장으로 본보기를 설정하여 더욱 친환경적인 공장들을 활성회시키려고 노력하고 있습니다.

+ **financial district** 금융 구역

The new highway will connect the **financial district** with the residential area, reducing the traveling time by over an hour.

새로운 고속도로는 금융 구역과 주택가를 연결해주어, 이동 시간을 한 시간 넘게 감소시킬 것입니다.

+ **fuel-efficiency** n 연료 효율, 연비

Hover Motors has announced its plans for building a new system to improve **fuel-efficiency** on their high-performance sports cars.

Hover Motors 사는 그들의 고성능 스포츠카의 연료 효율을 향상시킬 수 있는 새로운 시스템 구축 계획을 발표했습니다.

+ **heart attack** 심장마비

If you want to find out about the food that doctors are claiming that will reduce the chance of getting a **heart attack**, stay tuned for "Health Time", coming up right after the break.

의사들이 주장하는 심장마비의 위험을 줄일 수 있는 음식에 대해 알고 싶으시다면, 광고 후에 바로 이어질 "Health Time"을 위해 주파수 고정하십시오.

+ **I'm your host** 저는 진행자입니다

I'm your host Marylin Conner, and welcome to "Soundtrack World."

저는 진행자 Marylin Conner이고, "영화음악 세계"에 오신 것을 환영합니다.

+ **join us in the studio** 스튜디오에서 함께하다

Professor Michelle Rodney will **join us in the studio** to tell us about her newly released book, "The History of Coffee."

최근 출간된 책 "커피의 역사"에 대해 설명해주시기 위해 Michelle Rodney 교수님이 스튜디오에 함께하실 것입니다.

+ **latest update** 최신 정보

I'll be back in 5 minutes with the **latest update** on local news, so please stay tuned.

저는 5분 후에 지역 뉴스에 관한 최신 정보를 갖고 돌아올 테니, 주파수 고정하세요.

+ **lower the risk of~** ~의 위험을 줄이다

According to the research results, drinking the adequate amount of the fruit juice can actually **lower the risk of** getting cancer.

연구 결과에 따르면, 그 과일 주스를 적당량 마시는 것이 실제로 암에 걸릴 수 있는 위험을 줄여준다고 합니다.

+ **move smoothly** 소통이 원활하다

Traffic is **moving smoothly** on Lile Avenue, so if you are planning to head West, take a detour towards the area.

Lile Avenue의 소통은 원활하오니, 서쪽으로 가실 계획이라면, 그쪽으로 우회해서 가십시오.

+ **on today's program~** 오늘 프로그램에서는~

On today's program, we will be talking to Dr. McKlain about some healthy ways to eat meat and dairy products.

오늘 프로그램에서는, 육류와 유제품을 건강하게 섭취할 수 있는 몇 가지 방법들에 대해 Dr. McKlain과 얘기를 나눌 것입니다.

+ **potential** n 가능성, 잠재력 a 가능성이 있는, 잠재적인

Yesterday at the BTC Headquarters, **potential** business owners had gathered to attend workshops on corporate management and operation led by BTC executives.

어제 BTC 본사에서는, BTC 중역들이 이끄는 기업 경영과 운영에 대한 워크숍에 참석하기 위해 미래의 사업주들이 모였습니다.

+ **property** n 재산, 부동산

An informational meeting about buying and renting **properties** in the Green Valley area was held at the Linkly Inc. headquarters last weekend.

지난 주말 Linkly 기업 본사에서 Green Valley 지역의 부동산을 구입하고 임대하는 것에 관한 안내 회의가 열렸습니다.

+ **real estate** n 부동산

According to Michael Randolf, head of the association, **real estate** agencies are having a hard time luring customers due to economic depression.

협회장 Michael Randolf에 따르면, 경제 불황 때문에 부동산 중개업체들이 고객 유치에 어려움을 겪고 있습니다.

+ **regularly** ad 정기적으로

Experts are encouraging drivers to get their vehicles inspected **regularly** for mechanical maintenance.

전문가들은 운전자들에게 기계적인 관리를 위해 차량을 정기적으로 점검받을 것을 권장하고 있습니다.

+ **road condition** 도로 상황

Due to poor **road conditions**, traffic is backed up for miles on Newport Boulevard.

좋지 않은 도로 상황 때문에, Newport Boulevard의 차들이 수 마일 밀려 있습니다.

+ rural [a] 시골의, 지방의

According to the National Statistical Office, the number of families who moved to **rural** areas in the past year has risen dramatically compared to the year before.

국내 통계청에 따르면, 지난해 시골 지역으로 이사 간 가족들의 수가 전년도에 대비하여 급격히 증가했습니다.

+ short break 짧은 휴식(광고)

We'll be right back with more refreshing music, right after this **short break**

짧은 광고 후에 더 많은 경쾌한 음악을 갖고 돌아오겠습니다.

+ stay tuned for~ ~를 위해 주파수를 고정하다

It looks like we're in for some rain during the weekend, so **stay tuned for** the weather report coming up after the commercial.

주말 동안 비가 내릴 것으로 보이네요, 광고 후에 바로 나올 일기예보를 위해 주파수 고정하세요.

+ traffic jam 교통 체증

Drivers heading towards City Hall should expect a severe **traffic jam** on the 5th Avenue and Pandosy Boulevard.

시청 쪽으로 가시는 운전자들은 5번가와 Pandosy Boulevard에서 심각한 교통 체증을 예상하십시오.

+ vehicle [n] 차, 차량

Drivers should be aware that the main roads in the center of the city will be closed to **vehicles** from 10 A.M. to 2 P.M. during the parade.

운전자들은 오전 10시부터 오후 2시까지 퍼레이드 동안에 도시 중심가의 주요 도로들이 폐쇄된다는 것을 알고 계십시오.

+ We'll be right back after~ ~후에 돌아오겠습니다.

We'll be right back with some more local news **after** the traffic update by Susan Solomon.

Susan Solomon이 전하는 교통 정보 후에 더 많은 지역 소식과 함께 돌아오겠습니다.

+ world-renowned [a] 세계적으로 유명한

Tonight, **world-renowned** pianist Jason Talbert will join us in the studio to talk about his recent album and plans for his upcoming concert.

오늘 밤, 세계적으로 유명한 피아니스트 Jason Talbert가 최근 음반과 다가오는 콘서트의 계획에 대하여 스튜디오에 나와 얘기해 주시겠습니다.

⑦ 전화 메시지 🎧 01-55

어떠한 기업이나 기관으로 전화를 걸었을 때 들을 수 있는 음성 안내 메시지나 개인이 다른 개인에게 남기는 음성 메시지 지문 또한 TOEIC Speaking에 간혹 출제되는 유형들입니다. 이러한 지문들은 영업시간, 단축 번호 안내, 혹은 개인의 용건을 전하고자 하는 내용들이므로 친절한 느낌으로 전달력 있게 읽어주는 것이 좋습니다.

+ after the tone 신호음이 울린 후, 삐 소리가 난 후

If this is an urgent phone call, please leave a message **after the tone**

만약 급한 전화라면, 삐 소리가 난 후 메시지를 남겨주세요.

+ as soon as possible 최대한 빨리

Please stay on the line and our customer service representative will assist you **as soon as possible**.

잠시만 끊지 않고 기다리시면 저희 고객 서비스 직원이 최대한 빨리 도와드리겠습니다.

+ automated voice service 자동 음성 서비스

Hello, this is the **automated voice service** for H&B Bank customers.

안녕하세요, H&B 은행 고객들을 위한 자동 음성 서비스입니다.

+ customer service center 고객 서비스 센터

Our **customer service center** is currently closed, so please call back during our regular operating hours which is from 9 A.M. to 5 P.M. Monday through Friday.

저희 고객 서비스 센터는 현재 문을 닫았으니, 월요일부터 금요일까지 오전 9시부터 오후 5시까지인 저희 정규 영업시간 중에 다시 전화 주십시오.

+ get back to~ ～에게 다시 연락하다

If you leave a message regarding the Green Center construction, I will **get back to** you as soon as I return from my vacation.

Green Center 건설에 관하여 메시지를 남겨주시면, 제가 휴가에서 돌아오는 대로 다시 연락드리겠습니다.

+ hotline 핫라인, 직통전화, 상담전화

If you wish to learn about the city bus schedules and routes, please call the City Transportation Information **Hotline** at 1800-4267-5555.

도시 버스 일정과 노선에 대해서 알고 싶으시면, 1800-4267-5555번, 도시 교통 정보 핫라인으로 전화하십시오.

+ I'm calling to~ ~하려고 전화했습니다

Hi Mr. Huse, **I'm calling to** discuss our appointment scheduled for next Wednesday regarding the small business loan.

Mr. Huse 안녕하세요, 중소기업 대출과 관련하여 다음 주 수요일로 예정된 우리 약속에 대해 얘기하고자 전화했습니다.

+ in regard of~ ~에 관해서

In regard of changing or canceling any reservations, please press the pound key and speak to our agent.

예약을 변경하거나 취소하는 것에 관해서는, 우물 정자를 누르고 저희 상담원과 통화하십시오.

+ look forward to -ing ~하는 것을 기대하다

Thank you for doing business with us, and we **look forward to hearing** from you again.

저희와 거래해주셔서 감사드리며, 다시 연락 주시기를 기대하겠습니다.

+ please note that~ ~라는 것에 유의하십시오

Please note that our theater will be closed on Friday, January 19th, for renovation.

저희 극장은 1월 19일 금요일에 수리를 위해 문을 닫을 것임을 유의해주십시오.

+ please press~ ~를 누르십시오

Please press 1 to make a reservation through our frequent flyer program, and 2 for any non-award reservations.

저희 상용고객 프로그램을 통해 예약하시려면 1번을 누르시고, 비회원 예약은 2번을 누르십시오.

+ record Ⓥ [rikɔ́ːrrd] 녹음하다 Ⓝ [rékəːrd] 기록, 녹음

Please be sure to **record** your name and contact information when you leave a message for any after-sales service requests.

AS 요청을 위해 메시지를 남기실 때는 꼭 성함과 연락처 정보를 녹음하여 주십시오.

+ remind A of B A에게 B를 상기시키다

This is Megan Lee from the reception desk at Magic Feel Spa Center, and I'm calling to **remind** you **of** your appointment scheduled for tomorrow afternoon at 3.

저는 Magic Feel Spa Center 접수처의 Megan Lee이며, 내일 오후 3시로 예정된 예약을 상기시켜드리기 위해 전화 드렸습니다.

+ **representative** 🔵 대리인, 상담원, 대표자

All of our customer service **representatives** are currently busy, so please hold the line for a while.

저희 모든 고객 서비스 상담원들이 현재 통화 중이오니, 잠시만 기다려 주십시오.

+ **Thank you for calling~** ~에 전화 주셔서 감사합니다

Thank you for calling Horizon Financial's 24 hour customer service line.

Horizon Financial의 24시간 고객 서비스라인에 전화 주셔서 감사합니다.

+ **You've reached~** ~로 전화하셨습니다

Hello, **you've reached** John Edwards of the accounting department at Snowstone Systems.

안녕하세요, Snowstone Systems 회계부서의 John Edwards에게로 전화하셨습니다.

Exercise

1. 다음 표현들을 소리 내어 읽어보고 올바르게 적어본 후, 음성을 들으며 연습하세요. 01-57

❶ 약자 읽기

ABC Inc.

D&E Corp.

F&G Co.

H&I Ltd.

❷ 전화번호&웹사이트 주소 읽기

555-2305

1800-123-4567

www.healthyfood.com

❸ 시간&연도 표현 읽기

2:15

1999

2013

1900s

❹ 금액 표현 읽기

$1,000

$10,000

100,000 dollars

1,000,000 dollars

❺ 월 명칭 연습하기

January / February / March / April / May / June / July
August / September / October / November / December

2. 다음 문장들을 소리 내어 적절하게 끊어 읽어보고, 음성을 들으며 확인하세요. 01-58

❶ Drivers should be aware that the main roads in the center of the city will be closed to vehicles from 10 A.M. to 2 P.M. during the parade.

❷ The government is planning to release an information booklet listing some cost-effective ways to heat homes.

❸ The renovation work on our office windows will begin tomorrow afternoon, so please prepare for it before you leave the office this evening.

3. Tongue Twister 연습하기!　[01-59]

다음 문장들을 소리 내어 읽어보고, 음성을 들으며 연습하세요.

❶ Peter Piper picked a peck of pickled peppers.

❷ She sells seashells by the sea shore.

❸ How much wood would a woodchuck chuck, if a woodchuck could chuck wood?

❹ Freshly fried French fly fritters.

❺ Fuzzy Wuzzy wasn't very fuzzy, was he?

❻ A big bug bit a bold bald bear and the bold bald bear bled blood badly.

❼ Give papa a cup of proper coffee in a copper coffee cup.

❽ Zebras zig and zebras zag.

❾ If two witches were watching two watches, which witch would watch which watch?

❿ Eleven owls licked eleven little liquorice lollipops.

4. 실전 연습!

다음 지문들을 소리 내어 읽어보고, 음성을 들으며 연습하세요.

[01-60]

❶ Welcome to Conrad International Airport. Please remember that each passenger is permitted to carry on only one bag and one personal item, such as a purse, briefcase, or laptop. When you approach the security check point, please place all coins and metal jewelry in the brown plastic bin. Also, be prepared to show your identification and boarding pass to our staff. Thank you for your cooperation.

[01-61]

❷ Do you want to know how our body works? Visit the "Human Body Exhibit," which will be held starting next Monday! This unique exhibit is a display of over 100 authentic human specimens, including intricate veins, muscles, and bones. You will have a chance to take a video tour and explore the blood circulation system. Reservations can be made through our web site, www.humanbody.com.

TOEIC SPEAKING

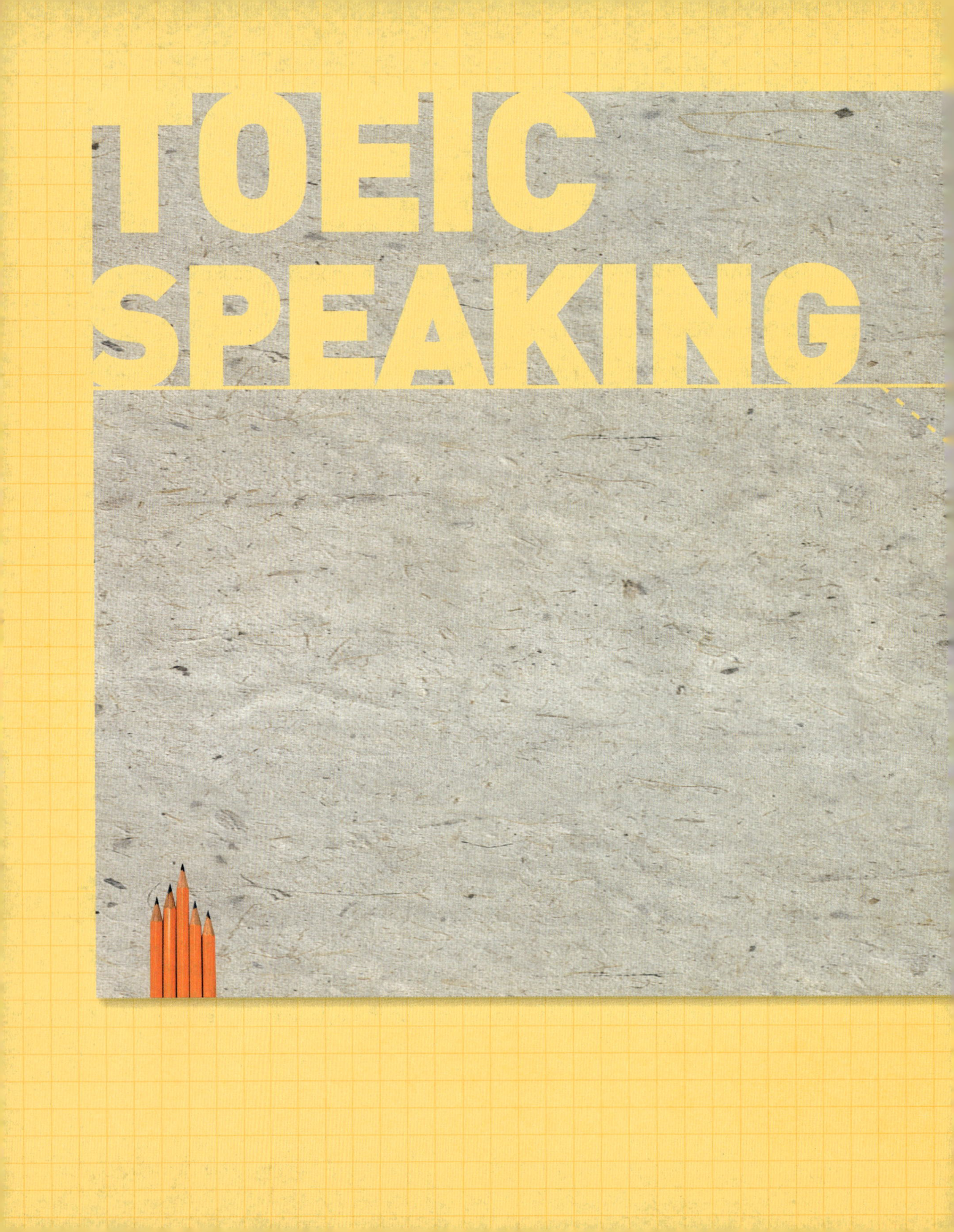

Part 2

Describe a Picture

사진 묘사

- **Part 2 공략법&요령**
- Template에서 활용 가능한 표현들
- 사진 속 상황별 빈출 표현
- Exercise

PART 02 Describe a Picture 사진 묘사

▶ 주어진 사진을 세부적으로 묘사해내는 문제
▶ 1문제 출제 (3번)
▶ 준비시간 30초/답변시간 45초
▶ 평가기준: 사진 속 다양한 어휘와 표현들을 사용했는가?
　　　　　　문법적으로 맞는 문장과 표현을 구사했는가?
　　　　　　주어진 시간 내에 최대한 많은 것들을 효과적으로 묘사했는가?

01 Part 2 공략법&요령

① ETS 공식 기준

ETS 공식 기준에 따르면 Part 2에서는 발음, 억양, 강세뿐만 아니라 문법, 어휘, 그리고 내용의 일관성을 중요하게 평가합니다. 아무런 글 없이 사진만 화면에 나와 있는 상태에서 자신만의 표현으로 그 사진을 설명해내야 하기 때문에 문장을 영작하는 연습을 평상시에 많이 해두는 것이 유리합니다.

② 문법에 맞게 표현하기!

모든 말하기 시험의 중요한 평가 요소 중 한 가지는 바로 문법입니다. 한국에서 영어를 공부하는 학생들은 문법을 이론적으로 정리하고 공식처럼 적용해서 배워나가지만, 원어민 평가자들의 입장에서 문법적인 실수는 바로 바로 귀에 들어오고 굉장히 어색한 느낌을 줄 수 있는 부분입니다. 따라서 문법적인 실수는 큰 감점 요인이 될 수 있으므로 많은 영작 연습을 통하여 실수를 최소화할 수 있도록 연습해두어야 합니다.
특히 Part 2에서는 사진 속에 사람, 사물, 풍경이 등장하고 그 수가 하나일 수도, 많을 수도 있기 때문에 그러한 것들을 묘사할 때 꼭 필요한 전치사, 관사, 수일치, 능동태 혹은 수동태 동사 표현들, 시제 표현들 등 다양한 문법 정리를 미리미리 해두는 것이 좋습니다.

③ 다양한 어휘와 표현들을 익혀두고 활용하기!

Part 2에서 가장 중요한 부분은 사진에 맞는 어휘와 표현들을 다양하게 사용하는 것입니다. 누구나 말할 수 있는 너무 흔하고 쉬운 표현들 이외에도, 빈출 상황에 따른 다양한 표현들을 익혀두고 적절하게 사용한다면 더 좋은 점수를 받을 수 있습니다. 뒤에 정리되어 있는 template별 표현들, 사진 속 상황별 빈출 표현들을 암기하고 영작해보면서 연습하세요.

④ 일관성 있게 사진을 효과적으로 묘사하기!

TOEIC Speaking 시험은 단순한 회화 실력을 평가하는 시험이 아니라 파트별 특성과 구성에 맞게 적절한 답변을 해야 하는 시험입니다. Part 2는 사진을 최대한 객관적이고 구체적으로 묘사해내야 하는 유형이므로, 사진 속 모습을 일관성 있게 적절히 설명해야 합니다. 45초라는 답변 시간이 그리 길지는 않은 시간이기 때문에 그 시간 내에 효과적으로 하고자 하는 말을 다 해내려면 효율적인 틀을 잡는 것이 중요합니다. 따라서 30초간 제공되는 준비 시간 동안에 본인이 어떤 것들을 묘사할 것인지, 어디서부터 시작해서 어떻게 마무리를 할 것인지 결정을 잘해야 할 것입니다. 다양한 어휘와 표현들을 기반으로, 뒤에서 살펴볼 Part 2의 template을 이용해 효율적인 묘사법을 연습해둡시다!

⑤ '틀'을 알면 누구나 할 수 있다! – Part 2에서 사용할 Template 익혀두기

처음 보는 사진을 45초 동안에 갑자기 묘사하려고 하면 막막하고, 어디서부터 시작을 해야 할지 감이 안 올 수 있습니다. 따라서 일정한 틀대로 구성을 갖추어서 묘사하는 연습을 많이 해두면 어떤 사진이 나오든 효율적으로 답변할 수 있을 겁니다.

Part 2에서는 항상 〈Introduction(도입부) ➡ Details(세부묘사) ➡ Wrap up(마무리)〉 이 세 단계로 구성을 잡고 묘사를 해줍시다. Introduction(도입부)은 묘사를 시작하는 단계로, 사진이 어디서 찍혔는지, 그리고 사람은 몇 명이 있는지를 얘기해줍니다. 그리고 Details(세부묘사) 단계에서는 가장 눈에 띄는 것부터 주변의 모습들, 그리고 배경까지 사진 속 상황들을 세부적으로 설명해줍니다. 마지막 Wrap up(마무리)은 사진 묘사를 끝내는 단계로 전체적인 느낌이나 본인의 생각 등을 얘기해주면 됩니다.

Introduction (도입부) : 사진의 배경 & 사람의 수

⬇

Details (세부묘사) : 세부적인 모습들

⬇

Wrap up (마무리) : 전체적인 느낌 및 생각

위 세 단계를 확실히 익혀두면 어떠한 사진이든 시간을 효과적으로 배분하면서 답변에 필요한 효율적인 묘사를 해낼 수 있습니다. 이제 이 template에서 활용할 수 있는 표현들을 정리해보면서 당황하지 않고 깔끔하게 사진을 설명하는 방법을 익혀둡시다!

02 Template에서 활용 가능한 표현들

앞서 살펴본 것처럼 Part 2의 사진은 세 단계에 걸쳐서 묘사를 합니다. 각 단계별로 활용 가능한 표현들과 꼭 기억해두어야 하는 표현들을 정리해둡시다.

① Introduction (도입부)

도입부는 본격적인 사진 묘사에 들어가기 전 시작하는 단계입니다. 사진의 배경과 사진 속의 사람 수를 묘사합니다.

❶ 사진 배경 묘사하기   02-01

This picture was taken~   이 사진은 ~에서 찍혔다
This photo was taken~   이 사진은 ~에서 찍혔다
This is a picture/photo of~   이것은 ~를 찍은 사진이다

❷ 사람 수 묘사하기   02-02

There are ~people in the picture   이 사진에는 ~명의 사람들이 있다
There are several people in the picture   이 사진에는 여러 명의 사람들이 있다
There are many people in the picture   이 사진에는 많은 사람들이 있다
There are no people in the picture   이 사진에는 사람이 없다

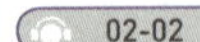

Example   02-03

This picture was taken outdoors.   이 사진은 야외에서 찍혔습니다.
There are many people in the picture.   이 사진에는 많은 사람들이 있습니다.

② Details (세부묘사)

세부묘사 단계는 사진 속 세부적인 부분들을 묘사하는 단계로, 효율적으로 순서를 정해서 묘사하고자 하는 모든 것들을 시간 내에 얘기해야 합니다. 우선 가장 눈에 띄는 것이나 사진의 가운데에 보이는 중심 대상을 묘사하면서 시작해서, 주변과 배경까지 골고루 설명해줍니다.

① 중심 대상 묘사 표현들 02-04

The first thing I see is~ 가장 먼저 보이는 것은 ~이다
The first thing I notice is~ 가장 먼저 눈에 띄는 것은 ~이다
What I notice first is~ 가장 먼저 눈에 띄는 것은 ~이다
In the middle of the picture~ 사진의 가운데에~

Example 02-05

The first thing I see is a woman pulling a piece of luggage.
가장 먼저 보이는 것은 짐 하나를 끌고 가는 여자입니다.

▶ 좌우 묘사

On the right side of the picture~ 　사진의 오른쪽에는~
On the left side of the picture~ 　사진의 왼쪽에는~
On both sides of the picture~ 　사진의 양쪽에는~
On either side of the picture~ 　사진의 양쪽에는~
On the upper right/left side~ 　우측/좌측 상단에는~
On the lower right/left side~ 　우측/좌측 하단에는~

On the left side of the picture, two customers are standing in front of a display.
사진의 왼쪽에는, 두 명의 고객이 진열대 앞에 서 있습니다.

On the right side of the picture, a clerk wearing an orange colored uniform is reaching for something on the counter.
사진의 오른쪽에는, 오렌지색 유니폼을 입고 있는 점원이 카운터 위의 무언가를 향해 팔을 뻗고 있습니다.

On the upper right side, a list of menus are hanging from the ceiling.
우측 상단에는, 메뉴들의 목록이 천장에 매달려 있습니다.

On the lower right side, some ornaments are placed on the table.
우측 하단에는, 몇몇 장식품들이 테이블 위에 놓여 있습니다.

▶ **앞뒤 묘사** `02-08`

In front of~ ~앞에는

Behind~ ~뒤에는

In the front~ 앞쪽에는~

In the back~ 뒤쪽에는~

In the foreground of the picture~ 사진의 전경에는~

In the background of the picture~ 사진의 배경에는~

In the foreground of the picture, a woman is holding a plaid umbrella.
사진의 전경에는, 한 여자가 체크무늬 우산을 들고 있습니다.

In the background of the picture, I can see an old-fashioned style building with many windows.
사진의 배경에는, 창문이 많은 오래된 스타일의 건물이 보입니다.

Some cars are parked **in front of** the buildings.
건물들 앞에 차 몇 대가 주차되어 있습니다.

+ On top of~ 〜위에는

On top of the roof, there are some leaves.
지붕 위에는, 나뭇잎들이 있습니다.

+ At the bottom of~ 〜맨 밑에는

At the bottom of the tree, a woman is reading a book.
나무 밑에서 한 여자가 책을 읽고 있습니다.

+ above~ 〜위에

A picture is hanging above the bed.
침대 위에 그림이 걸려 있습니다.

+ below~ 〜아래에

A carpet is rolled up below the bed.
침대 아래에 카펫이 말려 있습니다.

+ beyond~ 〜너머로

I can see some mountains covered with snow beyond the water.
물 너머로 눈으로 덮인 산이 보입니다.

+ beneath~ 〜아래에

A dog is sitting beneath the table.
개 한 마리가 테이블 아래에 앉아 있습니다.

+ on~ 〜위에

Many papers are scattered on the desk.
많은 서류들이 책상 위에 흩어져 있습니다.

+ under~ 〜아래에

Some cups and dishes are stacked up under the counter.
컵들과 접시들이 카운터 아래에 쌓여 있습니다.

Example `02-11`

Many kinds of fruits are displayed **on** the rack.
많은 종류의 과일이 진열대 위에 진열되어 있습니다.

There is an open doorway **beneath** the store sign.
가게 간판 아래에 열린 출입구가 있습니다.

A sign is hanging on the wall **above** the door.
문 위쪽 벽에 표지판이 걸려 있습니다.

There are some empty crates and boxes **at the bottom of** the display rack.
진열대 맨 아래에 빈 상자가 여러 개 있습니다.

③ Wrap up (마무리) `02-12`

마무리는 사진 묘사를 끝내는 단계로, 자연스럽게 설명을 마무리하기 위해 사진의 전반적인 분위기나
느낌, 혹은 본인의 생각을 얘기하면 됩니다.

+ Overall~ 전반적으로~
Overall, it seems like they are having a good time in the park.
전반적으로, 이들은 공원에서 좋은 시간을 보내는 것 같습니다.

+ Generally~ 전반적으로~
Generally, it looks like the weather is nice and warm.
전반적으로, 날씨가 좋고 따뜻한 것 같이 보입니다.

+ To summarize~ 요약하자면~
To summarize, it looks like the people are busy working in the office.
요약하자면, 사람들이 사무실에서 바쁘게 일하고 있는 것 같습니다.

+ It seems like~ ~인 것 같다
It seems like a peaceful afternoon in the countryside.
시골의 평화로운 오후인 것 같습니다.

+ It looks like~ ~처럼 보인다

It looks like a cold day, because people are wearing coats.
사람들이 외투를 입고 있기 때문에, 추운 날씨처럼 보입니다.

+ It appears to be~ ~인 것 같이 보인다

It appears to be a spring day because the trees are green and the flowers are blooming.
나무들이 파랗고 꽃들이 활짝 피고 있으므로 봄날인 것 같이 보입니다.

+ Maybe~ 어쩌면~

Maybe they are trying to buy something at the newsstand.
어쩌면 이들은 신문 가판대에서 무언가를 사려고 하는 것 같습니다.

+ Perhaps~ 아마도~

Perhaps they are having a meeting in the office.
아마도 이들은 사무실에서 회의 중인 것 같습니다.

+ I think/guess~ 내 생각에는~

I think/guess the man and the woman are arguing about something.
내 생각에는 남자와 여자가 무언가에 대해서 다투고 있는 것 같습니다.

Overall, I think the woman is spending a peaceful time at the beach.
전반적으로, 여자가 해변에서 평화로운 시간을 보내는 것 같습니다.

To summarize, it seems like she is walking her dog on a gloomy day.
요약하자면, 여자가 우울한 날씨 속에 개를 산책시키고 있는 것 같습니다.

Generally, it looks like a lonely picture.
전반적으로, 외로운 사진 같아 보입니다.

03 사진 속 상황별 빈출 표현

① 외모, 옷차림 `02-14`

+ 금발이다
have blond hair

여자는 긴 금발 머리를 갖고 있습니다.
The woman **has** long **blond hair**.

+ 곱슬머리이다
have curly hair

소녀는 곱슬머리입니다.
The girl **has curly hair**.

+ 머리를 땋았다
have braided one's hair

오른쪽에 있는 여자는 머리를 땋았습니다.
The woman on the right **has braided her hair**.

+ 긴 머리이다/짧은 머리이다
· **have long hair**
· **have short hair**

대부분의 사람들이 짧은 머리입니다.
Most of the people **have short hair**.

+ 머리를 하나로 묶었다
have a ponytail

계산을 하고 있는 고객은 머리를 하나로 묶었습니다.
The customer making a purchase **has a ponytail**.

+ 머리를 위로 묶었다
· **tied up one's hair**
· **pulled up one's hair**

두 사람 모두 머리를 위로 묶었습니다.
Both of them **tied up their hair**.

+ 대머리이다
be bald

남자는 대머리이고 서류 작업에 열중하고 있습니다.
The man **is bald** and is focusing on some documents.

+ 콧수염
mustache

남자는 갈색 머리와 콧수염을 갖고 있습니다.
The man has brown hair and a **mustache**.

+ 턱수염
beard

벤치에 앉은 노인은 자신의 하얀 턱수염을 만지고 있습니다.
The old man sitting on the bench is touching his white **beard**.

+ 눈썹
eyebrow

그녀는 검정색 눈썹입니다.
She has black **eyebrows**.

+ 속눈썹
eyelashes

한 여자가 속눈썹에 마스카라를 칠하고 있습니다.
One woman is applying mascara to her **eyelashes**.

+ 날씬한
slender

두 명의 날씬한 여자들이 조깅을 하고 있습니다.
Two **slender** women are jogging.

+ 마른
thin

남자는 키가 크고 말랐습니다.
The man is tall and **thin**.

+ 통통한
chubby

통통한 소년이 햄버거를 먹고 있습니다.
A **chubby** boy is eating a hamburger.

+ 키가 큰 / 키가 작은
tall / short

둘 중 한 명은 키가 크고 한 명은 키가 작습니다.
One of them is **tall** and the other is **short**.

+ 청바지를 입고 있다
be wearing jeans

그는 검정색 재킷과 청바지를 입고 있습니다.
He **is wearing** a black jacket and **jeans**.

+ 정장을 입고 있는
wearing a suit

정장을 입고 서류가방을 든 남자가 버스 정류장에 서 있습니다.
A man **wearing a suit** and carrying a briefcase is standing at the bus stop.

+ 외투를 입고 있다
· **be wearing a coat**
· **be wearing a jacket**

대부분의 사람이 외투를 입고 우산을 들고 있습니다.
Most of the people **are wearing coats** and holding umbrellas.

+ 두꺼운 옷을 입고 있다
· **be wearing heavy clothes**
· **be wearing winter clothes**
· **be wearing warm clothes**

사람들이 두꺼운 옷을 입고 있으므로 겨울인 것 같습니다.
It seems like winter because people **are wearing heavy clothes**

+ 옷을 가볍게 입고 있다
  - **be wearing light clothes**
  - **be wearing summer clothes**

대부분의 사람이 옷을 가볍게 입고 있으므로 더운 날인 것 같습니다.
I think it is a hot day because most of the people **are wearing summer clothes**.

+ 수영복
  swimsuit

수영복을 입은 여러 명의 사람들이 길을 걸어가고 있습니다.
Several people wearing **swimsuits** are walking along the street.

+ 우비
  raincoat

소녀는 노란색 우비를 입고 빨간 우산을 들고 있습니다.
The girl is wearing a yellow **raincoat** and holding a red umbrella.

+ 안경을 쓰고 있는
  wearing glasses

안경을 쓴 한 남자가 서류를 정리하고 있습니다.
A man **wearing glasses** is organizing documents.

+ 모자를 쓰고 있다
  be wearing a hat

여자들은 화려한 모자를 쓰고 부채를 들고 있습니다.
The women **are wearing** fancy **hats** and holding fans.

+ 야구 모자를 쓰고 있는
  wearing a cap

야구 모자를 쓴 소년이 공을 던지고 있습니다.
A boy **wearing a cap** is throwing a ball.

+ 장갑을 끼고 있다
  be wearing gloves

공사장 인부들은 안전모를 쓰고 장갑을 끼고 있습니다.
The construction workers **are wearing** safety helmets and **gloves**.

+ 유니폼을 입고 있다
  be wearing a uniform

사람들이 유니폼을 입고 있으므로 이 가게의 직원들인 것 같습니다.
I think the people are employees of the store since they **are wearing uniforms**.

+ 작업복
  - **work suit**
  - **work clothes**

남자들이 노란색 작업복을 입고 있습니다.
The men are wearing yellow **work suits**.

+ 반소매 셔츠
short-sleeved shirt

그는 하얀색 반팔 셔츠와 청바지를 입고 있습니다.
He is wearing a white **short-sleeved shirt** and jeans.

+ 긴소매 셔츠
long-sleeved shirt

몇 명은 긴팔 셔츠를 입고 있고, 몇 명은 재킷을 입고 있습니다.
Some people are wearing **long-sleeved shirts** and some are wearing jackets.

+ 민소매 셔츠
sleeveless shirt

민소매 셔츠와 운동복 바지를 입은 여자가 노래를 들으며 조깅하고 있습니다.
A woman wearing a **sleeveless shirt** and sweat pants is jogging while listening to music.

+ 바지
pants / trousers

한 여자는 바지를 입고 있고, 다른 여자는 치마를 입고 있습니다.
One woman is wearing **pants**, and the other is wearing a skirt.

+ 반바지
shorts

그는 반소매 셔츠와 반바지를 입고 신발 끈을 묶고 있습니다.
He is wearing a short-sleeved shirt and **shorts**, and tying his shoe laces.

+ 조끼
vest

안전 조끼를 입은 남자가 무릎 꿇고 앉아서 기계를 점검하고 있습니다.
A man wearing a safety **vest** is kneeling down and inspecting the machine.

+ 장신구
accessories

여자는 다양한 금색의 장신구들을 착용하고 있습니다.
The woman is wearing various gold **accessories**.

+ 손목시계
wristwatch

남자는 손목에 손목시계를 차고 있는 중입니다.
The man is putting on a **wristwatch** on his wrist.

+ 화려한
fancy

오른쪽에 있는 사람은 화려한 무늬의 원피스를 입고 있습니다.
The person on the right is wearing a dress with **fancy** patterns.

+ 다채로운
colorful

다채로운 옷을 입은 많은 아이들이 잔디밭에 모여 있습니다.
Many children wearing **colorful** clothes are gathered on the grass.

+ 주머니에 손을 넣고 있다
have one's hand in one's pocket

남자는 문 옆에 서서 주머니에 양손을 넣고 있습니다.
The man is standing next to the door and **has both hands in his pockets**.

+ 어깨에 가방을 메고 있다
carrying a bag on one's shoulder

어깨에 가방을 멘 여자가 책을 읽으며 걸어가고 있습니다.
A woman **carrying a bag on her shoulder** is walking while reading a book.

+ 소리치다
shout

두 소년이 서로에게 소리 지르고 있습니다.
Two boys are **shouting** at each other.

+ 인상 쓰다
frown

여자는 인상을 쓰고 전화를 받고 있습니다.
The woman is **frowning** and talking on the phone.

+ 웃다
laugh

벤치에 앉아 있는 커플이 웃고 있습니다.
A couple sitting on a bench is **laughing**.

+ 미소 짓다
smile

남자가 아기를 보면서 미소를 짓고 있습니다.
The man is **smiling** at the baby.

+ 눈을 감고 있다
be closing one's eyes

그는 이어폰을 끼고 눈을 감고 있습니다.
He **is** wearing earphones and **closing his eyes**.

+ 신이 난
excited

사람들은 매우 신이 나 보입니다.
The people look very **excited**.

+ 짜증 난
annoyed

여자가 아이들 때문에 짜증 난 것처럼 보입니다.
The woman seems **annoyed** because of the children.

+ 기쁜
happy

사진 속의 사람들 모두 기뻐하는 얼굴들입니다.
All the people in the picture have **happy** faces.

+ 만족한
satisfied

손님은 음식에 만족한 듯이 보입니다.
The customer seems **satisfied** with the food.

+ 불안한
anxious / nervous

무대 옆에 서 있는 연주자들이 불안해 보입니다.
The performers standing next to the stage look **nervous**.

+ 우울한
gloomy

날씨도 우중충하고 여자도 우울해 보입니다.
The weather is cloudy and the woman also seems **gloomy**.

+ 슬픈
sad

이들은 뭔가 슬픈 얘기를 나누고 있는 것 같습니다.
I think they are talking about something **sad**.

+ 심각한
serious

사람들의 표정으로 봤을 때 분위기가 심각해 보입니다.
Because of the people's expressions, it seems like a **serious** atmosphere.

② 거리, 교통, 공원   02-20

+ (차들이) 밀려있다
be backed up

도로 위에 많은 차들이 밀려있습니다.
Many cars **are backed up** on the road.

+ 교통 정체
· **traffic jam**
· **traffic congestion**
· **heavy traffic**

경찰관이 교통 정체 속에서 차들을 통제하고 있습니다.
A police officer is directing traffic in the **traffic jam**.

+ 통행금지되어 있다
be closed to traffic

몇몇 도로들은 통행이 금지되어 있습니다.
Some streets **are closed to traffic**

+ 갓길에(연석 옆에)
by the curb

택시 여러 대가 갓길에 세워져 있습니다.
Several taxis are parked **by the curb**

+ 인도
sidewalk

인도가 사람들과 애완동물들로 북적거립니다.
The **sidewalk** is crowded with people and their pets.

+ 횡단보도
crosswalk

차 두 대가 횡단보도에서 기다리고 있습니다.
Two cars are waiting at the **crosswalk**

+ 교차로
· **crossroad**
· **intersection**

교차로에 차가 한 대도 없습니다.
There are no cars on the **crossroad**

+ 길을 건너고 있다
be crossing the street

한 노인이 휠체어를 타고 길을 건너고 있습니다.
An old man **is crossing the street** in a wheelchair.

+ 길을 따라
along the street

많은 나무들과 꽃들이 길을 따라 심어져 있습니다.
Many trees and flowers are planted **along the street**

+ 나란히
side by side

버스들이 주차장에 나란히 주차되어 있습니다.
Buses are parked **side by side** in the parking lot.

+ 줄줄이
one after another

좁은 골목길에 차들이 줄줄이 있습니다.
There are cars **one after another** on a narrow path.

+ 일렬로
in a row / in a line

사람들이 건물 앞에서 일렬로 줄을 서서 기다리고 있습니다.
People are waiting **in a row** in front of the building.

+ 여러 줄로
in rows / in lines

주차장에 차들이 여러 줄로 세워져 있습니다.
Cars are parked **in rows** in the parking lot.

+ 줄지어져 있다
be lined up

작은 집들이 해안가를 따라서 줄지어져 있습니다.
Small houses **are lined up** along the shore.

+ 산책하고 있다
be taking a walk

사람들이 공원에서 산책을 하고 있습니다.
People **are taking a walk** in the park.

+ 거닐고 있다, 산책하고 있다
be strolling

한 커플이 인도를 따라 산책하고 있습니다.
A couple **is strolling** along the sidewalk.

+ 유모차
stroller

여자들이 유모차를 밀고 가며 대화를 나누고 있습니다.
The women are pushing **strollers** and talking to each other.

+ 도로표지판
road sign

자전거 한 대가 도로표지판 옆에 세워져 있습니다.
A bicycle is parked next to the **road sign**.

+ 신호등
traffic light

차들이 신호등에서 기다리고 있습니다.
Cars are waiting at the **traffic light**.

+ 차선
lane

도로의 두 번째 차선에 차들이 밀려 있습니다.
Cars are backed up on the second **lane** of the road.

+ 통로 / 오솔길
path

오솔길 양 옆으로 수풀이 우거져 있습니다.
There are thick bushes on both sides of the **path**.

+ 도로 / 거리
road / street

도로가 수리 작업 때문에 폐쇄되어 있습니다.
The **road** is closed due to repair work.

+ 포장도로
pavement

포장도로 주변으로 울타리가 세워져 있습니다.
A fence is standing around the **pavement**.

+ 포장되어 있다
be paved

바닥이 벽돌로 포장되어 있습니다.
The ground **is paved** with bricks.

+ 울타리
fence

울타리의 일부분이 부서져 있습니다.
A part of the **fence** is broken.

+ 택시
taxi / cab

한 여자가 택시를 향해 손을 흔들고 있습니다.
A woman is waving her hand at the **taxi**.

+ 차를 세우고 있다
· **be pulling over**
· **be parking one's car**

트럭 운전자가 차를 갓길로 세우고 있습니다.
The truck driver **is pulling over** to the curb.

+ 주차되어 있다
be parked

밴 한 대가 건물 앞에 주차되어 있습니다.
A van **is parked** in front of the building.

+ 주차 미터기
parking meter

남자가 주차 미터기를 이용하고 있습니다.
The man is using the **parking meter**.

+ 주차장
parking lot

주차장이 텅 비어있습니다.
The **parking lot** is completely empty.

+ 보행자
pedestrian

많은 보행자들이 교차로를 건너고 있습니다.
Many **pedestrians** are crossing the intersection.

+ 지나가는 사람
passerby

벤치에 앉은 여자가 지나가는 행인을 쳐다보고 있습니다.
A woman sitting on the bench is looking at a **passerby**.

+ 구경꾼
spectator

많은 구경꾼들이 밴드 앞에 모여 있습니다.
Many **spectators** are gathered in front of the band.

+ ~로 둘러싸여 있다
be surrounded by~

집이 화분에 담긴 꽃들로 둘러싸여 있습니다.
The house **is surrounded by** potted flowers.

+ ~로 붐비다
be crowded with~

도로는 보행자들과 애완견들로 붐빕니다.
The road **is crowded with** pedestrians and pet dogs.

+ 벤치에 함께 앉아 있다
be sharing a bench

세 사람이 한 벤치에 함께 앉아 있습니다.
Three people **are sharing a bench**.

+ 잔디
grass / lawn

남자가 잔디를 깎고 있습니다.
The man is mowing the **lawn**.

+ 개를 산책시키고 있다
be walking one's dog

두 여자가 자신들의 개들을 산책시키고 있습니다.
Two women **are walking their dogs**.

+ 개 목줄을 잡고 있다
be holding a dog leash

어린 소녀가 개 목줄을 잡고 있습니다.
A little girl **is holding a dog leash**.

+ 가로등
lamppost / streetlight

운동복을 입은 남자가 가로등에 기대어 있습니다.
A man wearing a sweat suit is leaning against a **lamppost**.

+ 자전거를 타고 있다
be riding a bicycle

여러 소년들이 광장에서 자전거를 타고 있습니다.
Several boys **are riding bicycles** in a square.

+ 건물 표지판
building sign

건물에 많은 건물 표지판들이 걸려 있습니다.
Many **building signs** are hanging on the building.

+ 탑승하고 있다
· be getting on
· be boarding

사람들이 버스에 탑승하고 있습니다.
People **are getting on** the bus.

+ 내리고 있다
be getting off

쇼핑백을 든 여자가 택시에서 내리고 있습니다.
A woman carrying a shopping bag **is getting off** a taxi.

+ 들어가고 있다
· **be entering**
· **be going in**

한 무리의 사람들이 가게 안으로 들어가고 있습니다.
A group of people **is entering** the store.

+ 나오고 있다
· **be exiting**
· **be getting out of**

제복을 입은 남자가 버스 터미널에서 나오고 있습니다.
A man wearing a uniform **is exiting** the bus terminal.

+ 지하철역
subway station

한 남자가 지하철역 앞에 서서 지도를 보고 있습니다.
A man is standing in front of the **subway station** and looking at a map.

+ 티켓 창구
ticket booth

여러 사람들이 티켓 창구 앞에 한 줄로 줄을 서 있습니다.
Several people are lined up in a row in front of the **ticket booth**.

+ 길을 묻다
ask for directions

관광객으로 보이는 여자가 보행자에게 길을 묻고 있습니다.
A woman that seems like a tourist is **asking** a pedestrian **for directions.**

+ 고층 건물
skyscraper

도시에 고층 건물들이 많습니다.
There are many **skyscrapers** in the city.

+ 2층 높이의
two stories high

길가에 있는 옷가게는 2층 높이입니다.
The clothing store next to the street is **two stories high**.

+ 경사로
ramp

주차장 입구에 경사로가 있습니다.
There is a **ramp** at the entrance of the parking lot.

+ 회전문
revolving door

여자가 회전문을 사용해서 건물 밖으로 나오고 있습니다.
A woman is using a **revolving door** to get out of the building.

+ 마차
carriage

화려한 옷을 입은 사람들이 마차를 타고 행진을 하고 있습니다.
Some people wearing fancy clothes are having a parade in a **carriage**.

+ 짐을 싣다
load

사람들이 공항 앞에서 차에 짐을 싣고 있습니다.
People are **loading** some luggage in a car in front of the airport.

+ 짐을 내리다
unload

인부들이 트럭에서 상자를 내리고 있습니다.
Workers are **unloading** boxes from a truck.

+ 공사 중이다
be under construction

아파트 건물들이 공사 중입니다.
The apartment buildings **are under construction**.

+ 중장비
heavy machinery

공터에 중장비 한 대가 있습니다.
There is a **heavy machinery** on an empty lot.

+ 건축 자재
building supplies

건축 자재를 실은 트럭이 고속도로를 달리고 있습니다.
A truck carrying **building supplies** is driving on the highway.

+ 안전 장비를 착용하고 있는
wearing safety gear

안전 장비를 착용한 공사장 인부들이 건물 꼭대기에서 일하고 있습니다.
Construction workers **wearing safety gear** are working on the top of the building.

+ 청사진(도면)을 보고 있다
be looking at a blueprint

두 명의 직원들이 청사진을 보고 있습니다.
Two employees **are looking at a blueprint**.

③ 상점, 쇼핑　02-26

+ 구경하고 있다
- **be browsing through**
- **be looking around**

여자들이 가게에 진열된 화장품들을 구경하고 있습니다.
The women **are browsing through** some cosmetic products displayed in the store.

+ 상품
- **merchandise**
- **products**
- **goods**
- **items**

많은 상품들이 쇼윈도에 진열되어 있습니다.
Many **goods** are displayed at the shop window.

+ 슈퍼마켓
supermarket

종이봉투를 든 손님들이 슈퍼마켓에서 나오고 있습니다.
Customers carrying paper bags are coming out of the **supermarket**.

+ 식료품점 / 마트
grocery store

길 건너편에 식료품점이 보입니다.
I can see a **grocery store** across the street.

+ 장을 보고 있다
shopping for groceries

사람들이 야외 시장에서 장을 보고 있습니다.
People are **shopping for groceries** at an outdoor market.

+ ~코너
section

한 남자가 육류 코너 앞에 서 있습니다.
A man is standing in front of the meat **section**.

+ 유제품
dairy products

다양한 유제품들이 냉장고에 진열되어 있습니다.
A variety of **dairy products** are displayed in the refrigerator.

+ 농산품
produce

한 여자가 농산품 코너에서 채소를 구경하고 있습니다.
A woman is browsing through vegetables at the **produce** section.

+ 과일 무게를 재다
weigh some fruit

점원이 과일의 무게를 재고 있습니다.
A clerk is **weighing some fruit**.

+ 고르고 있다
- **be making a selection**
- **be choosing**

남자가 쌓여있는 옷 더미에서 물건을 고르고 있습니다.
The man **is making a selection** from a pile of clothing.

+ 통로 / 복도
aisle

사람들이 바구니를 들고 통로를 걸어가고 있습니다.
People are walking through the **aisle** with baskets.

+ 카트를 밀고 있다
pushing one's cart

사람들이 카트를 밀고 있습니다.
People are **pushing their carts**.

+ 선반에
on the shelf(shelves)

통조림들이 선반 위에 놓여 있습니다.
Canned foods are placed **on the shelf**.

+ 진열되어 있다
- **be displayed**
- **be on display**

다양한 액세서리들이 벽에 진열되어 있습니다.
Various accessories **are displayed** on the wall.

+ (차곡차곡) 쌓여있다
be stacked

많은 상자들이 선반들 위에 쌓여있습니다.
Many boxes **are stacked** on the shelves.

+ (더미로) 쌓여있다
be piled

양말들이 테이블 위에 더미로 쌓여있습니다.
Socks **are piled** on the table.

+ 가격표
price tag

여자가 옷에 붙은 가격표를 확인하고 있습니다.
A woman is checking the **price tag** on the clothing.

+ ~라고 적힌
that says~

벽에 3달러 50센트라고 적힌 푯말이 걸려 있습니다.
There is a sign on the wall **that says** 3 dollars and 50 cents.

+ 비닐봉지
plastic bag

계산원이 비닐봉지에 상품을 넣고 있습니다.
The cashier is putting a product into a **plastic bag**.

+ 종이봉투
paper bag

한 남자가 식료품이 가득 담긴 종이봉투를 들고 건물 밖으로 나오고 있습니다.
A man is coming out of a building with a **paper bag** full of groceries.

+ 시식해보다
try / sample

사람들이 가판대에서 음식을 시식해보고 있습니다.
People are **trying** some food at a stall.

+ 입어보다 / 신어보다
try on

젊은 여성이 검정색 하이힐을 신어보고 있습니다.
A young woman is **trying on** black high heels.

+ 진열창
display window

화려한 옷을 입은 마네킹들이 진열창에 있습니다.
There are some mannequins wearing fancy clothes at the **display window**.

+ 진열장
showcase

몇몇 사람들이 진열장 앞에 서 있습니다.
Several people are standing in front of a **showcase**.

+ 아이쇼핑하고 있다
be window shopping

세 명의 여자들이 아이쇼핑을 하며 길을 걸어가고 있습니다.
Three women **are window shopping** while walking on the street.

+ 고객
customer

한 고객이 계산을 하기 위해 지갑을 꺼내고 있습니다.
A **customer** is taking out his wallet to pay for his purchase.

+ 쇼핑객
shopper

매장 앞에 쇼핑객들이 줄을 서 있습니다.
Shoppers are standing in a line in front of the shop.

+ 계산대
checkout counter

남자가 계산대에서 계산을 하고 있습니다.
A man is making a purchase at the **checkout counter**.

+ 계산원
cashier

손님이 계산원과 다투고 있는 것 같습니다.
The customer seems to be arguing with the **cashier**.

+ 금전등록기
cash register

유니폼을 입은 여자가 금전 등록기를 사용하고 있습니다.
A woman wearing a uniform is using the **cash register**.

+ 바코드를 찍다
use a scanner

계산원이 청바지의 바코드를 찍고 있습니다.
The cashier is **using a scanner** for the jeans.

+ 지갑
wallet

남자가 뒷주머니에서 지갑을 꺼내고 있습니다.
The man is taking out his **wallet** from his back pocket.

+ 영수증
receipt

점원이 손님에게 영수증을 건네주고 있습니다.
A clerk is handing over a **receipt** to the customer.

+ 계산하고 있다
· **be paying for one's purchase**
· **be making a purchase**

남자가 야외 시장에서 계산을 하고 있습니다.
A man **is paying for his purchase** at an outdoor market.

+ 잔돈을 건네주다
be handing over some change

노점 상인이 노인에게 잔돈을 건네주고 있습니다.
The street vendor **is handing over some change** to an old woman.

+ 노점
street stalls

많은 노점들이 인도를 따라 세워져 있습니다.
Many **street stalls** are placed along the sidewalk.

+ 신문 가판대
newsstand

한 여자가 신문 가판대 앞에 서서 신문을 읽고 있습니다.
A woman is reading a newspaper standing in front of the **newsstand**.

+ 노점상인
street vendor

노점 상인들이 길가에 앉아서 대화를 나누고 있습니다.
Street vendors are sitting on the curb and talking to each other.

④ 식당, 주방, 요리 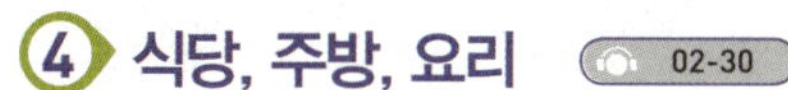 02-30

+ 노천 카페
outdoor cafe

여러 사람이 노천 카페에 앉아서 대화를 나누고 있습니다.
Several people are having a conversation at an **outdoor cafe**.

+ (식당의) 테라스
patio

한 남자가 테라스에 자리를 잡고 있습니다.
A man is taking a seat at the **patio**.

+ 요리사
chef

요리사가 한 웨이터에게 음식이 가득 담긴 접시를 건네주고 있습니다.
The **chef** is handing a plate full of food to a waiter.

+ 웨이터 / 웨이트리스
waiter / waitress

웨이트리스가 테이블에 있는 접시와 컵들을 치우고 있습니다.
A **waitress** is cleaning plates and cups on the table.

+ 식당 손님
diner

많은 식당 손님들이 테이블에 앉아 있습니다.
Many **diners** are seated at the tables.

+ 주문을 하고 있다
be making an order

남자가 메뉴판을 들고 주문을 하고 있습니다.
A man **is** holding the menu and **making an order**.

+ 주문을 받고 있다
be taking an order

유니폼을 입은 남자가 테이블 옆에 서서 주문을 받고 있습니다.
A man wearing a uniform **is taking an order** next to the table.

+ 메뉴판을 보고 있다
be looking at the menu

한 커플이 야외 테이블에서 메뉴판을 보고 있습니다.
A couple **is looking at the menu** at an outdoor table.

+ 테이블에 앉아 있다
be sitting at the table

대가족이 넓은 테이블에 앉아 있습니다.
A big family **is sitting at a** large **table**.

+ 식사를 하고 있다
· **be having a meal**
· **be dining**

학생들이 구내식당에서 식사를 하고 있습니다.
Students **are having a meal** in the cafeteria.

+ 잔에 무언가를 따르고 있다
be pouring something into a glass

식당 직원이 잔에 무언가를 따르고 있습니다.
A restaurant employee **is pouring something into a glass**.

+ 음료수
beverage

다양한 음료수들이 카운터 위에 진열되어 있습니다.
A variety of **beverages** are displayed on the counter.

+ 주전자, 피처
pitcher

주전자를 든 여자가 테이블을 향해 걸어가고 있습니다.
A woman carrying a **pitcher** is walking towards the table.

+ 우유 팩
milk carton

소녀가 식탁에 앉아 우유 한 팩을 들고 있습니다.
A girl is sitting at the table holding a **milk carton**.

+ 컵으로 마시고 있다
be drinking from a cup

한 남성이 신문을 읽으며 컵으로 무언가를 마시고 있습니다.
A man **is** reading a newspaper and **drinking** something **from a cup**.

+ 빨대로 마시고 있다
be drinking with a straw

아이들이 주스를 빨대로 마시고 있습니다.
The children **are drinking** juice **with a straw**.

+ 홀짝홀짝 마시고 있다
be sipping

여자가 커피를 홀짝홀짝 마시고 있습니다.
A woman **is sipping** some coffee.

+ 잔을 들고 있다
be raising one's glass

한 남성이 테이블 앞에 서서 잔을 들고 있습니다.
A man **is raising his glass** in front of the table.

+ 건배를 하고 있다
be making a toast

식당 손님들이 건배를 하고 있습니다.
The diners **are making a toast**.

+ 상을 차리고 있다
be setting the table

두 여자가 상을 차리고 있습니다.
Two women **are setting the table**.

+ 음식을 준비하고 있다
be preparing a meal

여자가 주방에서 음식을 준비하고 있습니다.
A woman **is preparing a meal** in the kitchen.

+ (식사가) 제공되다
be served

테이블 위에는 푸짐한 식사가 제공되어 있습니다.
A large meal has **been served** on the table.

+ 설거지를 하고 있다
· **be washing the dishes**
· **be doing the dishes**

남자가 주방에 서서 설거지를 하고 있습니다.
A man **is** standing in the kitchen and **washing the dishes**.

+ ～한 병
a bottle of~

웨이트리스가 와인 한 병을 들고 손님과 얘기하고 있습니다.
A waitress is holding **a bottle of** wine and talking to a customer.

+ ～한 잔(유리잔)
a glass of~

테이블 위에 물 한 잔이 놓여 있습니다.
There is **a glass of** water on the table.

+ ～한 컵
a cup of~

남자는 책을 읽으며 커피 한 잔을 마시고 있습니다.
The man is reading a book and drinking **a cup of** coffee.

+ 잘게 자르고 있다
be chopping

요리사가 야채를 잘게 자르고 있습니다.
A cook **is chopping** some vegetables.

+ 얇게 썰고 있다
be slicing

여자가 칼로 햄 한 덩어리를 얇게 썰고 있습니다.
The woman **is slicing** a piece of ham with a knife.

+ 젓고 있다
be stirring

나이든 여자가 주방에서 냄비를 젓고 있습니다.
An old woman **is stirring** a pot in the kitchen.

+ 앞치마
apron

앞치마를 두른 웨이트리스가 음식을 나르고 있습니다.
A waitress wearing an **apron** is serving some food.

+ 가스레인지
stove

한 여자가 가스레인지를 조절하고 있습니다.
A woman is adjusting the **stove**.

+ 전자레인지
microwave

그는 전자레인지에서 음식을 꺼내고 있습니다.
He is taking out some food from the **microwave**.

+ 석쇠
grill

남자들이 석쇠로 고기를 굽고 있습니다.
The men are cooking meat with the **grill**.

+ 도마
· **cutting board**
· **chopping board**

도마 위에 과일들이 놓여 있습니다.
Some fruits are placed on the **cutting board**.

+ 프라이팬
pan

주방 벽에 많은 프라이팬과 냄비들이 걸려 있습니다.
Many **pans** and pots are hanging on the kitchen wall.

+ 냄비
pot

냄비에 스프가 가득 담겨 있습니다.
The **pot** is filled with soup.

+ 주방용품
kitchenware

웨이터가 주방용품들을 마른 천으로 닦고 있습니다.
The waiter is cleaning some **kitchenware** with a dry cloth.

+ 접시
plate / dish

접시들이 식탁 위에 쌓여 있습니다.
Plates are stacked up on the table.

+ 큰 그릇
bowl

여자가 샐러드 한 그릇을 남자에게 건네주고 있습니다.
The woman is handing over a **bowl** of salad to the man.

+ 은식기
silverware

식당 직원들이 은식기들을 광이 나게 닦고 있습니다.
The restaurant workers are polishing some **silverware**.

+ 쟁반 / 식판
tray

쟁반 위에 유리잔들이 거꾸로 놓여 있습니다.
Glasses are placed upside down on the **tray**.

+ 소금용기 / 후추용기
· **salt shaker**
· **pepper shaker**

식당 테이블들 위에는 소금과 후추 용기들이 배열되어 있습니다.
Salt and **pepper shakers** are arranged on the restaurant tables.

+ 식탁보
tablecloth

카페 테이블들이 식탁보로 덮여 있습니다.
The cafe tables are covered with **tablecloth**.

+ 맛보고 있다
be tasting

식당 손님들이 음식을 맛보고 있습니다.
The diners **are tasting** some food.

+ 구내식당
cafeteria

많은 학생들이 구내식당 안에서 줄을 서 있습니다.
Many students are standing in a line in the **cafeteria**.

+ 음식 가판대
food stand

그들은 음식 가판대에서 주문을 하고 있습니다.
They are making an order at the **food stand**.

+ 읽고 있다
be reading

학생들이 도서관에서 책을 읽고 있습니다.
Students **are reading** books in the library.

+ 관찰하고 있다
be studying

두 직원들이 큰 청사진을 관찰하고 있습니다.
Two employees **are studying** a large blueprint.

+ 살펴보고 있다
be examining

한 남자가 책상에 앉아서 서류들을 살펴보고 있습니다.
A man **is examining** documents at the desk.

+ 점검하고 있다
be inspecting

유니폼을 입은 남자가 사무실의 컴퓨터를 점검하고 있습니다.
A man wearing a uniform **is inspecting** the computer in the office.

+ 훑어보고 있다
be looking through

직원들이 많은 문서들을 훑어보고 있습니다.
Employees **are looking through** many documents.

+ 분류하고 있다
be sorting

여자가 책상에 앉아서 서류를 분류하고 있습니다.
A woman **is** sitting at the desk and **sorting** papers.

+ 통화 중이다
be talking on the phone

접수원이 통화 중입니다.
The receptionist **is talking on the phone**.

+ 무언가를 적고 있다
be writing something down

한 학생이 공책에 무언가를 적고 있습니다.
A student **is writing something down** on a notebook.

+ 메모(필기)하고 있다
be taking notes

강의실 안 학생들이 필기를 하고 있습니다.
Students in the classroom **are taking notes**.

+ 조정하고 있다
be adjusting

그는 컴퓨터 화면을 조정하고 있습니다.
He **is adjusting** the computer screen.

+ 문서를 철하고 있다
be filing documents

여자가 책장 앞에서 문서를 철하고 있습니다.
The woman **is filing documents** in front of a bookshelf.

+ 컴퓨터로 일하고 있다
be working on a computer

직원들이 컴퓨터로 일을 하고 있습니다.
Employees **are working on computers**.

+ 노트북을 하고 있다
be using a laptop

남자가 헤드폰을 쓰고 노트북을 하고 있습니다.
A man **is** wearing headphones and **using a laptop**.

+ 모니터를 바라보고 있다
be facing the monitor

한 학생이 컴퓨터 앞에 앉아서 모니터를 바라보고 있습니다.
A student **is** sitting in front of the computer and **facing the monitor**.

+ 타자(키보드)를 치고 있다
be typing on the keyboard

여자가 전화통화를 하며 타자를 치고 있습니다.
The woman **is** talking on the phone and **typing on the keyboard**.

+ 마우스를 클릭하고 있다
be clicking the mouse

책상에 앉은 남자가 마우스를 클릭하고 있습니다.
A man sitting at the desk **is clicking the mouse**.

+ ~에 집중하고 있다
· **be concentrating on~**
· **be focusing on~**

사무실의 모든 사람들이 일에 집중하고 있습니다.
All the people in the office **are concentrating on** their work.

+ ~를 주목(집중)하고 있다
be paying attention to~

청중들이 강연자를 주목하고 있습니다.
The audience **is paying attention to** the lecturer.

+ ~하느라 바쁜
busy -ing

직원들이 보고서를 작성하느라 바쁜 것 같습니다.
The employees seem **busy working** on their reports.

+ 회의 중이다
be having a meeting

사람들이 회의실에서 회의 중입니다.
People **are having a meeting** in the conference room.

+ 발표를 하고 있다
be making a presentation

한 여학생이 다른 학생들 앞에서 발표를 하고 있습니다.
A female student **is making a presentation** in front of the other students.

+ 나눠주고 있다
· be distributing
· be handing out

여자가 사무실 직원들에게 커피를 나눠주고 있습니다.
A woman **is handing out** coffee to office employees.

+ ~에 참여하고 있다
be engaged in~

다섯 사람이 토론에 참여하고 있습니다.
Five people **are engaged in** a discussion.

+ 강연을 하고 있다
be giving a lecture

정장 차림을 한 남자가 무대 위에서 강연을 하고 있습니다.
A man wearing a suit **is giving a lecture** on the stage.

+ 마이크에 말하고 있다
be speaking into a microphone

나이 든 남자가 마이크로 얘기를 하고 있습니다.
An old man **is speaking into a microphone**.

+ 칠판에 판서하고 있다
be writing on the blackboard

선생님이 칠판에 판서를 하고 있습니다.
The teacher **is writing on the blackboard**.

+ 연설자
speaker

연설자가 무대 위에서 발표를 하고 있습니다.
The **speaker** is making a presentation on the stage.

+ 강연자
lecturer

강연자가 객석의 사람들에게 유인물을 나눠주고 있습니다.
The **lecturer** is distributing handouts to people in the seats.

+ 강사 / 선생님
instructor / teacher

한 학생과 강사가 칠판 앞에서 대화를 나누고 있습니다.
A student and an **instructor** are having a conversation in front of the board.

+ 교수님
professor

교수님이 학생들의 질문을 받고 있는 것 같습니다.
It seems like the **professor** is answering students' questions.

+ 그룹을 지어
in a group

학생들이 그룹을 지어 토론을 하고 있는 것 같습니다.
I think the students are having a discussion **in a group**.

+ 짝을 지어
in a pair

교실 안에 학생들이 짝을 지어 앉아 있습니다.
Students are sitting **in pairs** in the classroom.

+ 손을 들고 있다
be raising one's hand

한 학생이 선생님을 향해 손을 들고 있습니다.
One student **is raising her hand** towards the teacher.

+ 책상 위에 팔을 얹고 있다
be resting one's arm on the desk

남자가 책상 위에 두 팔을 얹고 있습니다.
A man **is resting his arms on the desk**.

+ 도서 자료
reading materials

수많은 도서 자료들이 책장들에 꽂혀 있습니다.
A number of **reading materials** are placed on the shelves.

+ 정리되어 있다
· **be arranged**
· **be organized**

여러 권의 책자들이 탁자 위에 깔끔하게 정리되어 있습니다.
Several booklets **are** neatly **arranged** on the table.

+ 흩어져 있다
be scattered

펜과 서류들이 책상 위에 흩어져 있습니다.
Some pens and documents **are scattered** on the desk.

+ 책장
bookshelf

한 소년이 책장 앞에 서서 책을 읽고 있습니다.
A boy is standing in front of a **bookshelf** and reading a book.

+ 이름표
name tag

대부분의 사람들이 이름표를 달고 있습니다.
Most of the people are wearing **name tags**.

+ 명함
business card

정장을 입은 두 남성이 명함을 주고받고 있습니다.
Two men wearing suits are exchanging **business cards**.

+ 복사를 하고 있다
be making a copy

한 여자가 복사를 하고 있습니다.
A woman **is making a copy**.

+ 복사기
· **photocopier**
· **copying machine**

세 대의 복사기들이 나란히 놓여 있습니다.
Three **photocopiers** are placed side by side.

+ 영사기
projector

남자가 영사기를 이용해 발표를 하고 있습니다.
A man is making a presentation with a **projector**.

+ 서랍 안에
in the drawer

그녀는 한 손을 서랍 안에 넣고 있습니다.
She is putting one hand **in the drawer**.

+ (의자가) 차지되었다 / 사람이 있다
be occupied

대부분의 자리에 사람들이 앉아 있습니다.
Most of the seats **are occupied**.

+ (의자가) 비어 있다
· **be unoccupied**
· **be empty**

모든 좌석들이 비어 있습니다.
All seats **are unoccupied**.

+ 파티션으로 구분되어 있다
be divided by partitions

사무실의 책상들은 파티션으로 구분되어 있습니다.
The desks in the office **are divided by partitions**.

⑥ 강, 호수, 바다, 산   `02-39`

+ 강
river

강 위에 돛단배 한 척이 떠 있습니다.
A sailboat is floating on the **river**.

+ 호수
lake

호수 주위에서 여러 사람들이 여가를 즐기고 있습니다.
Some people are enjoying their leisure time around the **lake**.

+ 바다
ocean / sea

사람들이 바다에서 서핑을 즐기고 있습니다.
People are enjoying surfing in the **ocean**.

+ 해변
beach

사람들이 모래로 뒤덮인 해변에서 일광욕을 하고 있습니다.
People are sunbathing on the sandy **beach**.

+ 해안, 바닷가
shore

운동복을 입은 두 남자가 해안을 따라 조깅을 하고 있습니다.
Two men wearing sweat suits are jogging along the **shore**.

+ 물가
water's edge

한 커플이 손을 잡고 물가를 따라 걷고 있습니다.
A couple is walking along the **water's edge** holding hands.

+ 연못
pond

연못이 꽃들로 둘러싸여 있습니다.
The **pond** is surrounded by flowers.

+ 분수
fountain

호수의 가운데에 분수가 있습니다.
There is a **fountain** in the middle of the lake.

+ 수면
the surface of the water

물의 수면이 잔잔하고 반짝거립니다.
The surface of the water is calm and glittering.

+ 반짝이는
sparkling / glittering

하늘의 별들이 반짝이고 있습니다.
The stars in the sky are **sparkling**.

+ 비춰져 있다
be reflected

산과 나무들이 호수에 비춰져 있습니다.
The mountains and trees **are reflected** on the lake.

+ ~로 덮여 있다
be covered with

산들이 눈으로 덮여 있습니다.
The mountains **are covered with** snow.

+ 언덕 위에
on the hills

언덕 위에 작은 오두막집들이 보입니다.
I can see some small cabins **on the hills**.

+ 물을 내려다보고 있다
be overlooking the water

많은 고층빌딩들이 물을 내려다보고 있습니다.
Many skyscrapers **are overlooking the water**.

+ 안개 속에
in the fog

안개 속에 다리가 보입니다.
I can see a bridge **in the fog**.

+ 다리 밑을 지나고 있다
be passing under the bridge

한 여객선이 다리 밑을 지나가고 있습니다.
A ferry **is passing under the bridge**.

+ 물 위에 떠 있다
be floating on the water

요트 여러 척이 물 위에 떠 있습니다.
Several yachts **are floating on the water**.

+ (수면이) 잔잔한
calm

물이 잔잔하고, 매우 조용해 보입니다.
The water is **calm**, and it looks very quiet.

+ (파도가) 거친
rough

거친 파도가 바위에 부딪히고 있습니다.
Rough waves are crashing against the rocks.

+ 빠른 물살, 급류
rapid water

다리 밑으로 급류가 흐르고 있습니다.
Rapid water is flowing under the bridge.

+ 범람하다, 넘치다
overflow

비로 인해 호수의 물이 넘치고 있습니다.
The water in the lake is **overflowing** because of the rain.

+ 일광욕하고 있다
be sunbathing

수영복을 입은 사람들이 바닷가에서 일광욕하고 있습니다.
People wearing swimsuits **are sunbathing** at the beach.

+ 모래성을 짓고 있다
be building a sand castle

아이들이 모래사장에서 모래성을 짓고 있습니다.
Children **are building a sand castle** on the sandy beach.

+ 야자수
palm tree

물가를 따라 야자수들이 심어져 있습니다.
Palm trees are planted along the water's edge.

+ 구명조끼
life jacket

배에 탄 사람들은 빨간색 구명조끼를 입고 있습니다.
People on the boat are wearing red **life jackets**.

+ 물안경을 쓰고 있다
be wearing goggles

수영장 안의 사람들은 대부분 물안경을 쓰고 있습니다.
Most people in the swimming pool **are wearing goggles**.

+ 오리발을 신고 있다
be wearing flippers

여자와 아이는 오리발을 신고 있습니다.
The woman and the child **are wearing flippers**.

+ 파라솔 아래
under the sun umbrella

그들은 파라솔 아래 누워서 책을 읽고 있습니다.
They are lying **under the sun umbrella** and reading books.

+ 부둣가
dock / pier / wharf

부둣가가 관광객들로 붐빕니다.
The **dock** is crowded with tourists.

+ 항구
harbor / port

항구에 많은 배들이 서로 묶여 있습니다.
Many ships are tied up together at the **harbor**.

+ 정박되어 있다
be tied up / be docked

작은 배가 부둣가에 정박되어 있습니다.
A small boat **is docked** at the pier.

+ 낚싯대
· **fishing pole**
· **fishing rod**

남자는 낚싯대를 들고 있습니다.
The man is carrying a **fishing pole**.

+ 배를 젓고 있다
be rowing a boat

두 사람이 함께 배를 젓고 있습니다.
Two people **are rowing the boat** together.

+ 노를 사용하고 있다
be using a paddle

남자가 노를 사용하여 앞으로 이동하고 있습니다.
The man **is using a paddle** to move forward.

+ 페리에 탑승하고 있다
be boarding a ferry

승객들이 줄을 지어 페리에 탑승하고 있습니다.
Passengers **are boarding the ferry** in a line.

+ 크루즈 여행을 하고 있다
be taking a cruise

관광객들이 강을 따라 크루즈 여행을 하고 있습니다.
Tourists **are taking a cruise** along the river.

+ 갑판
deck

몇몇 사람들은 갑판 위에서 경치를 감상하고 있습니다.
Some people are enjoying the scenery on the **deck**.

+ 바다에서 항해하고 있다
be sailing in the ocean

큰 배 한 척이 홀로 바다에서 항해하고 있습니다.
A big ship **is sailing in the ocean** alone.

+ 돛단배
sailboat

한 남성이 돛단배 안에 서 있습니다.
A man is standing in the **sailboat**.

+ 울창한 숲
dense forest

산은 울창한 숲으로 덮여 있습니다.
The mountain is covered with **dense forest**.

+ 숲 사이로
through the woods

숲 사이로 작은 길이 나 있습니다.
A small path runs **through the woods**.

+ 수풀, 덤불
bush

남자가 수풀을 다듬고 있습니다.
The man is trimming the **bushes**.

+ 나뭇잎으로 무성한
thick with leaves

숲 속의 나무들은 나뭇잎으로 무성합니다.
The trees in the woods are **thick with leaves**.

+ 꽃이 활짝 피었다
be in bloom

공원 안의 꽃들이 만개했습니다.
The flowers in the park **are in bloom**.

+ (나무가) 나뭇잎을 잃었다,
나뭇잎이 없다
have lost its leaves

대부분의 나무들이 잎을 잃었습니다.
Most of the trees **have lost their leaves**.

+ 앙상한 가지
bare branches

환경 미화원이 앙상한 가지들을 잘라내고 있습니다.
The street cleaner is cutting the **bare branches**.

+ 경치를 감상하고 있다
be enjoying a scenic view

여자가 망원경을 이용해서 경치를 감상하고 있습니다.
The woman **is enjoying a scenic view** with a telescope.

+ 모닥불, 캠프파이어
campfire

사람들이 모닥불 주변으로 앉아 있습니다.
People are sitting around the **campfire**.

+ 징검다리
stepping stones

개울 안에 징검다리가 놓여 있습니다.
Stepping stones are placed in the stream.

+ 그늘 아래에서
in the shade

사람들이 그늘 아래에서 쉬고 있습니다.
People are relaxing **in the shade**.

  02-44

+ ~와 같은
such as~

테이블 위에는 포크, 숟가락, 나이프와 같은 은식기들이 놓여 있습니다.
There is silverware on the table, **such as** forks, spoons, and knives.

+ 등등
and so on

선반 위에, 시리얼, 통조림, 잼 등등이 보입니다.
On the shelves, I can see cereals, cans, jams, **and so on**.

+ (딱 붙어서) ~에 걸려 있다
be hanging on~

여러 그림들이 벽에 걸려 있습니다.
Several pictures **are hanging on** the wall.

+ (떨어져서) ~로부터 걸려 있다, 매달려 있다
be hanging from

표지판 하나가 천장에 매달려 있습니다.
A sign **is hanging from** the ceiling.

 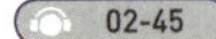 02-45

+ 기대고 있다
be leaning against

자전거 한 대가 나무에 기대어져 있습니다.
A bicycle **is leaning against** the tree.

여자가 가로등에 기대고 있습니다.
A woman **is leaning against** the lamppost.

+ 앞으로 기울이고 있다
be leaning forward

남자는 앞으로 몸을 기울여 무언가를 적고 있습니다.
The man **is leaning forward** and writing something.

+ 몸을 숙이고 있다
be bending over

그는 땅에 떨어진 책을 잡으려고 몸을 숙이고 있습니다.
He **is bending over** to pick up a book on the floor.

+ 앉아 있다
be sitting down

사람들이 잔디밭 위에 앉아 있습니다.
People **are sitting down** on the grass.

+ 쉬고 있다
be resting / be relaxing

노인들이 벤치에 앉아서 쉬고 있습니다.
Old people **are resting** on the benches.

+ 턱을 괴고 있다
be resting one's chin on one's hand

여자가 턱을 괴고 있습니다.
The woman **is resting her chin on her hand**.

+ 다리를 꼬다
cross one's legs

남자는 다리를 꼬고 식탁 앞에 앉아 있습니다.
The man is sitting at the table **crossing his legs**.

+ (혼자서) 팔짱을 끼고 있다
be folding one's arms

여자는 팔짱을 끼고 남자에게 무언가를 얘기하고 있습니다.
The woman **is folding her arms**, and talking to the man.

+ (둘이서) 팔짱을 끼고
arm in arm

한 커플이 팔짱을 끼고 산책을 하고 있습니다.
A couple is taking a walk **arm in arm**.

+ 손을 잡고
hand in hand

아이들이 손을 잡고 횡단보도 앞에 서 있습니다.
Children are standing at the crosswalk **hand in hand**.

+ ~를 잡으려고 팔을 뻗다
be reaching for

남자가 책장에 있는 책을 잡으려고 팔을 뻗고 있습니다.
The man **is reaching for** a book on the bookshelf.

+ 쭉 뻗다
stretch

여자는 팔을 쭉 뻗고 의자에 앉아 있습니다.
The woman is sitting on the chair **stretching** her arms.

+ 쭈그려 앉아 있다
be crouching down

한 소년이 놀이터에 쭈그려 앉아 있습니다.
A boy **is crouching down** at the playground.

+ 무릎 꿇고 있다
be kneeling down

그녀는 오븐 앞에 무릎을 꿇고 있습니다.
She **is kneeling down** in front of the oven.

+ 쳐다보고 있다
be looking at

두 사람은 서로 쳐다보고 있습니다.
The two people **are looking at** each other.

+ 응시하고 있다
- **be staring at**
- **be gazing at**

작업복을 입은 남자가 모니터를 응시하고 있습니다.
A man wearing a work suit **is staring at** the monitor.

+ 바라보고 있다
be facing

모든 관객들은 무대를 바라보고 있습니다.
All the audience **is facing** the stage.

+ 흘깃 쳐다보고 있다
be glancing at

가게 직원이 문 쪽을 흘깃 쳐다보고 있는 듯합니다.
It seems like the store clerk **is glancing at** the door.

+ (손가락으로) 가리키고 있다
be pointing at

강연자가 칠판을 가리키고 있습니다.
The lecturer **is pointing at** the board.

+ 던지고 있다
be throwing

남자가 소년에게 공을 던지고 있습니다.
The man **is throwing** a ball to the boy.

청소 관련 표현들　02-48

+ 쓰레기
litter / garbage / waste

컨테이너 안에 쓰레기가 쌓여 있습니다.
Garbage is piled in the container.

+ 쓰레기통
trash can

남자가 쓰레기통에 깡통을 던지고 있습니다.
A man is tossing a can into the **trash can**.

+ 바닥을 걸레질하고 있다
be mopping the floor

웨이터가 식당 바닥을 걸레질하고 있습니다.
The waiter **is mopping the floor** of the restaurant.

+ 바닥을 쓸고 있다
be sweeping the floor

청소부가 바닥을 쓸고 있습니다.
The cleaning man **is sweeping the floor**.

+ 나뭇잎을 긁어모으고 있다
be raking the leaves

남자가 집 앞에서 나뭇잎들을 긁어모으고 있습니다.
The man **is raking the leaves** in front of the house.

+ 문질러 닦고 있다
be scrubbing

여자가 스펀지로 싱크대를 문질러 닦고 있습니다.
The woman **is scrubbing** the sink with a sponge.

+ 먼지를 털고 있다
be dusting

그녀는 거울의 먼지를 털고 있습니다.
She **is dusting** the mirror.

+ 닦고 있다
be wiping

두 사람이 차의 앞 유리를 닦고 있습니다.
Two people **are wiping** the front window of the car.

+ 광을 내고 있다
be polishing

여자는 마른 천을 이용해 은식기에 광을 내고 있습니다.
The woman **is polishing** the silverware with a dry cloth.

+ 땅을 파고 있다
be digging

그들은 공사 장비를 사용하여 땅을 파고 있습니다.
They **are digging** the ground with construction equipment.

+ 삽으로 땅을 파고 있다
be shoveling

남자가 삽으로 눈을 파고 있습니다.
The man **is shoveling** the snow.

+ 망치질 하고 있다
be hammering

그들은 벽에 못을 망치질하고 있습니다.
They **are hammering** nails on the wall.

+ 식물에 물을 주고 있다
be watering plants

정원사가 식물에 물을 주고 있습니다.
The gardener **is watering plants**.

+ 꽃을 꺾고 있다
be picking flowers

한 소녀가 공원에서 꽃을 꺾고 있습니다.
A girl **is picking flowers** in the park.

집 관련 표현들　02-49

+ **현관에**
on the porch

두 사람이 현관 계단에 앉아서 대화를 나누고 있습니다.
Two people are having a conversation **on the porch** stairs.

+ **출입구 옆에**
by the doorway

출입구 옆에 초인종이 있습니다.
There is a bell **by the doorway**.

+ **흔들의자**
rocking chair

나이 든 여자가 흔들의자에 앉아서 책을 읽고 있습니다.
An old woman is reading a book on a **rocking chair**.

+ **거실에**
in the livingroom

한 가족이 거실에 모여 있습니다.
A family is gathered **in the livingroom**.

+ **침실에**
in the bedroom

침실 안의 조명이 모두 켜져 있습니다.
All the lights **in the bedroom** are turned on.

+ **가구**
furniture

방 안의 가구들은 고풍스러워 보입니다.
The **furniture** in the room looks old-fashioned.

+ **벽난로**
fireplace

소파 뒤에 벽난로가 있습니다.
There is a **fireplace** behind the couch.

+ **소파 위에**
on the sofa(couch)

소파 위에 알록달록한 쿠션들이 놓여 있습니다.
Colorful cushions are placed **on the sofa**.

+ **(등받이, 팔걸이 없는) 의자**
stool

주방 조리대 옆에 등받이 없는 의자가 있습니다.
There is a **stool** beside the kitchen counter.

+ **카펫**
carpet

여자가 카펫을 말고 있습니다.
The woman is rolling up the **carpet**.

+ **양탄자**
rug

탁자 밑에 양탄자가 깔려 있습니다.
There is a **rug** under the table.

+ 진공청소기
vacuum cleaner

남자가 진공청소기로 집을 청소하고 있습니다.
The man is cleaning the house with a **vacuum cleaner**.

+ 액자에 든 사진
framed picture

벽에 액자에 든 사진들이 많이 걸려 있습니다.
Many **framed pictures** are hanging on the wall.

+ 재봉틀
sewing machine

재봉틀의 전기 플러그가 뽑혀 있습니다.
The **sewing machine** is unplugged.

1. 다음 빈칸에 들어갈 표현들을 영작해보세요.

❶ 그녀는 **금발머리**이다.

　She has ＿＿＿＿＿＿＿＿＿＿＿＿＿ .

❷ **교차로**에 차들이 많다. (2가지)

　There are many cars at the ＿＿＿＿＿＿＿＿＿ / ＿＿＿＿＿＿＿.

❸ 사람들이 **나란히** 걷고 있다.

　People are walking ＿＿＿＿＿＿＿＿＿＿＿＿＿＿ .

❹ **보행자들**이 **횡단보도** 앞에 서 있다.

　＿＿＿＿＿＿＿＿＿ are standing at the ＿＿＿＿＿＿＿＿＿＿.

❺ 사람들이 비행기에 **탑승하고 있다**. (2가지)

　People are ＿＿＿＿＿＿＿＿＿ / ＿＿＿＿＿ the airplane.

❻ 차 한 대가 **갓길에** 세워져 있다.

　A car is parked＿＿＿＿＿＿＿＿＿＿＿ .

❼ 그들은 시장에서 **장을 보고 있다**.

　They are ＿＿＿＿＿＿＿＿＿＿ at the market.

❽ 한 여자가 **농산품 코너**에 서 있다.

　A woman is standing by the ＿＿＿＿＿＿＿＿ .

❾ 사람들이 **통로**를 따라 걸어가고 있다.

　People are walking down the ＿＿＿＿＿＿＿＿＿＿ .

❿ "신간"**이라고 적혀있는** 표지판이 있다.

　There is a sign ＿＿＿＿＿＿＿＿＿＿＿＿ "New Releases"

⓫ 그녀는 선글라스를 **착용해보고 있다**.

　She is ＿＿＿＿＿＿＿＿＿＿＿＿ the sunglasses.

⓬ 한 남자가 **통화 중이다**.

　A man is ＿＿＿＿＿＿＿＿＿＿＿＿＿ .

⓭ 몇몇 학생들이 **필기를 하고 있다**.

　Some students are ＿＿＿＿＿＿＿＿＿＿＿＿＿＿ .

⓮ 대부분의 좌석이 **비어 있다.** (2가지)

Most of the seats are ________________ / ________________ .

⓯ 물의 표면이 **잔잔하고 반짝거린다.**

The surface of the water is __________ and __________ .

2. 다음 문장들을 영작해보세요.

❶ 그는 개 한 마리를 산책시키고 있다.

❷ 그녀는 머리를 하나로 묶었다.

❸ 많은 물건이 선반들 위에 진열되어 있다.

❹ 식당은 사람들로 붐빈다.

❺ 상자들이 책상 위에 차곡차곡 쌓여 있다.

❻ 종이들이 바닥에 흩어져 있다.

❼ 그 집은 나무들로 둘러싸여 있다.

❽ 그림 한 점이 벽에 걸려 있다.

❾ 남자는 반팔 셔츠와 반바지를 입고 있다.

❿ 손님이 메뉴판에서 주문을 하고 있다.

⓫ 웨이터가 손님으로부터 주문을 받고 있다.

Exercise

3. 다음 사진을 보며, 한글로 묘사된 내용을 영어로 영작해보세요.

도입부

이 사진은 시장에서 찍혔다. 사진에 많은 사람들이 있다.

세부묘사

가장 먼저 보이는 것은 대화를 나누고 있는 두 남자이다. 왼쪽에 있는 남자는 검정색 재킷을 입고 있고 머리가 짧다. 그는 핑크색 외투를 입고 있는 어린 소녀를 안고 있다. 그의 옆에는 한 소년이 서 있다. 그들 맞은편에는 주황색 작업복과 하얀색 셔츠를 입은 남자가 있다. 그는 시장의 상인인 것 같다. 그의 뒤에는, 많은 종류의 해산물들이 거치대에 진열되어 있다. 사진의 우측 상단에는 많은 간판과 글들이 벽에 걸려 있다. 그리고 사진의 배경에는, 기둥과 여러 손님들이 보인다.

마무리

전반적으로, 사람들이 시장에서 장을 보는 것 같다.

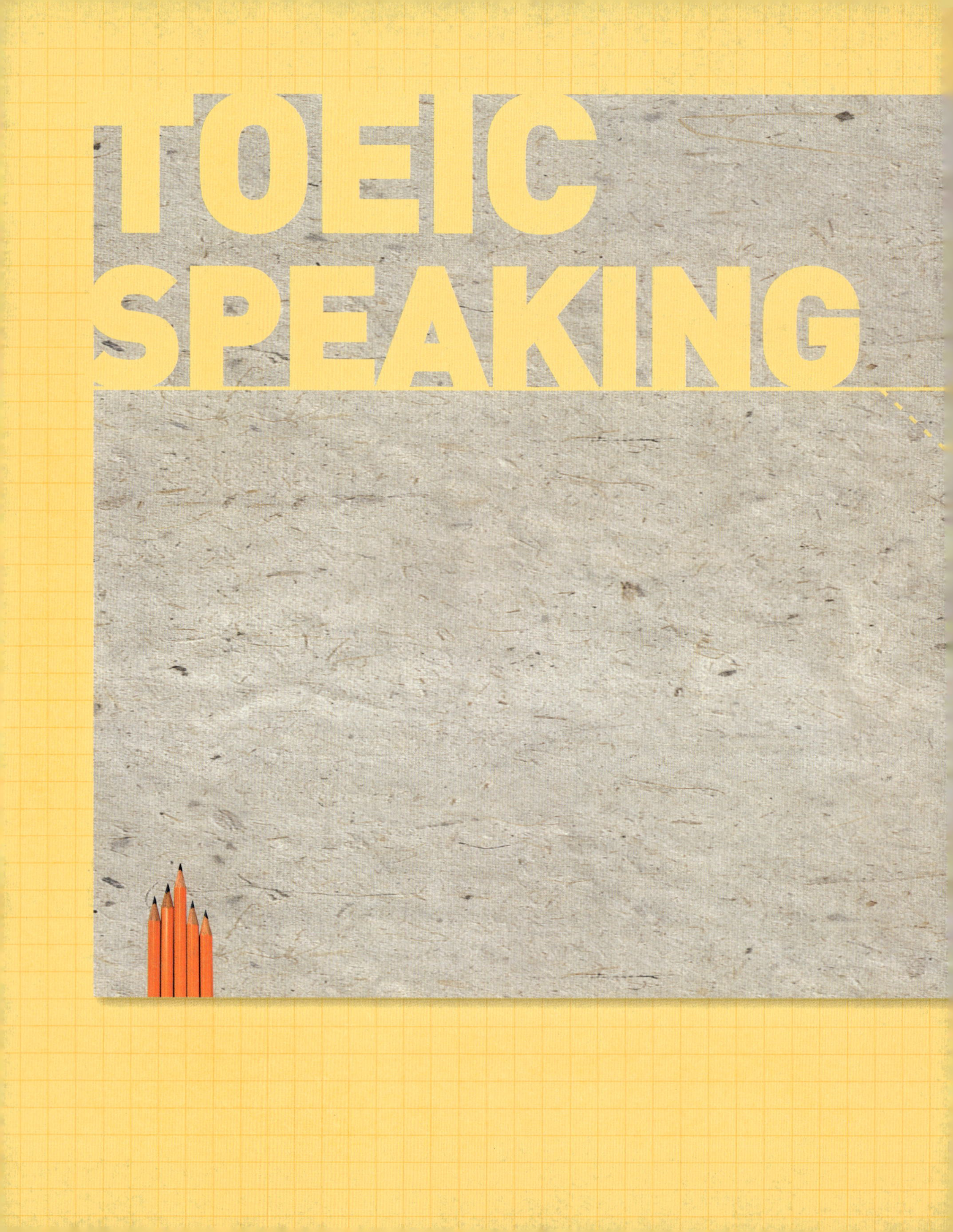

TOEIC
SPEAKING

Part 3

Respond to Questions

듣고 질문에 답하기

- **Part 3 공략법&요령**
- 문제별 활용 가능한 표현
- 인터뷰 주제(분야)별 빈출 표현
- Exercise

03 Respond to Questions
듣고 질문에 답하기

▸ 하나의 토픽에 대한 세 개의 질문에 응답하는 문제
▸ 3문제 출제 (4, 5, 6번)
▸ 준비시간 없음/답변시간 15초(4, 5번), 30초(6번)
▸ 평가기준: 순발력 있게 질문에 맞는 내용의 답변을 잘 구사하는가?
　　　　　　 여러 유형의 의문문들에 맞는 문법을 사용하여 응답하는가?
　　　　　　 토픽에 적합한 표현을 다양하게 사용할 줄 아는가?

01 Part 3 공략법&요령

① ETS 공식 기준

ETS 공식 기준에 따르면 Part 3에서는 발음, 억양, 강세뿐만 아니라 문법, 어휘, 내용의 일관성, 완성도, 그리고 관련성을 중요하게 평가합니다. Part 3는 하나의 토픽에 대하여 전화 인터뷰를 통해 질문에 응답하는 상황이므로, 그 토픽과 각 질문에 대한 내용이 적합하고 완성도가 있어야 좋은 점수를 받을 수 있습니다.

② 화면에 보이는 질문을 잘 활용하기!

Part 3는 다른 Part들과는 달리 준비 시간이 따로 없고 질문을 듣자마자 바로 답변을 해야 하기 때문에, 문법에 맞는 문장을 순발력 있게 만들어내야 합니다. 하지만 질문은 들려줌과 동시에 화면에도 나타나기 때문에 눈으로 질문을 읽고 거기에 적합한 구성의 답변 문장을 만들어 낸다면 효과적으로 응답할 수 있습니다. 따라서 여러 가지 의문문들을 보고 답변을 영작해보는 연습을 많이 해두는 것이 좋습니다.

③ 4, 5, 6번 질문들의 유형을 확실히 익혀두기!

Part 3에는 4, 5, 6번, 총 3문제가 출제되는데, 각 문제마다 확실한 유형이 있습니다.

⇨ 4번 질문은 빈도, 시간, 장소 등과 같은 간단한 내용을 묻는 의문사의문문이 주로 출제되고 답변 시간은 15초입니다. 답변을 할 때는 질문의 핵심 내용을 먼저 한 문장으로 응답한 후, 시간이 된다면 간단한 부연 설명을 덧붙여 주는 것이 좋습니다.

⇨ 5번 질문은 4번과 비슷하거나 종류, 취향, 의견 등을 묻는 일반 의문문이 출제되기도 하며 역시 답변 시간은 15초입니다. 4번과 마찬가지로 답변을 할 때는 질문의 핵심 내용에 대한 답변을 먼저 한 후, 부연 설명을 덧붙여 주도록 합니다.

⇨ 마지막 6번 질문은 특징, 장단점, 의견 등을 묻는 질문이 출제되며 답변 시간은 30초로 조금 더 구체적인 답변이 요구되는 문제입니다. 4, 5번보다 답변 시간이 길기 때문에 6번 문제에 대한 답변은 틀을 갖추어 만들어보는 연습을 많이 해둬야 합니다. 자신의 핵심 의견을 먼저 얘기한 후, 그에 대한 근거나 주장을 두 가지 정도 만들어서 답변을 구성하도록 합시다.

이러한 문제별 유형과 답변 방법을 미리 익혀둔다면 당황하지 않고 더욱 효과적으로 질문에 대답할 수 있을 것입니다. 뒤에 정리되어 있는 각 문제별로 활용할 수 있는 표현들을 잘 암기해 두세요.

④ 의문사의문문 답변에 익숙해지기!

앞서 문제별 유형을 살펴본 것과 같이, Part 3에서는 의문사의문문의 출제 빈도가 높은 편입니다. 따라서 빈도(How often/How many times), 시간(When/What time/On what occasions), 기간(How long/How many hours), 장소(Where/What places), 종류(What/What kind of) 등과 같은 여러 가지 의문사에 대한 답변 방법과 표현들을 많이 알아두고 연습해두는 것이 필요합니다. TOEIC 공부를 해본 학생들이라면 Listening Test의 Part 2에 자주 출제되는 의문사의문문 문제들을 활용하여 표현 정리와 영작 연습을 많이 해보면 더욱 도움이 됩니다.

⑤ 시험에 출제되는 다양한 토픽들과 관련 표현들을 익혀두기!

Part 3에 출제되는 인터뷰 토픽은 주로 교통, 스포츠, 여가, 쇼핑, 음식, 인터넷 등과 같은 일상적인 주제들입니다. 이러한 토픽들과 관련된 어휘와 표현들을 많이 익혀두고 답변에 활용하는 연습을 해두면 내용면으로 알차고 풍부한 답변을 구사할 수 있으므로, 뒤에 정리된 빈출 표현들을 다양하게 암기해두도록 합시다!

02 문제별 활용 가능한 표현

Part 3에 출제되는 세 개의 질문은 각각 다른 여러 가지 내용들로 출제됩니다. 문제별로 자주 출제되는 의문문들과 관련 표현들을 정리해두도록 합시다.

① (4–5번) 빈도/시간/기간/장소/사람/종류/취향/의견

4번 문제에서는 주로 빈도, 시간, 기간, 장소, 사람 등과 같은 간단한 정보를 묻는 의문사의문문들이 출제됩니다. 5번 문제는 이와 비슷하거나 어떠한 종류, 취향, 의견 등의 조금 더 구체적인 내용을 묻는 의문문들이 출제됩니다. 각 내용별로 출제 가능한 질문들과 답변에서 활용할 수 있는 표현들을 정리해봅시다.

❶ 빈도 (How many times~?/How often~?)

▶ **질문 유형 익혀두기** `03-01`

Q. How many times do you drink coffee in a day?
하루에 몇 번 커피를 마십니까?

A. I normally drink coffee **once a day**.
저는 보통 하루에 한 번 커피를 마십니다.

Q. How often do you go shopping?
얼마나 자주 쇼핑을 하십니까?

A. I usually go shopping **every other month**.
저는 주로 두 달에 한 번 쇼핑을 합니다.

▶ **활용 가능한 빈도 표현들** `03-02`

every day 매일   every week 매주   every month 매달   every year 매년   every other day 격일로
every other week 격주로   every other month 격월로   every other year 격년으로
once 한 번   twice 두 번   three times 세 번   four times 네 번   five times 다섯 번
* '세 번' 이상부터는 '숫자+번(time)'의 조합으로 표현하는 것 잊지 마세요!

rarely, hardly 거의 ~않게   sometimes 가끔   often 자주   frequently 빈번히   usually 주로
always 항상   all the time 언제나

❷ 시간 (When~?/ When was the last time~?/What time~?/On what occasions~?)

▶ **질문 유형 익혀두기**　 03-03

Q. When do you use disposable items?
언제 일회용품을 사용하십니까?

A. I usually use disposable items **when I go on picnics or trips**.
저는 주로 소풍을 가거나 여행을 갈 때 일회용품을 사용합니다.

Q. When was the last time you visited the library?
도서관에 마지막으로 방문한 것이 언제입니까?

A. The last time I visited the library was **last weekend**.
제가 마지막으로 도서관에 방문한 것은 지난 주말이었습니다.

Q. What time do you usually wake up?
보통 몇 시에 일어나십니까?

A. I usually wake up **at 7 o'clock in the morning**.
저는 주로 아침 7시에 일어납니다.

Q. On what occasions do you buy flowers?
어떤 경우에 꽃을 사십니까?

A. I buy flowers **when it is my friends' birthdays**.
저는 친구들의 생일일 때 꽃을 삽니다.

▶ **활용 가능한 시간 표현들**　 03-04

: 전치사

1. on+특정일/요일/날짜

ex on my birthday 내 생일에　on Christmas 크리스마스에　on Tuesdays 화요일마다
on January 1st 1월 1일에

2. at+시간

ex at 3 o'clock 3시에　at half to ten 9시 반에　at half past ten 10시 반에
at a quarter to one 12시 45분에(1시 15분 전)　at a quarter past one 1시 15분에

3. in+시점/계절/월/년도

ex in the morning 아침에　in the afternoon 오후에　in the evening 저녁에　in the spring 봄에
in the summer 여름에　in the fall 가을에　in the winter 겨울에　in November 11월에
in 1996 1996년에　in 2013 2013년에

: 접속사

1. when+절(S+V) S가 V할 때

ex when I go abroad 내가 해외에 나갈 때   when it is a holiday 휴일일 때

   when I want to drink coffee 내가 커피를 마시고 싶을 때

2. as soon as+절(S+V) S가 V하자마자

ex as soon as I come home from work 내가 직장에서 집에 돌아오자마자

   as soon as I wake up 일어나자마자   as soon as I eat dinner 저녁 먹자마자

3. after+절(S+V) S가 V한 후에

ex after I graduated from highschool 내가 고등학교를 졸업한 후에

   after I take a shower 샤워를 한 후에   after I have a meal 식사를 한 후에

: 과거표현들

1. last 지난

ex last winter 지난겨울   last month 지난달   last night 어젯밤   last time 지난번

2. ago ~전

ex 5 years ago 5년 전에   a week ago 1주일 전에   a few days ago 며칠 전에

3. 기타 표현들

ex yesterday 어제   the day before yesterday 그저께   the other day 일전에(며칠 전에)

   (cf) tomorrow 내일   the day after tomorrow 내일 모레

❸ 기간 (How long~?/How many hours~?)

▶ 질문 유형 익혀두기 03-05

Q. How long have you been living in your current house?
당신의 현재 집에서 얼마나 오래 살았습니까?

A. I have lived at my current apartment **since last year**.
저는 작년부터 현재 아파트에 살았습니다.

Q. How many hours do you use the Internet everyday?
매일 인터넷을 몇 시간 이용하세요?

A. I use the Internet **for about two hours** every day.
저는 매일 두 시간 정도 인터넷을 이용합니다.

▶ **활용 가능한 기간 표현들** 🔊 03-06

: **for** ~동안

for a week 일주일 동안   **for almost 6 months** 거의 6개월 동안

for about 10 minutes 10분 정도 동안   **for approximately 2 hours** 대략 2시간 동안

: **since/from** ~부터, 이래로

since yesterday 어제부터   **from last year** 작년부터   **since graduation** 졸업 이래로

since I quit my job last year 내가 작년에 직장을 관둔 이후로

---

❹ 장소 (Where~?/What place~?)

▶ **질문 유형 익혀두기** 🔊 03-07

Q. Where do you usually do Internet surfing?
인터넷 검색을 주로 어디서 하십니까?

A. These days I do Internet surfing **anywhere I want** with my smart phone.
요즘에는 스마트폰으로 원하는 곳 어디서든지 인터넷 검색을 합니다.

Q. In **what place** do you usually shop for clothes?
주로 어디에서 옷을 삽니까?

A. I usually shop for clothes **at an Internet shopping mall**.
저는 주로 인터넷 쇼핑몰에서 옷을 삽니다.

▶ **활용 가능한 장소 표현들** 🔊 03-08

---

at the department store 백화점에서   **at a shop near my house** 집 근처의 가게에서

from an outlet store 아울렛에서   **from another country** 다른 나라에서

on the Internet 인터넷에서   **on the bus** 버스 안에서   **on the subway** 지하철에서

in Korea 한국에서   **in a big city** 큰 도시에서   **in my room** 내 방 안에서

outdoors, outside 야외에서   **indoors, inside** 실내에서

---

❺ 사람 (Who~?)

▶ **질문 유형 익혀두기** 🔊 03-09

Q. Who do you like to watch movies **with**?
누구와 영화를 보는 것을 좋아하십니까?

A. I like to watch movies with **my friends or boyfriend**.
저는 친구들이나 남자친구와 영화 보는 것을 좋아합니다.

Q. Who do you normally talk to when you are worried about something?
걱정이 있을 때 누구와 주로 얘기하십니까?

A. I usually talk to **my mother** when I am worried about something.
저는 주로 걱정이 있을 때 어머니와 얘기를 나눕니다.

▶ **활용 가능한 사람 표현들** 🔊 03-10

family members 가족 구성원   mother, mom 어머니   father. dad 아버지
older brother 오빠, 형   younger brother 남동생   older sister 언니, 누나
younger sister 여동생   twin 쌍둥이   relative 친척   grandmother 할머니
grandfather 할아버지   aunt 이모   uncle 삼촌   nephew 조카
mother(father) in law 장모(장인), 시어머니(시아버지)   sister in law 형수, 시누이, 올케, 처제
brother in law 시아주버니, 시동생, 처남   best friend 가장 친한 친구
close friend 가까운 친구   co-worker, colleague 직장 동료

❻ 종류 (What~?/What kind of~?/What sort of~?/What type of~?)

▶ **질문 유형 익혀두기** 🔊 03-11

Q. What was the last outdoor activity you did?
마지막으로 한 야외 활동이 무엇입니까?

A. The last outdoor activity I did was **basketball** last Sunday.
제가 마지막으로 한 야외 활동은 지난주 일요일 농구였습니다.

Q. What kind(sort/type) of TV programs do you enjoy watching?
어떤 종류의 텔레비전 프로그램을 시청하는 것을 좋아하십니까?

A. I enjoy watching **comedy programs**, because they are entertaining.
재미있기 때문에, 저는 코미디 프로그램을 보는 것을 좋아합니다.

▶ 활용 가능한 종류 표현들 03-12

a variety of/an assortment of/a selection of/a choice of/a range of/an array of/various
다양한

such as~ ~와 같은 / A, B and so on A, B. 그리고 등등

ex I order many kinds of food such as pizza, Chinese food, chicken, and so on.
저는 피자, 중국음식, 치킨 등과 같은 다양한 음식들을 주문합니다.

❼ 취향, 의견 (Which do you prefer~?/Do you~?/Is it~?)

▶ 질문 유형 익혀두기 03-13

Q. Which do you prefer, watching sports through TV or in person?
TV를 통해 스포츠를 보는 것과 직접 가서 보는 것 중 무엇을 더 선호하십니까?

A. I prefer watching sports through TV, **because** it's easier to concentrate on the game, and it is more comfortable.
게임에 집중하기가 쉽고 더 편안하기 때문에, 저는 TV를 통해 스포츠를 보는 것을 더 좋아합니다.

Q. Do you go out with your friends **often**?
당신은 친구들과 함께 자주 외출하십니까?

A. Yes, I go out with my friends **often**. We enjoy watching movies at the theater and eating food at restaurants.
네, 저는 친구들과 자주 외출합니다. 우리는 극장에서 영화를 보는 것과 식당에서 식사하는 것을 좋아합니다.

Q. Is it important to study English in your country?
당신의 나라에서 영어 공부를 하는 것이 중요합니까?

A. Yes, it is important to study English in my country, because a lot of schools and companies require English skills.
네, 많은 학교와 회사들에서 영어 실력을 요구하기 때문에, 우리나라에서 영어 공부를 하는 것은 중요합니다.

▶ 활용 가능한 취향/의견 표현들 03-14

+ I enjoy -ing 저는 ~하는 것을 좋아합니다

I enjoy playing indoor sports.
저는 실내 스포츠를 하는 것을 좋아합니다.

+ I like(prefer)~ because~ 저는 ~때문에 ~를 좋아합니다

I like to eat food at home because it is more healthy and safe.
더 건강하고 안전하기 때문에 저는 집에서 음식을 먹는 것을 좋아합니다.

+ I prefer A to B 저는 B보다 A를 선호합니다

I prefer fiction to nonfiction.
저는 실화보다 소설을 선호합니다.

+ I like A more than B 저는 B보다 A를 더 좋아합니다

I like riding buses more than subways.
저는 지하철보다 버스 타는 것을 더 좋아합니다.

+ I would like to~ 저는 ~하고 싶습니다

I would like to travel to India if I have free time.
저는 자유시간이 있다면 인도로 여행하고 싶습니다.

+ If I could~ I would~ ~할 수 있다면 저는 ~할 것입니다

If I could start a new hobby, I would learn yoga.
새로운 취미를 시작할 수 있다면, 저는 요가를 배울 것입니다.

② (6번) 장단점/특성, 특징/이유, 근거

6번 문제는 답변 시간이 30초로 장단점이나 무언가의 특성, 특징, 그리고 의견 등을 요구하는 질문이 출제됩니다. 답변 시간이 비교적 길기 때문에 자신의 의견을 뒷받침해줄 근거를 두 가지 정도 생각하여 풍부한 내용으로 응답하는 것이 좋습니다. 따라서 출제 가능한 토픽과 예상 질문들을 미리 다양하게 정리하여 브레인스토밍을 해두고, 각 질문별로 활용할 수 있는 틀과 표현들을 미리 정리해두는 것이 필요합니다. 장단점 & 특성, 특징 & 이유, 근거와 관련된 질문 유형과 알아두면 좋은 표현들을 정리해보도록 합시다.

❶ 장단점

▶ 질문 유형 익혀두기 `03-15`

What are some advantages of~? ~의 장점들은 무엇입니까?

What are some disadvantages of~? ~의 단점들은 무엇입니까?

What are some advantages and(or) disadvantages of~? ~의 장점과 단점들은 무엇입니까?

▶ 활용 가능한 표현들 `03-16`

+ The advantages/disadvantages of A are~ A의 장점/단점들은 ~입니다

The advantages of Internet shopping are its convenience and quickness.
인터넷 쇼핑의 장점은 편리함과 신속함입니다.

+ On the bright side,~ 좋은 쪽으로는,~

On the bright side, public transportation can reduce traffic congestion and pollution.
좋은 쪽으로, 대중교통은 교통 정체와 오염을 감소시킬 수 있습니다.

+ All I have to do is~ ~하기만 하면 됩니다

All I have to do is choose the menu and make an order.
메뉴를 선택하고 주문하기만 하면 됩니다.

+ On the other hand~ 반면에~

On the other hand, the disadvantage is that it is very expensive.
반면에, 단점은 그것이 매우 비싸다는 것입니다.

+ The downside is that~ 단점은 ~입니다

The downside is that we cannot see the products in person.
단점은 우리가 직접 제품들을 볼 수 없다는 점입니다.

▶ **질문 유형 익혀두기** `03-17`

What is the most important thing you consider when~?
~할 때 가장 중요하게 고려하는 것이 무엇입니까?

Which of the following do you consider most when~? A/B/C
A/B/C 중 ~할 때 가장 크게 고려하는 것이 무엇입니까?

▶ **활용 가능한 표현들** `03-18`

+ The most important feature / features of A is / are~ A의 가장 중요한 특성은 ~입니다

The most important features of a good vehicle are high performance and durability.
좋은 차의 가장 중요한 특징은 높은 성능과 내구성입니다.

+ The most important quality / qualities of A is / are~ A의 가장 중요한 자질은 ~입니다

I think the most important quality of good shoes is comfort.
좋은 신발의 가장 중요한 자질은 편안함입니다.

+ The most important element / elements of A is / are~ A의 가장 중요한 요소는 ~입니다

The most important elements of a cell phone these days are the Internet function and various applications.
요즘 휴대폰의 가장 중요한 요소들은 인터넷 기능과 다양한 어플리케이션들입니다.

+ The characteristic / characteristics of A is / are~ A의 특징은 ~입니다

The characteristics of a good store is friendly service and reasonable prices.
좋은 가게의 특징들은 친절한 서비스와 합리적인 가격입니다.

❸ 이유, 근거

▶ **질문 유형 익혀두기** `03-19`

Do you think~? ~라고 생각하십니까?
Explain why~ ~의 이유를 설명하십시오
Would you be in favor of~? ~에 대해 긍정적으로 생각하십니까?

▶ **활용 가능한 표현들** 📻 03-20

+ I think(believe)~　～라고 생각합니다

I think that the credit card makes people spend more money.
저는 신용카드가 사람들이 돈을 더 쓰게 만든다고 생각합니다.

+ In my case~　내 경우에는~

In my case, I had trouble speaking with foreigners when I went on a trip abroad.
제 경우에는, 외국 여행을 갔을 때 외국인들과 대화하는 데 어려움을 겪었습니다.

+ In my opinion~　내 의견으로는~

In my opinion, increasing public transportation will reduce city congestion.
제 의견으로는, 대중교통을 늘리는 것이 도시 혼잡을 줄여줄 것입니다.

+ For example(instance)~　예를 들어~

For example, I can always watch TV or play computer games if I study at home.
예를 들어, 제가 집에서 공부를 하면 언제든지 TV를 보거나 컴퓨터 게임을 할 수 있습니다.

+ That's because~　그것은 ～때문입니다

That's because we are used to buying things with credit cards.
그것은 우리가 신용카드로 물건을 사는 것에 익숙해져 있기 때문입니다.

+ because of+명사 / due to+명사　～때문에

Due to(Because of) smart phones, now we can use the Internet anywhere we want.
스마트폰 덕분에, 이제 우리는 원하는 곳 어디서든지 인터넷을 할 수 있습니다.

+ Also / In addition / Moreover~　게다가~

Moreover(Also/In addition), through online shopping we can save time walking around stores.
게다가, 온라인 쇼핑을 통해 우리는 가게를 돌아다니는 시간을 절약할 수 있습니다.

+ Therefore~　그러므로~

Therefore, I think food delivery service is very convenient and beneficial.
그러므로, 저는 음식 배달서비스가 매우 편리하고 이롭다고 생각합니다.

교통, 스포츠/운동, 여가/여행, 음식/요리, 인터넷/컴퓨터/통신, 쇼핑, 그리고 기타 내용들에 대한 유용한 표현들을 암기해두도록 합시다. 예문들 모두 실제 Part 3 답변에 활용할 수 있는 형태이므로, 어휘와 표현 뿐만 아니라 예문들도 소리 내어 읽어보며 정리하세요.

① 교통 `03-21`

교통과 관련된 인터뷰는 Part 3에 자주 출제되는 분야입니다. 대중교통, 출퇴근이나 통학, 운전 등과 같은 일상적인 소재들이 많이 출제됩니다.

+ 교통정체 / 교통체증
  - **traffic jam**
  - **traffic congestion**
  - **heavy traffic**

저는 교통정체 때문에 주로 지하철을 탑니다.
I usually ride the subway because of the **traffic jam**.

+ 대중교통
  public transportation

아침에 학교에 갈 때는 대중교통을 이용하려고 노력합니다.
I try to use **public transportation** in the morning when I go to school.

+ 교통 체계
  transportation system

우리나라 교통 체계를 향상시키려면 버스와 지하철 노선의 수를 늘려야 한다고 생각합니다.
To improve my country's **transportation system**, I think we should increase the number of bus and subway lines.

+ 교통비
  transportation expenses

저는 보통 교통비로 한 달에 50달러(5-6만원) 정도 사용합니다.
I usually spend about 50 dollars a month for **transportation expenses**.

+ 급하다
  - **be in a hurry**
  - **be in a rush**

급할 때는 가끔 택시를 탑니다.
I sometimes ride a taxi when I **am in a hurry**.

+ 시간 낭비하다
waste one's time

저는 도로에서 교통정체에 시간을 낭비하는 것을 싫어합니다.
I don't like **wasting my time** on the road during heavy traffic.

+ 시간이 정확하다
be punctual

지하철을 이용하면 시간을 정확히 지킬 수 있습니다.
I can **be punctual** if I take the subway.

+ ~로, ~를 타고
by+교통수단

저는 주로 버스나 기차를 타고 학교에 갑니다.
I usually go to school **by bus** or **by train**.

+ 걸어서
on foot

저는 걸어서 학교에 가면서 신선한 아침 공기를 즐기는 것을 좋아합니다.
I like to go to work **on foot** and enjoy the fresh morning air.

+ 우회하다, 다른 길을 이용하다
take an alternate route

저는 시내 지역의 교통 정체 때문에 주말에는 우회해서 가려고 노력합니다.
I try to **take alternate routes** on weekends because of the traffic congestion in the downtown area.

+ 장거리/단거리
· long distance
· short distance

저는 장거리를 이동해야 할 때는 버스 타는 것을 선호합니다.
I prefer taking the bus when I have to travel a **long distance**.

+ 택시를 잡다
catch a cab(taxi)

출퇴근 시간대에는 택시 잡기가 힘들기 때문에, 항상 콜택시 번호를 가지고 다닙니다.
It is hard to **catch a cab** during rush hour, so I always carry a call taxi number.

+ 이용하다, 타다
take

눈이나 비가 올 때는 항상 지하철을 타는 편이 낫습니다.
It is always better to **take** the subway when it is snowing or raining.

+ 승차권
pass / ticket

요즘에는 지하철 승차권 대신 신용카드를 이용합니다.
These days I use the credit card instead of the subway **pass**.

+ 운임요금
fare

저는 현재 대중교통요금 시스템이 비합리적이라고 생각합니다.
I think the current public transportation **fare** system is unreasonable.

+ 통근하다
commute

저는 직장에 통근하는데 매일 대략 한 시간 정도 걸립니다.
It takes me approximately an hour every day to **commute** to work.

+ 혼잡시간대
rush hour

가능하다면, 혼잡시간대에는 도시 내에서 돌아다니지 않으려고 노력합니다.
If possible, I try not to travel around the city during **rush hour**.

+ 교통체증을 피하다
avoid the traffic

교통체증을 피하기 위해서는 지하철을 타는 것이 가장 좋습니다.
It is best to ride the subway in order to **avoid the traffic**.

+ 운행하다
run

제가 주로 이용하는 버스는 10분마다 운행합니다.
The bus I usually use **runs** every 10 minutes.

+ 교통체증에 걸리다
· **get caught in traffic**
· **get stuck in traffic**

도로 위에서 교통체증에 걸리는 것은 시간낭비라고 생각합니다.
I think it is a waste of time to **get caught in traffic** on the road.

+ 교통문제를 일으키다
cause traffic problems

요즘에 많은 도로 공사들이 우리 동네에 교통문제를 일으키고 있습니다.
These days, many road constructions are **causing traffic problems** in my neighborhood.

+ 대기오염
air pollution

너무 많은 차들이 대도시에서 대기오염을 일으키고 있습니다.
Too many cars are generating **air pollution** in big cities.

+ 불편을 막다
prevent inconvenience

내 차를 운전하는 것은 역에 경유하는 것, 차를 기다리는 것, 많은 사람들과 함께 이동하는 것 등의 불편사항들을 막을 수 있습니다.
Driving my own car can **prevent inconveniences** such as stopping at stations, waiting for cars, traveling with many people, and so on.

+ 법규(규칙)에 따라
by the rules

좋은 운전자의 가장 중요한 자질은 법을 지켜 운전하는 것입니다.
The most important quality of a good driver is driving **by the rules.**

+ ~를 차로 태워주다
give~ a ride

가끔은 부모님이 저를 학교에 차로 데려다주십니다.
Sometimes my parents **give** me **a ride** to school.

+ 속도위반 딱지를 떼이다
get a speeding ticket

지난달, 저는 너무 빨리 운전을 해서 속도위반 딱지를 받았습니다.
Last month, I **got a speeding ticket** for driving too fast.

+ ~로 직행하다
go directly to~

목적지로 바로 직행할 수 있기 때문에, 제 차를 타는 것이 훨씬 더 편리합니다.
I can **go directly to** my destination, so it is much more convenient to drive my own car.

+ 차고에 주차하다
park in the garage

태양 때문에 여름에는 항상 차고에 주차를 합니다.
I always **park in the garage** during the summer season because of the sun.

+ 주차 공간
parking space

시내에서는 좋은 주차 공간을 찾기가 힘듭니다.
It is hard to find a good **parking space** downtown in the city.

+ 자전거 전용도로
bike lanes

자전거 전용도로가 생긴 후, 통근하는 것이 더 편리해졌습니다.
After **bike lanes** were made, it became more convenient to commute.

+ 출근하다
· **go to work**
· **get to work**

저는 아침 8시 정도에 출근을 합니다.
I **go to work** around 8 in the morning.

+ 퇴근하다
· **leave work**
· **get off work**

보통은 7시에 퇴근을 하지만, 어쩔 때는 9시 정도에 퇴근하기도 합니다.
I usually **leave work** at 7, but sometimes I **get off work** at around 9.

+ 운전해서 출근하다
drive to work

더 빨리 도착할 수 있기 때문에 저는 운전해서 출근하는 것을 선호합니다.
I prefer **driving to work** because I can arrive faster.

+ 사고를 일으키다
cause accidents

졸음운전을 하는 것은 사고를 일으킬 수 있으므로, 우리는 피곤할 때 운전하지 않도록 조심해야 합니다.

Dozing off while driving can **cause accidents**, so we have to be careful not to drive when tired.

+ 목적지에 도착하다
reach one's destination

차를 운전하면 목적지에 바로 도착할 수 있으므로 더 편리합니다.

It is more convenient to drive my own car because I can **reach my destination** directly.

+ 기름 값
gas prices

오르는 기름 값 때문에 요즘에는 많은 사람들이 대중교통을 이용하는 것을 선호합니다.

Because of the rising **gas prices**, many people prefer using public transportation these days.

+ 벌금을 내다
pay a fine

버스를 기다릴 때 새치기하는 것에 대하여 벌금을 내야 한다고 생각합니다.

I think people should **pay a fine** for cutting in line when waiting for buses.

+ 카풀하다
carpool

비용을 절약하기 위하여 제 동료들과 저는 요즘 직장에 카풀을 합니다.

To save money, my colleagues and I **carpool** to work these days.

② 스포츠/운동 `03-26`

즐겨보는 스포츠나 즐겨하는 운동, 혹은 건강관리 등도 시험에 가끔 출제되는 소재들입니다. 다음 유용한 표현들을 익혀둡시다.

+ 운동하다
work out / exercise

저는 일주일에 세 번 정도 헬스장에서 운동을 합니다.
I **work out** about three times a week at the gym.

+ 살이 찌다
gain weight

저는 요즘 살이 쪄서 다이어트 중입니다.
I am on a diet because I **gained weight** these days.

+ 살을 빼다
lose weight

운동을 통해 살을 빼는 것이 가장 좋은 방법인 것 같습니다.
Losing weight through exercise seems like the best way.

+ 다이어트를 하다
go on a diet

제가 마지막으로 다이어트를 한 것은 작년 여름입니다.
The last time I **went on a diet** was last summer.

+ 헬스장에 가다
go to the gym

저는 매일 퇴근 후에 헬스장에 갑니다.
I **go to the gym** every day after work.

+ 역기를 들다
lift weights

저는 헬스장에 가면 주로 역기를 들거나 달리기를 합니다.
I usually **lift weights** or run when I go to the gym.

+ 건강을 유지하다
· **stay in shape**
· **stay healthy**

저는 건강을 유지하기 위해서 일부러 걸어서 출근합니다.
I walk to work on purpose to **stay in shape**.

+ 몸매를 유지하다
stay fit

저는 다가오는 여름 시즌을 대비하여 몸매를 유지하려고 노력 중입니다.
I am trying to **stay fit** to prepare for the upcoming summer season.

+ 병원에 가다
· **go to the hospital**
· **see a doctor**

저는 조금이라도 아프면 병원에 가는 편입니다.
I tend to **go to the hospital** if I feel sick, even a little.

+ 병이 나다, 아프다
get sick / get ill

아프기 전에 병원에 가보는 것이 중요하다고 생각합니다.
I think it is important to see a doctor before **getting sick**.

+ 정기 건강검진
regular check-up

저는 최소한 일 년에 한 번 정기 건강검진을 받도록 노력합니다.
I try to get a **regular check-up** at least once a year.

+ 식습관
eating habit

건강한 삶을 위해서는 식습관을 조절하는 것이 가장 중요한 것 같습니다.
I think controlling **eating habits** is the most important thing for a healthy life.

+ 건강보조제
nutritional supplement

저는 아침마다 다양한 건강보조제들을 복용합니다.
I take various **nutritional supplements** every morning.

+ 단체운동
team sports

저는 많은 사람들이 필요한 단체운동에 참여하는 것을 좋아합니다.
I like to participate in **team sports** that involve many people.

+ 경기장
stadium

저는 텔레비전으로 스포츠를 보는 것보다 경기장에 가는 것을 선호합니다.
I prefer going to the **stadium** to watching sports through television.

+ 구경꾼, 관중
spectator

관중들이 많은 경기장에 가면 흥분됩니다.
I get excited when I go to a stadium where there are many **spectators**.

+ 응원하다
cheer for / root for

저는 두 달에 한 번 야구 경기장에 가서 가장 좋아하는 팀을 응원합니다.
I go to the baseball stadium almost every other month to **cheer for** my favorite team.

+ 경기를 보다
watch a game

저는 주말에 여가 시간이 있을 때 집에서 스포츠 경기를 보는 것을 즐깁니다.
I enjoy **watching** sports **games** at home when I have free time on the weekend.

＋ 경기를 보러가다
go to a game

저와 제 친구들은 먹을 것을 사서 경기를 보러가는 것을 좋아합니다.
My friends and I like to buy some food and **go to a game**.

＋ 스포츠 행사
sports event

저는 주로 인터넷을 통해서 스포츠 행사에 대해 알아봅니다.
I usually find out about **sport events** through the Internet.

＋ 게임을 하다
play a game

저는 친구들과 주말마다 농구 게임을 합니다.
I **play** basketball **games** with my friends every weekend.

＋ ~의 큰 팬이다
be a huge fan of~

저는 아이스하키의 큰 팬입니다(아이스하키를 매우 좋아합니다).
I **am a huge fan of** ice hockey.

＋ 협동하는 법을 배우다
learn how to cooperate

단체운동을 하면 다른 사람들과 협동하는 법을 배울 수 있습니다.
You can **learn how to cooperate** with other people if you play team sports.

＋ 성취감을 느끼다
feel a sense of accomplishment

저는 지난달 등산을 통해 성취감을 느꼈습니다.
I **felt a sense of accomplishment** through mountain hiking last month.

＋ 외향적인
outgoing

저는 어렸을 때부터 스포츠를 많이 해서 외향적인 사람이 된 것 같습니다.
I think I became an **outgoing** person because I played a lot of sports since I was young.

③ 여가/여행 🔊 03-29

여가 활동, 취미 생활, 여행 등과 같은 소재들도 시험에 자주 출제되는 주제입니다. 앞으로 일상 회화에서
도 유용하게 사용할 수 있는 여러 가지 표현들을 예문과 함께 정리해보세요.

+ 수다 떨다
- **chat**
- **have a conversation**

저는 친구들과 카페에서 수다 떠는 것을 좋아합니다.
I like to **chat** with my friends at the cafe.

+ ~와 외출하다
go out with~

주말에는 주로 여자 친구와 외출을 합니다.
I usually **go out with** my girlfriend on the weekend.

+ ~와 잘 지내다
get along with~

저는 제 사무실 내 모든 사람들과 잘 지내려고 노력합니다.
I try to **get along with** everyone in my office.

+ ~와 어울려 놀다
hang out with~

퇴근 후에는 주로 친구들과 맥주집에서 어울려 놉니다.
I usually **hang out with** friends at the pub after work.

+ 여가 시간
- **free time**
- **leisure time**

여가 시간을 효율적으로 보내는 것이 매우 중요하다고 생각합니다.
I think it is very important to spend my **free time** efficiently.

+ 여가 활동
leisure activities

저는 운동, 미술관 방문, 영화 감상 등 여러 가지 여가 활동을 즐깁니다.
I enjoy many kinds of **leisure activities** such as sports,
visiting galleries, and watching movies.

+ 여가 시간을 보내다
spend one's free time

저는 잠을 자거나 음악을 들으며 여가 시간을 보내는 것을 좋아합니다.
I like to **spend my free time** sleeping or listening to music.

+ 스트레스 받다
- **get stressed**
- **feel stressed**

저는 스트레스를 받으면 산이나 바다로 드라이브를 합니다.
I drive to the mountain or the sea when I **get stressed**.

+ 스트레스를 풀다
relieve one's stress

시끄러운 음악을 들으며 따라 부르면 스트레스가 풀립니다.
I can **relieve my stress** through listening to loud music and singing along.

+ 우울하다
· **feel depressed**
· **feel gloomy**

저는 우울하면 신나고 재미있는 영화를 보곤 합니다.
I sometimes watch exciting and funny movies when I **feel depressed**.

+ 취미생활을 하다
enjoy one's hobby

저는 주말마다 취미생활을 합니다.
I **enjoy my hobby** every weekend.

+ 취미로
for a hobby

저는 취미로 자전거를 타고 도로 여행하는 것을 좋아합니다.
I like to ride bicycles and go on road trips **for a hobby**.

+ 빈둥거리다
lounge around

저는 주로 커피숍에서 빈둥거리거나 도서관에서 책을 읽습니다.
I usually **lounge around** in coffee shops or read books in the library.

+ 수집하다, 모으다
collect

어렸을 때는 우표를 모으는 것이 취미였습니다.
Collecting stamps used to be my hobby when I was young.

+ 영화
movie / film

저는 틈날 때마다 최대한 많은 영화를 보려고 노력합니다.
I try to watch as many **movies** as I can whenever I have free time.

+ 영화 보러 가다
· **go to the movies**
· **go to the theater**

저는 밤늦게 영화 보러 가는 것을 좋아합니다.
I like **going to the movies** late at night.

+ 재미있는
· **fun**
· **entertaining**
· **interesting**

저는 친구들과 재미있는 이야기를 주고받는 것을 좋아합니다.
I like to share **entertaining** stories with my friends.

+ 주중에
- **during the week**
- **on weekdays**

주중에는 시간이 별로 없어서 취미생활을 하기가 힘듭니다.
It is hard to enjoy my hobby **during the week** because I don't have much time.

+ 주말에
- **during the weekend**
- **on the weekend**

저는 최소한 한 달에 한 번씩은 주말에 등산을 하려고 노력합니다.
I try to go mountain hiking **on the weekend** at least once a month.

+ 책을 빌리다
borrow a book
(↔ 책을 빌려주다 **lend a book**)

저는 틈만 나면 도서관에 가서 책을 빌려 옵니다.
I go to the library and **borrow books** whenever I have time.

+ 다양한 장르
various genres

저는 영화나 음악은 다양한 장르를 접해보는 것이 좋다고 생각합니다.
I think it is good to experience **various genres** of movies or music.

+ 음악 감상하다
listen to music

저는 야외에서 눈을 감고 음악 감상하는 것을 좋아합니다.
I enjoy **listening to music** outdoors with my eyes closed.

+ 갓 출시된(개봉한)
just released

저는 갓 개봉한 영화들은 주로 극장에서 봅니다.
I usually watch **just released** movies at the movie theater.

+ 기념일을 축하하다
celebrate an anniversary

저와 제 친구들은 주로 패밀리 레스토랑에서 기념일을 축하합니다.
My friends and I usually **celebrate anniversaries** at a family restaurant.

+ 특별한 날
special occasion

저는 생일이나 기념일 등 특별한 날에 꽃 선물하는 것을 좋아합니다.
I like to give flowers as a gift on **special occasions** such as birthdays or anniversaries.

+ 일회용품
disposable items

사용하고 버리기만 하면 되기 때문에 일회용품은 편리합니다.
Disposable items are convenient because all I have to do is use and throw them away.

03-32

+ 배낭여행을 가다
go backpacking

저는 교외 지역들로 배낭여행 가는 것을 좋아합니다.
I like to **go backpacking** to suburban areas.

+ ~행, ~로 가는
bound for+목적지

제가 마지막으로 타본 기차는 부산이라는 도시로 가는 것이었습니다.
The last train I rode was **bound for a city named Busan**.

+ 여행일정, 일정표
itinerary

저는 여행 가기 전에 여행일정표를 만드는 것을 선호합니다.
I prefer making an **itinerary** before I go on a trip.

+ 일정을 잡다
arrange the schedule

관광을 할 때에는 신경 써서 일정을 잡는 것이 중요하다고 생각합니다.
I think it is important to **arrange the schedule** carefully when going sightseeing.

+ 여행을 계획하다
plan a trip

여행을 계획하는 것은 항상 신나고 즐겁습니다.
It is always exciting and joyful to **plan a trip**.

+ 여행가다
go on a trip / travel

저는 휴가 때마다 여행을 가려고 하는 편입니다.
I try to **go on a trip** whenever I have a vacation.

+ 휴가가다
go on a vacation

저는 지난여름에 하와이로 휴가를 갔습니다.
I **went on a vacation** to Hawaii last summer.

+ 바닷가에 가다
go to the beach

저는 산보다는 바닷가에 가는 것을 더 선호합니다.
I prefer **going to the beach** than the mountain.

+ 관광
sightseeing

좋은 여행의 가장 중요한 요소는 유명한 곳으로의 관광과 지역 음식을 많이 먹어보는 것입니다.
The most important elements of a good trip are going **sightseeing** to famous places and eating a lot of local food.

+ 예술작품
artwork / artifact

저는 박물관에 가기 전에 예술작품들을 미리 공부하고 가는 것을 선호합니다.
I like to study **artworks** in advance before going to museums.

+ 나 혼자서
by myself

저는 투어그룹으로 보다는 혼자서 관광하는 것이 낫다고 생각합니다.
I think it is better to go sightseeing **by myself** than with a tour group.

+ 관광 가이드
tour guide

관광 가이드와 함께 돌아다니면 더욱 효율적이고 교육적인 관광을 할 수 있습니다.
I can take a more efficient and educational tour if I go around with a **tour guide**.

+ 관광명소
tourist attraction

저는 여행을 가면 유명한 관광 명소들은 다 방문하려고 노력합니다.
I try to visit all the famous **tourist attractions** when I go on a trip.

+ 투어를 하다
take a tour

제가 마지막으로 박물관 투어를 한 것은 작년 봄입니다.
The last time I **took a tour** of the museum was last spring.

+ 짐을 싸다
pack

여행을 위해 짐을 쌀 때는 날씨를 고려해야 합니다.
We have to consider the weather when **packing** for a trip.

+ 짐, 수하물
luggage / baggage

저는 여행 갈 때 무거운 짐을 가져가는 것을 싫어합니다.
I don't like to take a heavy load of **luggage** when I go on a trip.

+ 예약을 하다
make a reservation

해외여행을 갈 때는 미리 예약하는 것이 필수적입니다.
It is essential to **make a reservation** in advance when going on a trip abroad.

+ 호텔을 예약하다
· **book a hotel room**
· **reserve a hotel room**

성수기 때는 호텔을 예약하는 것이 아주 힘듭니다.
It is hard to **book a hotel room** during the peak season.

+ 기념품을 사다
buy souvenirs

저는 여행을 가면 가족들이나 친구들을 위해 종종 기념품을 삽니다.
I often **buy souvenirs** for families and friends when I travel.

+ 출장가다
go on a business trip

제가 마지막으로 출장을 간 것은 작년 겨울 상하이였습니다.
The last time I **went on a business trip** was last winter to Shanghai.

④ 음식/요리  03-34

우리가 평소에 즐겨 먹는 음식이나, 요리, 식당 등과 같은 주제들도 시험에 자주 출제됩니다. 역시 일상 영어회화에서 유용하게 사용할 수 있는 다음 표현들을 익혀두세요.

+ 외식하다
· **eat out**
· **eat at restaurants**

저는 일주일에 최소 두 번은 외식을 합니다.
I **eat out** at least twice a week.

+ ~를 배달시키다
have~ delivered

집에 먹을 것이 없을 때는 종종 피자를 배달시키곤 합니다.
I often **have** pizza **delivered** when there is nothing to eat at home.

+ (식당에서) 계산하다
pay the bill

저는 식당에 가면 주로 자리에서 계산을 하는 편입니다.
I usually **pay the bill** at the table when I go to restaurants.

+ 편리한
convenient

메뉴를 고르고 전화만 하면 되기 때문에 음식 배달 서비스는 매우 편리합니다.
Food delivery service is very **convenient** because all I have to do is choose the menu and make a call.

+ 메뉴를 고르다
choose a menu

사람이 많을 때는 메뉴를 고르는 것이 힘듭니다.
It is hard to **choose a menu** when there are many people.

+ 주문하다
order / make an order

음식 배달 서비스의 단점은 미리 주문을 해야 한다는 점입니다.
The disadvantage of food delivery service is that we have to **order** in advance.

+ 고급 식당
fine restaurant

고급 식당에 갈 때는 주로 격식을 차린 옷을 입습니다.
I usually wear formal clothing when I go to a **fine restaurant**.

+ 패스트푸드
fast food

패스트푸드는 맛은 있지만 몸에는 안 좋기 때문에 자제해야 합니다.
We have to refrain from eating **fast food** because it is delicious but bad for our body.

+ 병에 든 음료
bottled beverage

저는 야외를 돌아다닐 때 병에 든 음료를 즐겨 마십니다.
I enjoy drinking **bottled beverages** when I go around outdoors.

+ 한잔하러 가다
go out for a drink

저는 주말에 친구들과 자주 한잔하러 나가곤 합니다.
I frequently **go out for a drink** with my friends on weekends.

+ (음식을) 포장하여, 테이크아웃으로
to go

저는 중국음식을 포장하여 집에서 텔레비전을 보며 먹는 것을 좋아합니다.
I like to order Chinese food **to go** and eat at home watching television.

+ 팁 문화
tipping

우리나라에는 팁 문화가 없다는 사실이 좋습니다.
I like the fact that there is no **tipping** in my country.

+ 색다른 음식, 이색음식
exotic food

외식을 할 때는 주로 이색음식을 먹으려고 노력합니다.
I usually try to eat **exotic food** when I eat out.

+ 한식
Korean food

제 입맛에 맞기 때문에 저는 한식을 가장 좋아합니다.
I like **Korean food** the most because it suits my taste.

+ 양식
foreign food

저는 한식보다 양식을 선호합니다.
I prefer **foreign food** to Korean food.

+ 요리하기 어려운
hard to cook

집에서는 멕시칸 음식을 요리하기 힘들기 때문에 주로 식당에서 먹습니다.
I usually eat Mexican food at restaurants because it is **hard to cook** at home.

+ 특별 요리
special dish

저는 유명한 식당에 가면 그 식당의 특별 요리를 맛보려고 하는 편입니다.
I try to taste the restaurant's **special dish** when I go to a famous place.

+ 요리사가 만든
cooked by a chef

맛이 보장되어 있기 때문에 요리사가 만든 음식을 선호합니다.
I prefer food **cooked by a chef** because the taste is guaranteed.

+ 장을 보다
shop for groceries

직접 장을 보지 않아도 되기 때문에 음식을 배달시켜 먹는 것은 편합니다.
It is convenient to order food because I don't have to **shop for groceries**.

+ 요리하다
cook food / make food

저는 가족들과 친구들을 위해서 음식을 요리하는 것을 좋아합니다.
I like to **cook food** for my family and friends.

+ 몸에 좋은
wholesome / healthy

요즘에는 몸에 좋은 음식을 먹는 것이 대세라고 생각합니다.
Nowadays I think it is a general trend to eat **wholesome** food.

+ 영양가 있는
nutritious

저는 요리를 할 때 영양가 있는 재료를 사용하도록 노력합니다.
I try to use **nutritious** ingredients when I cook.

+ 맛있는
tasty / delicious

저는 맛있는 음식을 먹으면서 스트레스를 해소합니다.
I relieve my stress by eating **delicious** food.

+ 입맛에 맞다
suits one's taste

직접 요리를 하면 제 입맛에 맞는 음식을 만들 수 있어서 좋습니다.
It is good to cook myself because I can make food that **suits my taste**.

+ 재료
ingredient

직접 재료를 선택할 수 있기 때문에 집에서 먹는 것이 더 건강하다고 생각합니다.
I think eating at home is healthier because I can choose the **ingredients**.

+ 설거지하다
· **do the dishes**
· **wash the dishes**

음식 배달 서비스의 장점 중 한 가지는 설거지를 할 필요가 없다는 것입니다.
An advantage of food delivery service is that I don't have to **do the dishes**.

+ 차려입다
dress up

패스트푸드 식당에 갈 때는 차려입을 필요가 없어서 좋습니다.
It's nice because I don't have to **dress up** when I go to a fast food restaurant.

+ 돈을 절약하다
save money

집에서 식사를 하면 건강에도 좋고 돈도 절약할 수 있습니다.
It's good for my health and I can **save money** if I eat at home.

+ 식사를 거르다
skip a meal

학교에 있을 때는 자주 식사를 거르곤 합니다.
I frequently **skip meals** when I am at school.

+ 가벼운(간단한) 식사
light meal

아침으로는 주로 시리얼이나 달걀프라이 같은 가벼운 식사를 합니다.
I usually have a **light meal** for breakfast such as cereal or fried eggs.

+ ~를 열망하다(아주 먹고 싶어 하다)
crave for~

저는 비가 오는 날에는 아이스크림이 매우 먹고 싶어집니다.
I **crave for** ice cream on rainy days.

+ ~가 좋아서 사족을 못 쓰다, ~에 약하다
have a weakness for~

저는 해산물이 좋아서 사족을 못 쓰는 편입니다.
I **have a weakness for** seafood.

+ 식욕을 돋우다
sharpen one's appetite

저는 식사 전에 식욕을 돋우기 위해 와인을 한 잔 즐겨 마십니다.
I enjoy drinking a glass of wine to **sharpen my appetite** before having a meal.

+ 식욕을 잃다
lose one's appetite

식욕이 없을 때는 주로 샐러드를 먹습니다.
I usually eat salad when I **lose my appetite**.

+ 주방용품
kitchen appliances

저는 주방용품을 집에서 가까운 백화점에서 주로 구입합니다.
I usually purchase **kitchen appliances** at a department store near my house.

+ 조리 기구
cooking utensils

저는 조리 기구를 수집하는 것이 취미입니다.
It is my hobby to collect **cooking utensils**.

+ ~에 중독되다
be addicted to~

저는 카페인에 중독되어서 아침에는 꼭 커피를 마셔야 합니다.
I have to drink coffee in the morning because I **am addicted to** caffeine.

+ 더치페이하다
· **go Dutch**
· **split the bill**

친구들과 만나서 식당에 가면 주로 더치페이를 합니다.
When I go to a restaurant with my friends, we usually **go Dutch**.

⑤ 인터넷/컴퓨터/통신 · `03-38`

요즘 실생활에서 우리가 항상 사용하는 인터넷, 컴퓨터, 휴대전화 등의 통신 관련 주제도 Part 3에 자주 출제되는 분야입니다.

+ 인터넷을 사용하다
use the Internet

저는 매일, 최소한 하루에 세 번 인터넷을 사용합니다.
I **use the Internet** every day, at least three times a day.

+ 인터넷에 접속하다
access the Internet

저는 주로 제 핸드폰으로 인터넷에 접속합니다.
I usually **access the Internet** through my cell phone.

+ 인터넷 검색
Internet surfing

저는 매일 한 시간 정도 인터넷 검색을 합니다.
I do **Internet surfing** for about an hour every day.

+ 검색하다
surf the net

저는 주로 뉴스나 정보를 위해 인터넷 검색을 합니다.
I usually **surf the net** for news or information.

+ 서비스 공급업체
service provider

좋은 인터넷 서비스 공급업체의 특징은 빠른 속도와 합리적인 가격입니다.
The characteristics of a good Internet **service provider** are fast speed and reasonable prices.

+ PC방
Internet cafe

저는 친구들과 만나면 PC방에 자주 가곤 합니다.
I frequently visit the **Internet cafe** when I meet my friends.

+ 이메일을 보내다
· **send an e-mail**
· **e-mail**

제가 이메일을 가장 많이 보내는 사람은 외국에 사는 제 친구입니다.
The person I **send e-mails** to the most is a friend that lives abroad.

+ 이메일을 확인하다
check one's e-mail

저는 일어나자마자 이메일을 확인하는 편입니다.
I tend to **check my e-mail** first thing in the morning.

+ 무선 인터넷 연결
wireless connection

요즘에는 무선 인터넷 연결이 대부분의 공공장소에서 가능합니다.
These days, **wireless connection** is available at most public places.

+ 기술
technology

기술이 많이 발달하여, 이제는 걸어 다니면서도 인터넷을 할 수 있습니다.
Since **technology** has improved, we can now use the Internet while walking around.

+ 프로그램을 설치하다
install a program

마우스를 클릭만 하면 되기 때문에 요즘에 프로그램을 설치하는 것은 쉽습니다.
It is easy to **install a program** these days since all I have to do is click the mouse.

+ 과제를 하다
do one's assignments

저는 주로 집에 있는 컴퓨터로 과제를 합니다.
I usually **do my assignments** with my computer at home.

+ 개인 홈페이지
personal web site

저는 제 개인 홈페이지를 관리하거나 웹서핑을 하면서 여가 시간을 보냅니다.
I spend my free time managing my **personal web site** or surfing the net.

+ 기사를 읽다
read articles

요즘에는 인터넷을 통해 다양한 기사들을 쉽게 읽을 수 있습니다.
Nowadays I can easily **read** various **articles** through the Internet.

+ 정보를 찾다
search for information

인터넷으로 정보를 찾는 것은 책을 보는 것보다 더 편리합니다.
It is more convenient to **search for information** on the Internet than to read a book.

+ 인터넷 채팅
on-line chatting

저는 매일 저녁 친구들과 인터넷 채팅을 합니다.
I do **on-line chatting** with my friends every evening.

+ ~와 채팅하다
chat with~

저는 메신저를 이용해서 미국에 사는 친구와 채팅을 합니다.
I use a messenger to **chat with** a friend who lives in America.

+ 인터넷 쇼핑
on-line shopping

인터넷 쇼핑은 물건을 구입하는 데 있어 매우 편리하고 합리적인 수단입니다.
On-line shopping is a very reasonable and convenient method of buying things.

+ 온라인으로 쇼핑하다
shop on-line

저는 물건을 직접 보고 입어볼 수 없기 때문에 온라인으로 쇼핑하는 것을 선호하지 않습니다.
I don't prefer to **shop on-line** because I can't see and try on the product in person.

+ 블로그를 관리하다
keep a blog

저는 취미로 맛집 블로그를 관리합니다.
I **keep a blog** about famous restaurants as a hobby.

+ 온라인 강의를 듣다
take an on-line class

저는 요즘에 온라인 영어 강의를 듣고 있습니다.
I am **taking an on-line** English **class** these days.

+ 공간을 차지하다
take up space

CD는 공간을 차지하기 때문에 인터넷으로 영화나 음악을 다운받는 것을 좋아합니다.
I like to download movies or music through the Internet because CDs **take up space**.

+ 은행 업무를 보다
do one's banking

저는 은행에 가는 것보다 온라인으로 은행 업무 보는 것을 더 좋아합니다.
I like **doing my banking** on-line more than going to the bank.

+ 보안이 보장되다
security is guaranteed

보안이 보장되기 때문에 인터넷뱅킹이 안전하다고 생각합니다.
I think Internet banking is safe because **security is guaranteed**.

+ (의사)소통
communication

요즘에는 휴대폰이 가장 흔한 소통의 수단입니다.
These days cell phones are the most common method of **communication**.

+ ~와 소통하다
communicate with~

외국에 있는 친구들과 소통할 때에는 주로 이메일을 이용합니다.
I usually use e-mails when I **communicate with** friends abroad.

+ 빠르고 쉽게
fast and easily

디지털 카메라 덕분에 이제는 빠르고 쉽게 사진을 찍고 볼 수 있습니다.
Thanks to digital cameras, we can now take and see pictures **fast and easily**.

+ 첨부파일
attachment

이메일의 가장 큰 장점은 첨부파일을 주고받을 수 있다는 점이라고 생각합니다.

I think the biggest advantage of e-mail is that we can exchange **attachments**.

+ 저장 용량
storage capacity

저는 컴퓨터를 구입할 때 저장 용량을 가장 고려합니다.

I consider **storage capacity** the most when I purchase computers.

+ 데스크탑 컴퓨터
desk top computer

회사에서는 데스크탑 컴퓨터를 사용합니다.

I use a **desk top computer** at work.

+ 노트북 컴퓨터
lap top computer

어디서든 사용할 수 있기 때문에 저는 노트북 컴퓨터를 선호합니다.

I prefer **lap top computers** because I can use them anywhere I want.

+ 가지고 다니기 쉬운
easy to carry around

노트북의 가장 큰 장점은 가지고 다니기 쉽다는 점입니다.

The biggest advantage of a lap top computer is that it is **easy to carry around**.

+ 가벼운
light

요즘에는 휴대폰이나 노트북과 같은 가벼운 기기들이 인기가 많은 것 같습니다.

I think **light** equipment such as cell phones or lap tops are popular these days.

+ 휴대폰
· cell phone
· mobile phone

원할 때 언제 어디서든 소통할 수 있기 때문에 휴대폰은 매우 편리합니다.

Cell phones are very convenient because I can communicate anywhere, any time I want.

+ 공중전화
· pay phone
· public phone
· phone booth

요즘에는 예전보다 공중전화가 많이 없어진 것 같습니다.

I think there are fewer **public phones** these days than before.

+ 문자메시지를 보내다
send a text message

저는 친구들에게 전화보다 주로 문자메시지를 보냅니다.

I usually **send** more **text messages** than phone calls to my friends.

+ 위급상황 시
in case of an emergency

휴대폰의 또 한 가지 장점은 위급상황 시 전화를 빨리 걸 수 있다는 점입니다.
Another advantage of mobile phones is that I can quickly make a phone call **in case of an emergency**.

+ 다양한 기능
various functions

좋은 핸드폰의 가장 중요한 특징은 인터넷, 게임, 카메라 등 다양한 기능들입니다.
The most important characteristic of a good cell phone is **various functions** such as Internet, games, camera, and so on.

PART 03

+ 언제 어디서든
· **anytime and anywhere**
· **whenever and wherever**

스마트폰 덕분에 요즘에는 언제 어디서든 인터넷에 접속할 수 있습니다.
Nowadays we can access the Internet **anytime and anywhere**, thanks to smart phones.

+ ~와 연락을 유지하다
(연락하며 지내다)
keep in touch with~

인터넷이 보편화되면서 사람들과 연락하며 지내기가 훨씬 쉬워졌습니다.
It is much easier to **keep in touch with** people since the Internet has become common.

+ 시간을 절약하다
save one's time

온라인 쇼핑을 하면 직접 돌아다니지 않아도 되기 때문에 시간과 돈을 절약할 수 있습니다.
If I do on-line shopping I can **save my time** and money because I don't have to travel around.

⑥ 쇼핑　03-43

우리가 일상적으로 자주 하는 쇼핑과 관련된 주제들도 시험에 많이 출제됩니다. 쇼핑 상황에서 유용하게 쓰일 수 있는 표현들을 정리해봅시다.

+ 계산대
checkout counter

저는 계산대에서 줄을 서서 기다리며 시간 낭비하는 것을 싫어합니다.
I don't like wasting my time waiting in line at the **checkout counter**.

+ 친절한 서비스
friendly service

좋은 옷가게의 가장 중요한 특성은 친절한 서비스라고 생각합니다.
I think that the most important quality of a good clothing store is **friendly service**.

+ 반품하다
return

제가 마지막으로 상품을 반품한 것은 지난주에 산 청바지였습니다.
The last product I **returned** was a pair of jeans that I bought last week.

+ 전액 환불
full refund

저는 구입한 상품에 문제가 있을 경우 주로 전액 환불을 요구합니다.
I usually ask for a **full refund** if there is a problem with a product I purchased.

+ 비싼
expensive

백화점은 온라인 쇼핑몰보다 더 비쌉니다.
Department stores are more **expensive** than on-line shopping malls.

+ 가격이 과한
overpriced

명품 상품들은 대체로 가격이 과하다고 생각합니다.
I think that most brand-name products are **overpriced**.

+ 저렴한
cheap / inexpensive

저렴한 제품들은 빨리 닳는다는 단점이 있습니다.
A disadvantage of **cheap** products is that they wear out quickly.

+ 합리적인
· **reasonable**
· **affordable**

합리적인 가격과 다양한 종류 때문에 저는 아울렛에서 쇼핑하는 것을 좋아합니다.
I like to shop at outlet stores because of **reasonable** prices and a variety of products.

PART 03

+ 저렴한 물건
bargain

세일 기간을 잘 활용하면 저렴한 물건들을 많이 건질 수 있습니다.
We can find a lot of **bargains** if we take advantage of the sale season.

+ 지불 수단
현금 **cash**
신용카드 **credit card**
직불카드 **debit card**
수표 **check**

저는 다양한 혜택들 때문에 현금보다 신용카드를 즐겨 사용합니다.
I enjoy using a **credit card** more than **cash** because of various benefits.

저는 상품을 구입할 때 주로 직불카드를 사용합니다.
I usually use **debit cards** when I purchase products.

+ 할인 중인
on sale

저는 할인 중일 때 의류 쇼핑하는 것을 좋아합니다.
I like to shop for clothes when they are **on sale**.

+ 점원
clerk

좋은 점원의 가장 큰 자질은 친절한 서비스입니다.
The biggest quality of a good **clerk** is friendly service.

+ 편안하게 느끼다
feel comfortable

좋은 직원은 손님들을 편안하게 느끼게 해주어야 합니다.
A good clerk must make customers **feel comfortable**.

+ 단골손님
· **regular customer**
· **loyal customer**
· **patron**

저는 집 근처 여러 가게의 단골손님입니다.
I am a **regular customer** at several shops near my house.

+ 편안함
comfort

좋은 운동화의 가장 중요한 요소는 편안함이라고 생각합니다.
I think the most important element of good sports shoes is **comfort**.

+ 품질
quality

높은 품질의 제품들이 더 오래 가기 때문에 선호합니다.
I prefer high **quality** products because they last longer.

+ 다양한

various
= a variety of
a range of
a choice of
a selection of
an assortment of
an array of

인터넷을 이용하면 다양한 종류의 상품들을 검색하기가 더 쉽습니다.

It is easier to search for **various** kinds of products through the Internet.

아울렛에 가면 매우 다양한 브랜드들을 모두 구경할 수 있어서 좋습니다.

I like to go to the outlet store because I can browse through **a wide range of** brands.

+ 어울리다

match / suit

저와 어울리는 옷이 좋기 때문에 저는 디자인을 가장 고려합니다.

I consider design the most because I like clothes that **suit** me.

+ 주의(주목)를 끌다

draw one's attention

저는 사람들의 주목을 끄는 독특한 의상을 좋아합니다.

I like unique clothes that **draw people's attention**.

+ 취향

taste

제 취향에 딱 맞는 옷을 찾는 것은 쉽지 않습니다.

It is not easy to find clothing that perfectly suits my **taste**.

+ 백화점

· **department store**
· **shopping mall**

저는 주로 집 근처에 있는 백화점에서 쇼핑을 합니다.

I usually go shopping at a **department store** near my house.

+ 유행하는

trendy / in style

저는 유행하는 옷들 보다는 빈티지 스타일을 즐겨 입습니다.

I enjoy wearing vintage styles than **trendy** clothes.

+ 유행이 지난

out of style

가끔 유행이 지난 제품들을 할인된 가격에 구입할 수 있습니다.

I can sometimes purchase **out of style** products at a discounted price.

+ 최신식의

state-of-the-art

최신식 전자제품들이 많기 때문에 저는 그 가게에서 쇼핑하는 것을 좋아합니다.

I like to shop at that store because they have a lot of **state-of-the-art** electronics.

+ 오래된, 구식의

outdated

저는 가끔씩 오래된 물건들을 자선단체에 기부합니다.

I sometimes donate **outdated** items to a charity organization.

+ 옛날의, 고풍스러운
old-fashioned

저희 엄마는 고풍스러운 가구들을 수집하는 것을 좋아하십니다.
My mother likes to collect **old-fashioned** furniture.

+ 입어보다, 신어보다
try on

옷을 많이 입어봐야 하기 때문에 저는 쇼핑하는 데 시간이 오래 걸립니다.
It takes a lot of time to shop because I have to **try on** many clothes.

+ 탈의실
fitting room

주말에 쇼핑을 가면 탈의실 줄을 한참 기다려야 합니다.
I have to wait for a long time at the **fitting room** if I go shopping on the weekend.

+ 중고의
second-hand

저는 중고 가게에서 구경하는 것을 좋아합니다.
I enjoy browsing around at a **second-hand** store.

+ 정장
suit / formal clothing

저는 아직 학생이고, 정장을 입을 기회가 별로 없기 때문에 정장은 한 벌만 가지고 있습니다.
I have only one **suit** because I am still a student, and I don't have many opportunities to wear suits.

+ 편안한, 캐주얼한
casual

저는 학교에 갈 때 주로 편안한 옷을 입습니다.
I usually wear **casual** clothing when I go to school.

+ 여성스러운
feminine

저는 캐주얼보다는 여성스러운 스타일의 옷을 좋아합니다.
I prefer **feminine** style clothing to casual styles.

+ 남성스러운
masculine

저는 요즘에 남성스러워 보이는 옷들과 액세서리를 구입하는 편입니다.
These days I purchase clothing and accessories that look **masculine**.

+ 운동화
· **running shoes**
· **sports shoes**
· **sneakers**

저는 농구와 축구 등의 스포츠를 즐겨하기 때문에 운동화를 주로 신습니다.
I usually wear **sports shoes** because I like to play sports such as basketball and soccer.

+ 더 오래 가다, 지속되다
last longer

비싼 옷들이 주로 더 오래 가기 때문에 선호하는 편입니다.
I prefer expensive clothes because they tend to **last longer**

+ 보증서
warranty

제품을 구입할 때는 항상 품질 보증서를 꼭 확인하려고 노력합니다.

I always try to check the **warranty** when I purchase a product.

+ 선물을 사다
buy a gift / present

제가 마지막으로 선물을 산 것은 올해 초이고, 남동생을 위해 가방을 샀습니다.

The last time I **bought a gift** was early this year, and I bought a bag for my younger brother.

+ ~를 향한 마음을 표현하다
express one's feelings towards~

누군가에게 선물을 하는 것은 그 사람을 향한 마음을 표현할 수 있기 때문에 좋은 것 같습니다.

Giving a present to somebody is good because I can **express my feelings towards** the person.

+ 상징하다
symbolize

여러 가지를 상징하기 때문에 저는 꽃을 선물로 주거나 받는 것을 좋아합니다.

I like giving and receiving flowers as a gift because they **symbolize** many things.

7 기타  

주제에 상관없이 답변을 할 때 유용하게 사용할 수 있고, 알아두면 좋을만한 표현들을 몇 가지 더 정리해
두도록 합시다.

+ ~에 달려 있다 **depend on~**	여행 목적지를 결정하는 것은 주로 그 때의 날씨에 달려 있습니다. Deciding my travel destination usually **depends on** the weather.
+ ~하는 경향이 있다 **tend to~**	저는 매일 아침에 일어나자마자 물부터 마시는 경향이 있습니다. I **tend to** drink water first thing in the morning.
+ 자주, 빈번히 **frequently / often**	저는 자주 지갑이나 우산 등의 소지품들을 잃어버립니다. I **frequently** lose my belongings such as wallets or umbrellas.
+ ~에 주의를 기울이다, 신경 쓰다 **pay attention to~**	저는 영화 평론에 크게 신경 쓰지 않는 편입니다. I don't **pay** much **attention to** movie reviews.
+ 우리나라에서는 **in our country**	우리나라에서 사람들은 다양한 휴일을 기념합니다. People celebrate various holidays **in our country**.
+ 대개 **mostly**	저는 대개 저녁에 텔레비전을 봅니다. I watch TV **mostly** in the evening.
+ 주로 **usually**	박물관에 방문할 때, 저는 주로 친구들과 함께 갑니다. When I visit the museum, I **usually** go with my friends.
+ 평균적으로, 보통 **on (the) average**	저는 일주일에 평균적으로 세 번 정도 자전거를 탑니다. I ride my bicycle about three times a week **on average**.
+ ~에 관해서는, ~에 있어서 **when it comes to~**	요가에 관해서 저는 전문가입니다. I am an expert **when it comes to** yoga.

+ 내가 기억하기로는
as far as I remember

제가 기억하는 한, 제가 뮤지컬을 본 것은 작년 여름이었습니다.
As far as I remember, it was last summer when I saw a musical.

+ 어쩌면
maybe

저는 어쩌면 내년에 호주로 유학을 갈지도 모릅니다.
Maybe I might go to Australia to study next year.

+ 꽤 오래 됐다
has been a while

제가 연극을 본 지는 꽤 오래 됐습니다.
It **has been a while** since I saw a play.

+ ~로 바쁜
busy with~

요즘에 저는 주말마다 학교 과제로 바쁩니다.
These days I am **busy with** school assignments every weekend.

+ 특히
· **especially**
· **in particular**

저는 특히 겨울에 감기에 자주 걸립니다.
I frequently catch a cold **especially** during winter.

+ ~에 의존하다
rely on~

저는 물건을 구입할 때 인터넷에 있는 후기에 의존하는 편입니다.
I tend to **rely on** reviews on the Internet when I purchase products.

+ 분위기
atmosphere

도서관은 조용하고 공부하기에 좋은 분위기를 갖고 있습니다.
The library is quiet and has a good **atmosphere** for studying.

+ 규칙을 따르다, 준수하다
follow the rules

게임을 할 때는 규칙을 따르는 것이 가장 중요하다고 생각합니다.
I think **following the rules** is most important when playing a game.

+ 일과
daily routine

제 하루 일과는 주로 오전 8시부터 시작됩니다.
My **daily routine** usually begins at 8 A.M.

+ ~로부터 자유로운
free from~

스마트폰을 이용하면 시공간으로부터 자유로울 수 있습니다.
I can be **free from** time and space if I use the smart phone.

+ 줄을 서서 기다리다
wait in line

놀이공원에서는 보통 오랫동안 줄을 서서 기다려야 합니다.
We normally have to **wait in line** for a long time at amusement parks.

+ 손으로 쓴
hand written

저는 컴퓨터로 타이핑을 한 편지보다는 손으로 쓴 편지를 선호합니다.
I prefer **hand written** letters to those that are typed with a computer.

+ ~에 집중하다
· **concentrate on~**
· **focus on~**

주변에 다른 사람이 없기 때문에 저는 집에서 공부에 더 집중할 수 있습니다.
I can **concentrate on** my studies more at home because there is no one else around.

+ 가장 좋아하는
favorite

제가 가장 좋아하는 영화 장르는 코미디입니다.
My **favorite** movie genre is comedy.

+ 가전제품
home appliances

저는 평균적으로 1년에 한 번 정도 가전제품을 구입합니다.
I purchase **home appliances** about once a year on the average.

+ 집안일
house chores

저는 청소, 설거지 등 다양한 집안일들을 돕습니다.
I help out with many kinds of **house chores** such as cleaning, washing the dishes and so on.

1. 다음 빈칸을 채워보세요.

★ 운전하는 것의 단점은 교통정체로 저의 시간을 낭비하는 것입니다.

The ＿＿＿＿＿＿＿ of driving is ＿＿＿＿＿＿＿ in the ＿＿＿＿＿＿＿ .
      ❶ 단점   **❷** 내 시간을 낭비하는 것   **❸** 교통정체

★ 게다가, 대중교통을 이용하면 시간을 정확히 지킬 수 있습니다.

＿＿＿＿＿＿＿ , I can be ＿＿＿＿＿＿＿ if I use ＿＿＿＿＿＿＿ .
      ❹ 게다가   **❺** 시간이 정확한   **❻** 대중교통

★ 저는 주로 취미로 헬스장에서 운동을 합니다.

I usually ＿＿＿＿＿＿＿ at the ＿＿＿＿＿＿＿ for a ＿＿＿＿＿＿＿ .
      ❼ 운동하다   **❽** 헬스장   **❾** 취미

★ 건강을 유지하기 위해서는, 외식하는 것보다 직접 재료를 사먹는 것이 좋다고 생각합니다.

In order to ＿＿＿＿＿＿＿ , I think it is better to buy the ＿＿＿＿＿＿＿ myself
      ❿ 건강을 유지하다   **⓫** 재료

than to ＿＿＿＿＿＿＿ .
      ⓬ 외식하다

★ 저는 종종 인터넷 쇼핑몰에서 유행하는 옷을 구경하면서 스트레스를 해소합니다.

I often ＿＿＿＿＿＿＿ looking at ＿＿＿＿＿＿＿ clothes at an ＿＿＿＿＿＿＿ .
      ⓭ 스트레스를 해소하다   **⓮** 유행하는   **⓯** 인터넷 쇼핑몰

2. 다음 질문들에 대한 적절한 답변을 고르세요.

❶ **Q:** How often do you go out with friends?
   A: I go out with my friends (ⓐ about three hours ⓑ about two times a week).

❷ **Q:** When was the last time you went on a vacation?
   A: The last time I went on a vacation (ⓐ was two months ago ⓑ will be next week).

❸ **Q:** How long do you use the Internet everyday?
   A: I use the Internet (ⓐ in the evening ⓑ for about an hour) everyday.

❹ **Q:** How long have you been living in your current house?
   A: I have been living in my current house (ⓐ two years ago ⓑ since I graduated from highschool).

❺ **Q:** Where do you usually shop for clothes?
   A: I usually shop for clothes (ⓐ at an on-line shopping mall ⓑ on the weekend).

3. 다음 질문들에 대한 답변을 괄호 안 내용에 맞게 완전한 문장으로 영작해보세요.

❶ **Q:** How often do you use food delivery service?
   음식 배달 서비스를 얼마나 자주 이용하십니까?

   A:
   (1주일에 2번 정도)

❷ **Q:** What kind of items is usually recycled in your country?
   당신의 나라에서는 어떤 종류의 물건들이 주로 재활용 됩니까?

   A:
   (종이, 캔, 병 등과 같은 여러 가지 물건들)

❸ **Q:** How often do you visit the library and why do you go there?
   당신은 얼마나 자주 도서관에 방문하며 왜 갑니까?

   A:
   (한 달에 세 번, 공부하거나 책 읽기 위해서)

❺ Q: What is the most important factor you consider when buying athletic shoes?
운동화를 살 때 가장 중요하게 고려하는 요소가 무엇입니까?

A:
(품질과 가격)

❻ Q: What do you consider important when you read about traveling?
당신은 여행에 대하여 읽을 때 무엇을 중요하게 고려합니까?

A:
(관광명소와 식당 정보)

❻ Q: What is the most important quality of a good driver?
좋은 운전자의 가장 중요한 자질은 무엇입니까?

A:
(규칙에 따라 운전하는 것)

4. 한글로 주어진 문제별 모범 답안을 영작해보세요.

> **Imagine that a british marketing firm is doing research in your country. You have agreed to participate in a telephone interview about restaurants.**

4번

Q: On what occasions do you go to fine restaurants?
당신은 어떤 경우에 고급 식당에 갑니까?

A: 저는 기념일이나 생일과 같은 특별한 날에 고급 식당에 갑니다.

⇨
- -

- -

5번

Q: What kind of food do you usually eat at restaurants?
식당에서 주로 어떤 종류의 음식을 먹습니까?

A: 저는 식당에서 주로 이색음식을 먹으려고 합니다, 왜냐하면 그런 음식들은 집에서 만들고 먹기 힘들기 때문입니다.

⇨
- -

- -

Q: What are the advantage and disadvantage of eating at restaurants?
식당에서 식사하는 것의 장점과 단점은 무엇입니까?

A: 식당에서 식사하는 것은 여러 가지 장점과 단점이 있습니다. 우선, 장점은 편리하다는 점입니다. 저는 메뉴를 고르고 주문하기만 하면 되고, 설거지를 할 필요가 없습니다. 반면에, 집에서 요리하는 것보다 비싸고 몸에 좋지 않습니다.

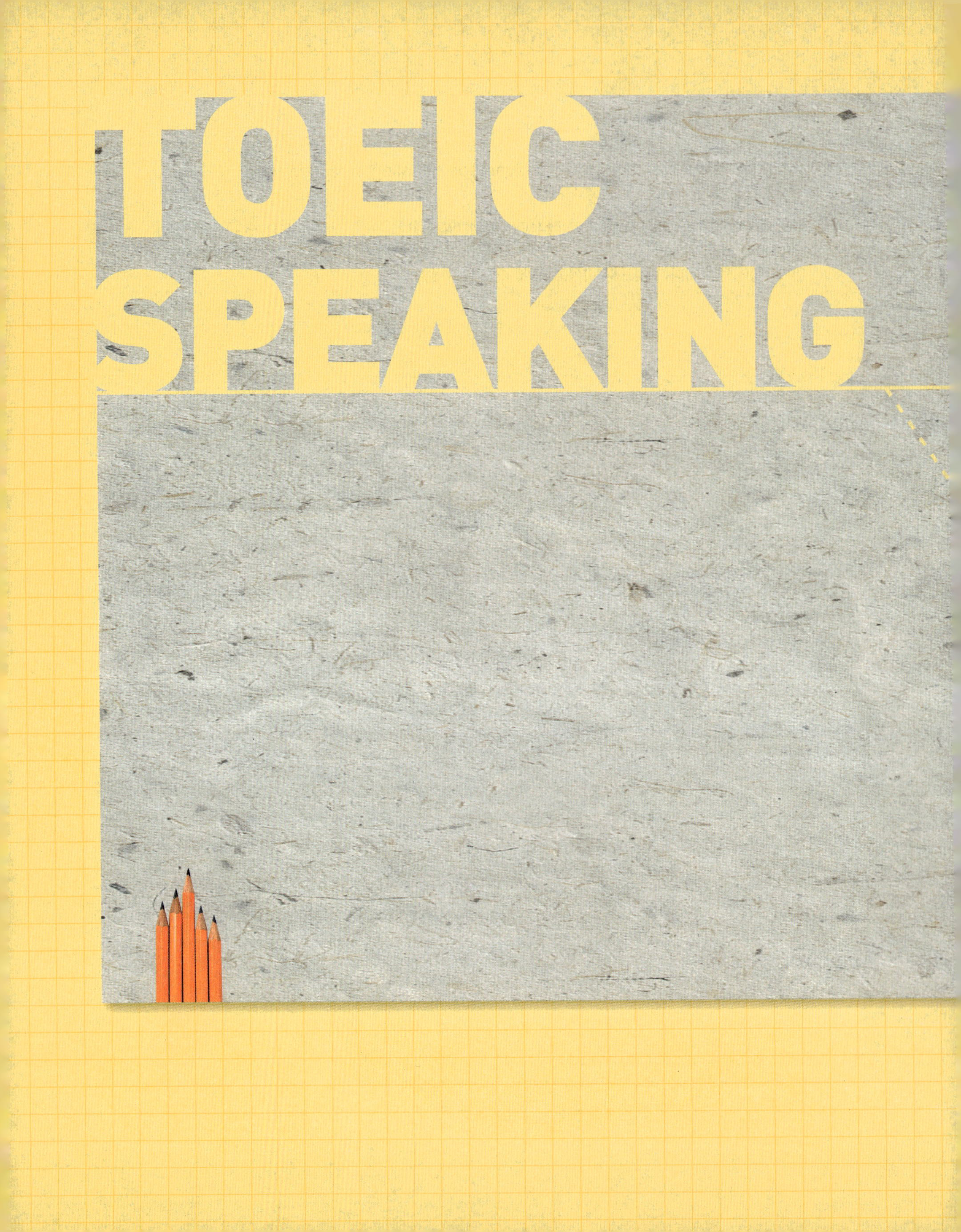
TOEIC
SPEAKING

Part 4

Respond to Questions Using Information Provided

제공된 정보를 사용하여 질문에 답하기

- **Part 4 공략법&요령**
- **Part 4 필수 표현 연습하기**
- **표 유형별 빈출 표현**
- **문제별 질문 패턴**
- **Exercise**

▶ 주어진 표를 관찰한 후 그에 대한 3개의 질문에 응답하는 문제
▶ 3 문제 출제 (7, 8, 9번)
▶ 표 관찰시간 30초/답변 준비시간 없음/답변시간 15초(7, 8번), 30초(9번)
▶ 평가기준: 표의 내용을 잘 이해했는가?
　　　　　 질문의 핵심 내용을 잘 파악하고, 그 내용에 맞게 답변을 했는가?
　　　　　 장소, 날짜, 일정 등을 표현할 때 문법적으로 알맞은 표현을 사용했는가?

01 Part 4 공략법&요령

① ETS 공식 기준

ETS 공식 기준에 따르면 Part 4에서는 발음, 억양, 강세뿐만 아니라 문법, 어휘, 내용의 일관성, 완성도, 그리고 관련성을 중요하게 평가합니다. Part 4는 문의를 하는 고객에게 표의 내용을 전화상으로 전달해주는 상황으로 가정되기 때문에 고객이 잘 이해할 수 있도록 정확하고 적절하게 답변을 구사해주는 것이 중요합니다.

② 듣기 연습을 많이 해서 질문을 정확하게 이해하기!

앞선 Part 3와는 달리 Part 4의 질문들은 화면에 등장하지 않고 음성으로만 제공됩니다. 따라서 듣기 연습이 충분히 되어 있지 않으면 질문을 제대로 못 알아듣거나, 아예 질문을 놓치는 경우가 발생할 수 있으므로 평상시에 듣기 실력을 키워두는 것이 중요합니다. 음원 자료를 잘 활용하여 질문의 요점과 핵심을 콕콕 집어내는 연습을 합시다.

③ 주어진 30초 동안 표의 내용을 정확하게 파악하기!

Part 4는 질문에 대한 답변 준비시간이 따로 없는 대신에, 질문이 나오기 전에 표를 관찰할 수 있는 시간이 30초 주어집니다. 따라서 당황하지 않고 각 질문에 대한 답변을 정확하게 해내려면 표 관찰 시간을 잘 활용해야 합니다. 위에서부터 차근차근 읽어내려 가면서 어떤 표인지, 어떤 내용이며 특이사항은 어떤 것들이 있는지를 충분히 준비해두어야 합니다. 앞서 언급한 것처럼 Part 4는 우리가 어떠한 기관의 관계자인 설정으로, 전화 문의를 하는 사람에게 정확하고 올바른 정보를 제공해주어야 한다는 상황임을 잊지 말도록 합시다!

④ 7, 8, 9번 질문들의 유형을 확실히 익혀두기!

Part 4에는 세 개의 질문이 출제됩니다. 각 질문의 유형이나 자주 출제되는 내용을 미리 알아두고 대비를 해두면 당황하지 않고 더욱 효과적으로 답변을 할 수 있으므로 문제별 유형도 알아두도록 합시다.

⇨ 우선 7번과 8번 문제는 답변 시간이 각각 15초씩 주어집니다. 한 가지 또는 두 가지 정보를 물어보는 간단한 의문사의문문, 어떠한 사실에 대하여 문의하는 일반의문문, 그리고 문의자가 본인이 알고 있는 정보를 확인하는 내용의 확인의문문 등이 자주 출제되는 유형입니다.

⇨ 9번 문제는 답변 시간이 30초 주어지며, 조금 더 자세하고 세부적인 정보나 여러 가지 정보들을 요구하는 질문이 출제됩니다. 뒤에 정리되어 있는 문제별 질문 패턴을 충분히 숙지하여 대비하세요.

⑤ 날짜, 시간, 장소, 사람 등 조각난 정보들을 정확한 문장으로 구사하기!

TOEIC Speaking 시험은 '말하기' 시험이지 '읽기' 시험이 아닙니다. 특히 Part 4는 단어, 명사구, 형용사구, 동사구 등의 조각난 정보들로 구성된 표를 보고, 전하고자 하는 정보를 완결된 문장으로 직접 만들어내야 합니다. 따라서 그러한 조각조각의 정보를 단순히 나열해서 읽는 것이 아니라 문법적으로 맞게 알맞은 주어, 동사, 전치사 등을 사용하여 표현해낼 수 있도록 많은 영작 연습을 통해 답변 패턴을 익혀두세요.

Part 4는 행사나 수업 등의 일정표나 여러 가지 시설과 장비 등의 예약표를 관찰한 후, 고객의 문의사항에 대해 답변을 해주는 상황입니다. 따라서 주소, 날짜, 시간, 금액 등 여러 가지 정보들을 문법적으로 맞게 완벽한 문장으로 구사할 수 있어야 합니다. 그러한 정보들을 정확히 읽어내는 연습을 해두도록 합시다.

① 주소&장소 읽기

자주 출제되는 질문 중 한 가지는 행사, 시설 등의 장소나 주소를 묻는 것입니다. 이러한 정보들은 표에 비교적 눈에 띄게 나와 있기 때문에 정보 자체를 찾는 것은 어려운 일이 아닐 수도 있으나, 완전한 문장으로 적절한 표현을 사용하여 나타내려면 여러 가지 전치사, 동사 표현들에 익숙해야 합니다. 실수 없이 문장을 잘 구사할 수 있도록 다음 표현들을 익혀둡시다.

❶ 장소&개최지 관련 필수 표현들 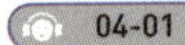 04-01

- (건물, 가게 등이) ~에 위치해 있다 **be located**

  ex 저희 사무용품점은 우체국 옆에 위치해 있습니다.

  Our office supplies store **is located** next to the post office.

- ~에서 개최되다, 열리다 **be held / take place**

  ex 이 행사는 강당에서 열릴 것입니다.

  This event will **be held** in the auditorium.

  ex 직원 마라톤 대회는 이번 주 토요일, 그린 공원에서 개최됩니다.

  The employee marathon race will **take place** this Saturday, at Green Park.

❷ 주소 읽기의 필수 포인트 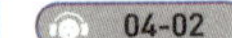 04-02

* 도로/거리 명칭 앞에는 on
* 도시, 주, 국가 명칭 앞에는 in

  ex **123 Maple Road, Buffalo, New York**

  저희 사무실은 123 Maple Road, Buffalo, New York에 위치해 있습니다.

  → Our office is located <u>on one two three Maple Road, in Buffalo, New York.</u>

ex **205 Beachwalk, Honolulu, Hawaii**

저희 식당은 205 Beachwalk, Honolulu, Hawaii에 위치해 있습니다.

→ Our restaurant is located <u>on two zero five Beachwalk, in Honolulu, Hawaii.</u>

❸ 장소 읽기의 필수 포인트　04-03

* 건물 내, 시설 내 장소 앞에는 in
* 건물, 큰 규모의 장소 앞에는 at, of

ex **conference room, RSD Building**

신입 직원 환영회는 RSD Building의 conference room에서 열릴 것입니다.

→ The orientation for new employees will be held <u>in the conference room at the RSD Building.</u>

ex **Memorial Hall, Hillside University**

졸업 행사는 Hillside University의 Memorial Hall에서 개최됩니다.

→ The graduation event will take place <u>in the Memorial Hall of Hillside University.</u>

② 시간, 날짜 읽기

장소와 더불어 자주 출제되는 질문은 어떠한 행사나 일의 시간이나 날짜 정보를 묻는 질문입니다. 시간, 날짜, 년도 등을 표현할 때 사용해야 하는 전치사 표현들도 서로 다르고, 읽는 방식에도 일정한 규칙이 있기 때문에 이러한 표현들을 미리 숙지하고 연습해두어야 자연스럽게 읽어나갈 수 있을 것입니다.

❶ 시간 읽기　04-04

• 시간은 보통 시간, 분, 오전/오후 순으로 읽습니다.

3:30 P.M. → three thirty P.M.

7:45 A.M. → seven forty-five A.M.

10:00 A.M. → ten A.M.

* '30분'은 half, '15분'은 quarter이라는 표현을 사용해도 좋습니다.

4:30 → four thirty / half past four(4시에서 30분 후) / half to five(5시까지 30분)

5:15 → five fifteen / quarter past five(5시에서 15분 후)

6:45 → six forty-five / quarter to seven(7시까지 15분)

- 'A부터 B까지'라는 기간을 표현하고 싶을 때는 다음과 같은 표현을 사용합니다.

  from A to B / from A until B / between A and B
  * 가장 많이, 쉽게 쓸 수 있는 표현

  ex 1:30~3:30 → from one thirty to three thirty
  　　　　　　　 from one thirty until three thirty
  　　　　　　　 between one thirty and three thirty

- 요일은 주로 'A through B'라고 표현합니다.

  ex Monday~Saturday → Monday through Saturday
  　　　　　　　　　　 from Monday to Saturday

❷ 날짜, 년도 읽기　🔊 04-05

- 날짜는 보통 월, 일 순으로 읽고, 일은 서수로 표현합니다.

  ex February 25 → February twenty fifth
  　Nov. 15 → November fifteenth
  　31. Oct → October thirty first

  > **1부터 31까지의 서수 표현 연습하기**
  >
  > **first / second / third / fourth / fifth / sixth / seventh / eighth / ninth / tenth / eleventh / twelfth / thirteenth / fourteenth / fifteenth / sixteenth / seventeenth / eighteenth / nineteenth / twentieth / twenty first / twenty second / twenty third / twenty fourth / twenty fifth / twenty sixth / twenty seventh / twenty eighth / twenty ninth / thirtieth / thirty first**

- 요일도 함께 얘기할 때는 쓰여 있는 순서대로 읽어도 좋지만 요일을 먼저 읽으면 자연스럽습니다.

  ex Friday, Jan. 20 → Friday, January twentieth
  　Sat. Sep. 13 → Saturday, September thirteenth
  　March 5 (Mon) → March fifth, Monday / Monday, March fifth

- 년도를 함께 얘기할 때는 년도를 보통 맨 마지막에 붙여줍니다. 1999년까지는 두 자리씩 끊어서 읽고, 2000년대부터는 그대로 읽어줍니다.

  ex 1995 → nineteen ninety five
  　2001 → two thousand (and) one
  　2013 → two thousand (and) thirteen
  　Wed. May 17, 2014 → Wednesday, May seventeenth, two thousand (and) fourteen
  　July 31, 2020 (Thu) → Thursday, July thirty first, two thousand (and) twenty

❸ 숫자, 날짜 읽기의 필수 포인트 🔊 04-06

* **시간 앞에는 at**
* **날짜, 요일 앞에는 on**
* **년도 앞에는 in**

> **ex 5 o'clock, Saturday, Sep 15**

연간 파티는 9월 15일, 토요일, 5시에 시작합니다.
→ The annual party will begin <u>at five o'clock, on Saturday, September fifteenth</u>.

> **ex 10:30, Friday, December 1, Student Center**

수강 신청은 12월 1일, 금요일, 10시 반에 학생 센터에서 할 수 있습니다.
→ You can sign up for classes <u>at ten thirty, on Friday, December first, at the Student Center</u>.

❸ 숫자 읽기

표에 자주 등장하는 내용에는 여러 가지 금액 정보나 전화번호, 방 번호, 항공편 번호 등 다양한 숫자와 관련된 정보들도 있습니다. 관련 질문이 나왔을 때 정확하고 올바른 표현으로 답변할 수 있도록 연습해둡시다.

❶ 금액 읽기 🔊 04-07

- 금액은 달러(dollar)와 센트(cent) 순으로 읽습니다. 1은 단수로, 2 이상은 복수로 표현하는 것 잊지 마세요!

$1.50 → one dollar (and) fifty cents

$10.45 → ten dollars (and) forty five cents

$199.99 → one hundred ninety nine dollars (and) ninety nine cents

$1,000 → one thousand dollars

> 만 단위 이상부터는 한글의 단위와 다르므로 확실하게 알아둡시다.
>
> 천 (1,000) thousand / 만 (10,000) ten thousand / 십만 (100,000) hundred thousand
> 백만 (1,000,000) million / 천만 (10,000,000) ten million / 억 (100,000,000) hundred million
> 십억 (1,000,000,000) billion

- 방 번호, 항공편 번호 등은 두 자리 수는 그대로 읽고, 세 자리 이상은 숫자 하나씩 따로 읽어줍니다. 번호 앞에 있는 No.나 # 같은 기호는 모두 number라고 읽습니다.

  Room 25 → Room twenty five
  Room No.15 → Room number fifteen
  Room #101 → Room number one zero one / Room number one o one
  Flight 426 → Flight (number) four two six

- 전화번호는 숫자 하나씩 순서대로 읽어줍니다.

  226-1986 → two two six one nine eight six
  555-0215 → five five five zero two one five / five five five o two one five

> 한국의 1577 혹은 1588 번호처럼 외국에서도 여러 기관에서 많이 사용하는 대표번호가 있는데, 그중 한 가지는 1-800으로 시작되는 번호입니다. 이 번호는 숫자 하나씩 그대로 읽어도 되지만, 워낙 널리 쓰이는 대표번호이기 때문에 그 부분만 one eight hundred라고 읽는 경우가 많습니다.
>
> **1-800-123-4567 → one eight zero zero one two three four five six seven**
> **one eight hundred one two three four five six seven**

④ 사람 읽기

시험에 자주 출제되는 일정표와 관련하여 어떠한 행사나 강연의 진행자, 연설자, 강연자 등 사람에 대한 정보를 물어보는 문제들도 많이 출제됩니다. 그 사람이 누구인지에 따라 사용할 수 있는 표현들이 다양하므로, 다음 표현들을 암기하고 예문들을 보며 답변 패턴을 익혀두도록 합시다.

❶ 행사, 수업 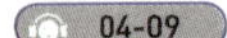 04-09

- **be led by~** ~에 의해 이끌어지다, 안내되다

  ex The session will **be led by** Professor Maggie.
  그 수업은 Maggie 교수님에 의해서 이끌어질 것입니다.

- **be conducted by~** ~에 의해 지휘되다

  ex The seminar will **be conducted by** Robert Marvin in the technology department.
  세미나는 기술부의 Robert Marvin에 의해 지휘될 것입니다.

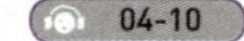

❷ 강연, 연설 `04-10`

- **be made by~** (연설 등이) ~에 의해 이루어지다

  ex The speech will **be made by** Ms. Lee from the New Jersey branch.
  그 연설은 뉴저지 지점의 Ms. Lee에 의해 이루어질 것입니다.

- **be given by~** (연설 등이) ~에 의해 이루어지다

  ex The presentation on Ancient Rome will **be given by** Bob Slater.
  고대 로마에 대한 발표는 Bob Slater 씨에 의해서 이루어질 것입니다.

- **be delivered by~** (연설 등이) ~에 의해 이루어지다, 전달되다

  ex The speech on our insurance policy will **be delivered by** Mr. Wallace from the legal department.
  우리 보험 정책에 관한 연설은 법무부서의 Mr. Wallace에 의해 이루어질 것입니다.

- **be presented by~** (강연 등이) ~에 의해 발표되다, 소개되다

  ex The lecture will **be presented by** Mary Garner, an environmental researcher from Salt Lake University.
  그 강연은 Salt Lake 대학의 환경 연구가인 Mary Garner에 의해 이루어질 것입니다.

03 표 유형별 빈출 표현

Part 4에 주로 출제되는 도표의 유형은 크게 일정표와 예약표로 분류됩니다. 각 유형 내에서도 다양한 주제로 표가 나올 수 있으므로, 표의 유형별로 시험에 자주 출제되었던 빈출 표현들을 정리해보도록 합시다.

① 일정 (Schedule) 04-11

일정표는 여행 · 교통 관련 스케줄, 강의 · 강연 · 행사 등의 일정, 공연 · 영화 · 문화생활과 관련된 일정, 업무 · 회의 · 면접과 관련된 일정 등 다양한 내용들로 출제됩니다.

여행/교통 스케줄

+ itinerary 여행 일정표

You can pick up your **itinerary** at the center's registration desk.
귀하의 여행 일정표는 센터의 등록처에서 찾아가실 수 있습니다.

+ airfare 항공요금

The total **airfare** for the package tour is 425 dollars.
이 패키지여행의 총 항공요금은 425달러입니다.

+ depart (=leave) 출발하다, 떠나다

The train for San Francisco is scheduled to **depart** at 4 P.M. on July 17th.
샌프란시스코로 가는 기차는 7월 17일 오후 4시에 출발할 예정입니다.

+ departure 출발, 떠남

You must check in at least an hour before the **departure** time.
출발시간 최소 한 시간 전에 체크인하셔야 합니다.

+ destination 목적지

The **destination** for flight 192 is New Orleans.
192 항공편의 목적지는 뉴올리언스입니다.

+ **direct flight** 직항 항공편

You have to pay an additional fee of 50 dollars in order to change to a **direct flight**.
직항 항공편으로 변경하시려면 50달러의 추가 요금을 지불하셔야 합니다.

+ **non-stop** 직행의, 무착륙의

I'm sorry, but there are no **non-stop** flights available on Friday.
죄송하지만, 금요일에는 직행 항공편이 없습니다.

+ **connecting flight** 연결 항공편

There are three different **connecting flights** you can take on February 9th.
2월 9일에 타실 수 있는 연결 항공편은 세 가지가 있습니다.

+ **stopover (=layover)** 머무름, 경유

The **stopover** in Detroit will be for 5 hours.
디트로이트에서의 경유는 5시간입니다.

+ **one-way** 편도의 (↔ **round-trip** 왕복의)

The Limousine is $15 for a **one-way** ticket, and $25 for a round-trip ticket.
리무진 버스의 편도표는 15달러이고, 왕복표는 25달러입니다.

+ **return ticket** 왕복표

Return tickets are likely to sell out quickly, so we recommend you book the travel at least a week before departure.
왕복표들은 빨리 매진되기가 쉬우니, 출발 최소 일주일 전에 예약하시기를 추천합니다.

+ **postpone (=delay/put off/push back)** 미루다, 연기하다

The arrival time can be **postponed** due to weather conditions.
날씨 상황 때문에 도착 시간은 연기될 수 있습니다.

+ 비행기 좌석등급 종류

first class 1등석 / **business class** 비즈니스석 / **economy class** 일반석, 이코노미석

We have 5 seats in **economy class** and 3 seats in **business** on May 5th.
5월 5일에 일반석에는 5자리, 그리고 비즈니스에는 3자리 있습니다.

+ **extend one's stay** 머무는 기간을 연장하다

If you wish to **extend your stay**, please contact our reservation office at 555-7215.
머무는 기간을 연장하고 싶으시면, 저희 예약 사무실 555-7215번으로 연락 주십시오.

+ **passport** 여권

You must send us a copy of your identification such as a **passport** or a driver's license.
여권이나 운전면허증 같은 신분증 사본을 저희에게 보내주셔야 합니다.

+ **valid** 유효한

I'm sorry, but the discount coupons were **valid** until June 6th, so you cannot use them.
죄송하지만, 할인 쿠폰들은 6월 6일까지 유효했기 때문에 사용하실 수 없습니다.

+ **on (one's) arrival** (~가) 도착하는 즉시, 도착하자마자

A shuttle bus will pick you up in front of the airport **on your arrival**.
도착하시는 즉시 셔틀버스가 공항 앞으로 귀하를 태우러 갈 것입니다.

+ **condition** 상태, 상황

The scheduled departure times are 5 P.M., 6:30 P.M. and 8 P.M., but they may vary according to weather **conditions**.
예정된 출발 시간은 오후 5시, 6시 반, 그리고 8시지만, 날씨 상태에 따라 달라질 수 있습니다.

+ **conditions and restrictions** 조건과 제약

You can read about our **conditions and restrictions** on the last page of your travel itinerary.
여행 일정표의 마지막 페이지에서 우리의 조건과 제약 사항들에 대해 읽어보실 수 있습니다.

+ **tour** 투어, 관광

The **tour** of the Sri Mariamman Temple will last for 3 hours.
Sri Mariamman 사원의 투어는 3시간 소요될 것입니다.

+ **travel agency** 여행사

For a printed itinerary, please visit the **travel agency**'s web site at www.violettour.com.
출력된 여행 일정표를 원하시면, 여행사 웹사이트 www.violettour.com을 방문해 주십시오.

+ **souvenir (=gift)** 기념품

You will have a chance to buy **souvenirs** at the end of the tour.
투어의 마지막에 기념품을 살 기회가 있을 것입니다.

+ **package** 패키지, 일괄 프로그램

Lunch and dinner is inclusive in the **package** tour.
패키지 투어에 점심과 저녁 식사가 포함되어 있습니다.

+ **visit to~** ～로의 방문

The **visit to** the museum is scheduled for 4:30 P.M.
박물관으로의 방문은 오후 4시 30분으로 예정되어 있습니다.

+ **visitor** 방문객

Visitors must come back to the bus by 7 P.M. in order to return to the tourist center.
방문객들은 관광객 센터로 돌아가기 위해 오후 7시까지 버스로 돌아와야 합니다.

+ **pick up** ～를 (차에) 태우러 가다, 데리러 가다

If you just stay at your hotel, a tour bus will **pick** you **up**.
호텔에 그냥 계시면, 투어 버스가 여러분을 모시러 갈 것입니다.

+ **entrance fee** 입장료

The **entrance fee** is 15 dollars for adults, and 8 dollars for seniors and children.
입장료는 성인은 15달러, 노인과 아이들은 8달러입니다.

+ **be included** 포함되어 있다

A buffet lunch and dinner cruise **are included** in the schedule.
뷔페 점심과 저녁 크루즈가 일정에 포함되어 있습니다.

강의/강연/행사 스케줄

+ **attend (=participate in)** ～에 참가하다

You can only **attend** one kind of event for each session.
각 세션 별로 한 가지 행사에만 참가할 수 있습니다.

+ **conference** 회의, 학회

The **conference** will take place in the banquet hall of HKS Headquarters.
회의는 HKS 본사의 연회장에서 열릴 것입니다.

+ **speech** 연설

There will be a **speech** on marketing strategies by Professor Lewis at 11 A.M.
오전 11시에 Lewis 교수님의 마케팅 전략에 대한 연설이 있을 것입니다.

+ **give a presentation** 발표를 하다

Marie Ling, the Human Resources director at Richmond Industries will **give a presentation** after lunch.
Richmond Industries의 인사부 이사인 Marie Ling이 점심 후에 발표를 할 것입니다.

+ **convention center** 회의장, 컨벤션 센터

The employee workshop will be held at the **convention center** located on 129 Bluewing Avenue, in Memphis, Tennessee.
직원 워크숍은 Tennessee 주, Memphis 시의 129 Bluewing Avenue에 있는 컨벤션 센터에서 열릴 것입니다.

+ **annual** 연간의, 연례의

This **annual** family picnic is hosted by the PTA of Bryant Elementary School.
이 연간 가족 피크닉은 Bryant 초등학교의 학부모 연합회에 의해 진행됩니다.

+ **award ceremony** 시상식

The **award ceremony** is sponsored by the Local Writer's Association.
이 시상식은 지역 작가 협회에 의해 후원됩니다.

+ **banquet** 연회, 만찬

A **banquet** will be held in the main dining hall right after the speech made by the company president.
회장님의 연설 직후에 메인 식당에서 연회가 열릴 것입니다.

+ opening 서두의, 첫 (↔ **closing** 마무리의, 마무리 짓는)

The **opening** remarks will be made by the mayor of New York City.
개회사는 뉴욕시의 시장에 의해 이루어질 것입니다.

+ reception 환영회, 리셉션

The **reception** will be held from 7 P.M. to 10 P.M. on Friday, May 18th.
환영회는 5월 18일 금요일 오후 7시부터 10시까지 개최될 것입니다.

+ training session 교육(과정)

There are three different **training sessions** you can attend on June 7th.
6월 7일에는 참석하실 수 있는 교육이 3가지가 있습니다.

+ group discussion 집단 토론

Following the presentation, there will be a **group discussion** on market trends.
발표 다음에, 시장 경향에 대한 집단 토론이 있을 것입니다.

+ guest speaker 초청 연설자

The **guest speaker** is Mr. James Harrington from the environmental science department of Harvard University.
초청 연사는 하버드 대학의 환경과학부에서 오신 Mr. James Harrington입니다.

+ keynote speaker 기조 연설자

You will have an opportunity to ask the **keynote speaker** questions at 3:30 P.M., right after the group discussion.
집단 토론 직후 세 시 반에 기조 연설자에게 질문을 할 기회가 있을 것입니다.

+ introduce 소개하다

The new product and the manual will be **introduced** during the demonstration at the workshop.
워크숍의 시연회에서 새 제품과 매뉴얼이 소개될 것입니다.

+ ask questions 질문을 하다

You can **ask questions** about Mr. Knight's new book at the reception party after the presentation.
발표 다음에 있을 리셉션 파티에서 Mr. Knight의 새 책에 대해 질문하실 수 있습니다.

+ **association** 협회

All snacks and beverages will be prepared by the **association**, so you do not need to bring anything.

모든 스낵과 음료들은 협회 측에서 준비할 것이므로, 아무것도 가져오실 필요가 없습니다.

+ **application form** 신청서, 지원서

In order to attend, you must submit the **application form** to the registration office at least a week before the seminar.

참가하기 위해서는, 세미나 최소 일주일 전에 등록처로 신청서를 제출하셔야 합니다.

+ **member** 회원 (↔ **non-member** 비회원)

Attendance fee is 20 dollars for **members** and 30 dollars for non-members.

참가비는 회원들에게는 20달러, 비회원들에게는 30달러입니다.

+ **planning committee** 기획 위원회

Please contact the **planning committee** for more information regarding the family picnic.

가족 피크닉과 관련된 추가 정보를 위해서는 기획 위원회에게 연락해 주십시오.

+ **sign up for (=register for)** ~를 신청하다, ~에 등록하다

You can **sign up for** the language course only if you are an annual member of our library.

귀하가 저희 도서관의 연간 회원이셔야만 언어 수업을 신청하실 수 있습니다.

+ **registration** 등록, 참가

Registration deadline for the winter classes is November 10th.

겨울 수업들의 등록 마감일은 11월 10일입니다.

+ **enrollment** 등록

Enrollment for each session is limited to 10 people, and it should be done by March 5th.

각 세션의 등록은 10명으로 제한되어 있고, 3월 5일까지 하셔야 합니다.

+ **tuition** 수업료

Payment of **tuition** and fees must be completed by 3 o'clock this Friday.
수업료와 비용들의 지불은 이번 주 금요일 3시까지 완료되어야 합니다.

+ **instructor** 강사, 강연자

The **instructor** for the pottery class is Mary Hitchens from Cal State University.
도자기 수업의 강사는 Cal State 대학의 Mary Hitchens입니다.

+ **class schedule** 수업 일정

The **class schedule** will be posted on the bulletin board at the community center.
수업 일정은 커뮤니티 센터의 게시판에 게시될 것입니다.

+ 레벨별 수업 종류

· **introduction to~** ~(과목)의 소개

The '**Introduction to** Painting' class will be held every Tuesday from 7:30 P.M.
'페인팅의 소개' 강좌는 매주 화요일 오후 7시 30분부터 있을 것입니다.

· **beginner** 초급자, 초보자

The lecture on "Programming for **Beginners**" will be held in the auditorium.
"초보자들을 위한 프로그래밍"에 관한 강연은 강당에서 열릴 것입니다.

· **intermediate** 중급의

On Mondays at 3 P.M. and 5 P.M., there is the '**Intermediate** Yoga Class' which is led by Ms. Flanderson.
월요일 오후 3시와 5시에, Ms. Flanderson이 이끄는 '중급 요가 클래스'가 있습니다.

· **advanced** 고급의

We offer three kinds of classes for children; Introduction to Swimming, Intermediate Swimming Class, and **Advanced** Swimming Class.
어린이들을 위한 수업은 세 가지; 수영의 소개, 중급 수영 수업, 그리고 고급 수영 수업이 있습니다.

+ including materials 재료(비)를 포함하여

The fee is 150 dollars per class **including materials**.
비용은 재료비를 포함하여 수업 당 150달러입니다.

+ feature ~을 특색, 특징으로 하다, 갖추다

The 2014 Seattle Car Expo will **feature** a variety of automobiles from JK Motors, Wisedom Corporation, and Sung Woo Motors.
2014년 시애틀 자동차 엑스포는 JK Motors, Wisedom Corporation, 그리고 Sung Woo Motors의 다양한 자동차들을 선보일 것입니다.

+ complimentary (=free) 무료의, 우대의

Complimentary snacks and beverages will be provided during the coffee break.
무료 간식과 음료수가 휴식 시간에 제공될 것입니다.

+ refreshment 다과

The association will provide some **refreshments** for all participants after the workshop.
워크숍 후에 모든 참가자들을 위해 협회에서 다과를 제공해줄 것입니다.

+ fundraising 자금조달, 모금

The **fundraising** party will be held at team leader Robert Marlin's house from 5 P.M. on Thursday, May 16th.
모금 파티는 5월 16일 목요일 5시부터 팀장, Robert Marlin의 집에서 열릴 것입니다.

+ be provided 제공되다

Accommodation for the guests will **be provided** by the event organizers.
손님들을 위한 숙박은 행사 주최 측에 의해 제공될 것입니다.

+ be followed by~ ~가 이어지다

The speech will **be followed by** a special dance performance by a local dance group.
연설 후에 지역 댄스 그룹의 특별 댄스 공연이 이어질 것입니다.

+ **fairground** 박람회장

You have to come to the information center of the Napa County **Fairground** by 3 o'clock.
3시까지 Napa County 박람회장의 안내 센터로 오셔야 합니다.

+ **venue** (콘서트, 스포츠, 회담 등의) 장소, 개최지

You can find more information about the **venue** at our web site at www.isindustry.com.
저희 웹사이트 www.isindustry.com에서 개최 장소에 대한 더 많은 정보를 찾으실 수 있을 것입니다.

공연/영화/문화생활 스케줄  04-20

+ **general admission** 일반(석) 입장료

The **general admission** to the performance is 65 dollars, and it includes a visit to the museum.
공연의 일반석 입장료는 65달러이고, 박물관 방문을 포함합니다.

+ **screening** 상영

I-max **screening** of the film "Blue Nights" will be at 2:30 P.M., 5:15 P.M., and 9:00 P.M.
영화 "Blue Nights"의 아이맥스관 상영은 오후 2시 반, 5시 15분, 그리고 9시에 있을 것입니다.

+ **release** 개봉하다, 출시하다

The movie "Sunrise" will be **released** on Friday, September 14th.
영화 "Sunrise"는 9월 14일, 금요일에 개봉할 것입니다.

+ **latest release** 최신 발매(발표물, 영화)

Patricia Lennon will perform songs from her **latest release**, 'Long Journey.'
Patricia Lennon은 최신 발매 음반 'Long Journey'에 담긴 곡들을 연주할 것입니다.

+ **seating** 좌석, 입장

Seating arrangements will be made at our ticket office, so please arrive at the theater by 5 o'clock at the latest.
좌석 배치는 저희 티켓 오피스에서 이루어질 것이므로, 늦어도 5시까지 극장에 도착하여 주십시오.

+ **show** 쇼, 공연

I'm sorry, but the 7 o'clock **show** is sold out.
죄송하지만, 7시 공연은 매진되었습니다.

+ **get a discount of ~%** ~%의 할인을 받다

You can **get a discount of 15%** on the morning movies.
오전 영화들에는 15% 할인을 받으실 수 있습니다.

+ **be discounted by ~%** ~% 할인되다

Children and seniors' swimming classes **are discounted by 30%**.
어린이들과 연장자들의 수영 수업들은 30% 할인됩니다.

+ **adult** 성인, 어른

Admission is 45 dollars for general **adults**, and 35 dollars for theater members.
입장료는 일반 성인들은 45달러이고, 극장 멤버들은 35달러입니다.

+ **children** 어린이들

We have 3 different programs scheduled for **children**.
어린이들을 위한 프로그램은 3가지가 있습니다.

+ **senior** 연장자, 노인

I'm afraid there are no discounts for **senior** classes.
유감스럽지만 연장자 수업에는 할인이 없습니다.

+ **front-row** 앞줄, 앞 열

Front-row seats are usually reserved for the performers' families and friends.
앞줄 좌석들은 주로 연기자들의 가족들과 친구들을 위해 예약되어 있습니다.

+ **director** (영화)감독

The **director** of the movie "Kitchen War" is Michael Beasely.
영화 "Kitchen War"의 감독은 Michael Beasely입니다.

+ **film-maker** 영화제작자

At 1:30, noted **film-maker** Steven Jones will make a speech about 'The Industry of Independent Movies' in the Violet Hall.

1시 30분에, 저명한 영화제작자인 Steven Jones 씨가 Violet Hall에서 '독립영화의 산업'에 대한 연설을 하실 것입니다.

+ **actor / actress** 배우 / 여배우

All the main **actors** and **actresses** of the movie will attend the question and answer session after the preview.

모든 주연 배우들과 여배우들이 시사회 후의 질의응답 세션에 참석할 것입니다.

+ **genre** 장르

On February 5th, you can choose from three different **genres** of films.

2월 5일에는, 세 가지 다른 장르의 영화들 중에서 고르실 수 있습니다.

+ 장르 종류

action 액션 / **romance** 로맨스 / **comedy** 코미디 / **adventure** 모험, 어드벤처
horror 공포 / **documentary** 다큐멘터리

There are two **comedy** films, one **adventure** movie, and three **documentaries**.

두 편의 코미디 영화, 한 편의 모험 영화, 그리고 세 편의 다큐멘터리가 있습니다.

+ **appear** 출연하다, 등장하다

Tommy Lee Bones will **appear** in the movie as Hamlet.

Tommy Lee Bones가 영화에 햄릿으로 출연합니다.

+ **intermission** (공연 중의) 휴식시간, 인터미션

There will be a 20-minute **intermission** between act one and two, and a 10-minute intermission between act two and three.

1막과 2막 사이에 20분짜리 휴식시간이 있고, 2막과 3막 사이에는 10분짜리 휴식시간이 있을 것입니다.

+ **break** 휴식, 쉬는 시간

There is a short **break** after the show, and the director will talk about the settings of the play.

공연 후에 짧은 휴식 시간이 있고, 감독님이 연극의 배경에 대해서 얘기하실 것입니다.

+ be limited 제한되다

Seating **is limited** to fifty people for each performance.
각 공연마다 좌석은 50명으로 제한되어 있습니다.

+ agenda 회의 안건, 예정표

You can pick up the **agenda** of the meeting at the front lobby.
프런트 로비에서 회의 예정표를 찾아가실 수 있습니다.

+ meeting room 회의실

The conference will be held in the **meeting room** from 11 A.M.
회담은 오전 11시부터 회의실에서 열릴 것입니다.

+ board room 이사회실, 회의실

The **board room** is being renovated, so the interview will take place in the main conference hall.
이사회실이 수리 중이라, 인터뷰는 메인 회의장에서 열릴 것입니다.

+ minutes 회의록

Mr. Robinson's secretary will be taking **minutes** at the annual budget meeting.
Mr. Robinson의 비서가 연간 예산 회의에서 회의록을 작성할 것입니다.

+ speak on+주제 / 내용 ～에 대해 이야기하다, 연설하다

After lunch, Miranda will **speak on the downside of international marketing**.
점심 식사 후에, Miranda는 국제 마케팅의 단점에 대해 얘기할 것입니다.

+ reschedule 변경하다, 재조정하다

The meeting times have been **rescheduled** due to the president's plans.
회장님의 계획 때문에 회의 시간들이 변경되었습니다.

+ prior to~ ~에 앞서, 먼저

You must submit your progress report to the Human Resources Department 5 days **prior to** the performance review session.
업무평가 5일 전에 진행상황 보고서를 인사부로 제출하셔야 합니다.

+ budget planning 예산계획, 예산편성

Nancy Reed from the financial department will talk about effective **budget planning**.
재정부의 Nancy Reed가 효과적인 예산편성에 대해 얘기해줄 것입니다.

+ details 세부사항

The director will give more **details** about the project at the presentation.
이사님이 발표회에서 그 프로젝트에 대한 세부사항들을 더 얘기해주실 것입니다.

+ chairperson 의장

The **chairperson** will make a closing speech at the end of the convention.
의장님께서 컨벤션 마지막에 폐회 연설을 하실 것입니다.

+ board 이사회, 위원회

That's right, all members of the **board** will be attending the interview.
맞습니다. 모든 이사회 구성원들이 인터뷰에 참석할 것입니다.

+ be present 참석하다

You must contact the organizing committee at extension 65, and let them know if you are going to **be present** at the event.
내선번호 65번으로 조직위원회에게 연락하셔서, 행사에 참석하실지 알려주셔야 합니다.

+ evaluation 평가

Employee performance **evaluation** will be conducted on Monday, June 12th,
직원 직무능력 평가는 6월 12일 월요일에 실시될 것입니다.

+ feedback 피드백

There will be a group **feedback** session at 3 P.M., right after the production demonstration.
제품 설명회 바로 다음 오후 3시에 그룹 피드백이 있을 것입니다.

+ promotion 승진, 진급 / 홍보, 판촉

Mr. Johnson's **promotion** is scheduled to be announced at the meeting next Thursday.
Mr. Johnson의 승진은 다음 주 목요일 회의에서 발표될 예정입니다.

We will be discussing sales and **promotion** at the workshop, so please think of some ideas before you come.
워크숍에서 판매와 홍보에 대해 얘기할 것이므로, 오기 전에 아이디어들을 생각해놓으십시오.

+ franchise 프랜차이즈, 가맹점 영업권

The discussion on '**Franchise** Packages' will be held in the employee lounge at 2:15.
'프랜차이즈 패키지'에 관한 토론은 2시 15분에 직원 라운지에서 열릴 것입니다.

+ strategy 전략

The president will be presenting some new marketing **strategies** for the upcoming quarter.
사장님은 다가오는 분기를 위한 새로운 마케팅 전략들을 발표해주실 것입니다.

+ confidential 기밀의, 비밀의

I'm sorry, but the documents for the meeting are **confidential**, so you can not make copies of them.
죄송하지만, 회의를 위한 서류들은 기밀이므로 복사를 하실 수 없습니다.

+ coffee break (커피를 마시는) 휴식시간

The employee training will run all day, including a one-hour lunch break, and two ten-minute **coffee breaks** in the morning and in the afternoon.
직원 교육은 1시간의 점심시간, 그리고 오전과 오후에 두 번의 10분짜리 커피 휴식시간을 포함하여 하루 종일 진행됩니다.

+ in recess 휴회 중인, 휴식 중인

The meeting will be **in recess** during the recruiting season.
직원 채용 시즌 중에는 회의가 휴회 중일 것입니다.

+ upcoming 다가오는, 곧 있을

The **upcoming** annual conference will be held in the dining hall of the Bloomdale Hotel on Saturday, May 7th.
다가오는 연례 회의는 5월 7일 화요일, Bloomdale 호텔의 다이닝 홀에서 열릴 것입니다.

+ **interview session** 인터뷰, 인터뷰 기간

The **interview session** for new interns will take place from 10 A.M. to 3 P.M. on Monday.
새로운 인턴들을 위한 인터뷰는 월요일 오전 10시부터 오후 3시까지 열릴 것입니다.

+ **application** 지원, 지원서

You must submit your **application** by fax to our personnel department by this Wednesday.
이번 주 수요일까지 저희 인사부로 지원서를 팩스로 제출하셔야 합니다.

+ **apply for** ~에 지원하다

Currently there are three jobs you can **apply for**.
현재 지원하실 수 있는 일자리는 세 가지가 있습니다.

+ **Human Resources department / personnel department** 인사부

The **Human Resources department** is located on the third floor of the SND Building.
인사부는 SND 빌딩의 3층에 위치해 있습니다.

+ **position** (일)자리, 직위

There is only one open **position** in the marketing department.
마케팅 부서에는 비어있는 자리가 하나밖에 없습니다.

+ **group interview** 그룹 면접

We will pick five applicants through the **group interview** in the morning, and after lunch, there will be individual interviews.
오전에 그룹 면접을 통해 다섯 명의 지원자들을 뽑고, 점심 식사 후에는 개별 면접이 있을 것입니다.

+ **orientation** 오리엔테이션

The **orientation** for the new employees will be followed by the CEO's welcome speech.
신입 직원들을 위한 오리엔테이션 후에 최고경영자의 환영 연설이 있을 것입니다.

+ **fill out (=fill in)** 작성하다, 기입하다

You can **fill out** the necessary documents once you arrive at the office.
사무실에 도착하시는 대로 필요한 서류들을 작성하실 수 있습니다.

+ in advance 미리, 이전에

If you need to reschedule your interview, please contact Ms. Watson in the Personnel Department at least three days **in advance**.

인터뷰 일정을 변경해야 한다면, 인사부의 Ms. Watson에게 적어도 3일 전에는 연락해 주십시오.

② 예약 (Reservation)

예약표로는 호텔이나 식당의 예약, 다양한 시설이나 장비를 이용하기 위한 예약, 그리고 여러 가지 지원자 모집과 관련된 예약표 등이 주로 출제됩니다.

호텔/식당 예약    04-27

+ vacancy 빈방, 빈자리, 공석

I'm afraid there are no **vacancies** on Sunday, August 20th.

유감스럽게도 8월 20일 일요일에는 빈방이 없습니다.

+ availability 이용(가능성)

Ticket **availability** is limited during the holiday season, so we recommend you make a reservation as soon as possible.

연휴 시즌에는 티켓이 제한되어 있기 때문에, 최대한 빨리 예약하실 것을 추천합니다.

+ accommodation 숙박, 숙박시설

All prices include round-trip flights and **accommodation**.

모든 가격들은 왕복 항공편과 숙박을 포함합니다.

+ booking 예약

You must pay a cancellation fee of 30 dollars if you cancel the **booking**.

예약을 취소하면 30달러의 취소 수수료를 지불하셔야 합니다.

+ check-in 체크인, 투숙(탑승) 수속 **/ check in** 체크인 하다, 투숙(탑승) 수속을 밟다

check-out 체크아웃 **/ check out** 체크아웃하다, (호텔에서) 나가다

Check-in is from 11 A.M., and you must **check out** by 2 P.M. the following day.

체크인은 오전 11시부터이고, 다음 날 오후 2시까지 체크아웃하셔야 합니다.

+ **guest** 손님, 투숙객

A continental buffet breakfast will be provided for all hotel **guests**.
유럽식 뷔페 아침 식사가 모든 호텔 손님들을 위해 제공될 것입니다.

+ **room service** 룸서비스

During this weekend we are offering a discount for all **room service**
이번 주말 동안 저희는 모든 룸서비스에 할인을 제공합니다.

+ **concierge** (호텔의) 안내원

Our **concierge** will take care of your luggage if you need to leave them at the hotel before checking in.
체크인하시기 전에 호텔에 짐을 맡겨두어야 한다면 저희 안내원이 처리해줄 것입니다.

+ **basis** 기준, 단위

Prices for all our rooms are set on a daily **basis**.
저희 모든 객실들의 가격은 하루 단위로 책정되어 있습니다.

+ **the following day (=next day)** 다음 날

All extra charges must be paid **the following day** before check-out.
모든 추가 비용들은 다음 날 체크아웃 전에 지불하셔야 합니다.

+ **shuttle service** 셔틀(버스) 서비스

We provide free **shuttle service** from the airport for all guests.
저희는 모든 손님들을 위하여 공항에서 무료 셔틀 서비스를 제공합니다.

+ 객실 종류

standard room 일반실 / **superior room** 수피리어 룸, 고급실 (디럭스보다는 한 단계 낮음)

deluxe room 디럭스 룸, 특실 / **suite room** 스위트룸 (거실이 포함된 객실)

On July 20th, we have three **standard rooms** and one **deluxe**.
7월 20일에는, 일반실 세 개와 디럭스 룸 하나가 있습니다.

Our **superior rooms** are 425 dollars per night, and **suite rooms** are 450 dollars per night.
저희 수피리어 룸은 하룻밤에 425달러이고, 스위트룸은 450달러입니다.

+ package 패키지

If you make a reservation this month, you can get a discount on our weekend **packages**.
이번 달 중에 예약을 하시면, 저희 주말 패키지 상품에 할인을 받으실 수 있습니다.

+ per night 하룻밤에, 1박에

All our rooms are priced on a **per night** basis.
저희 모든 객실들은 하룻밤 단위로 값이 매겨져 있습니다.

+ include 포함하다

The package **includes** two nights at M Hotel, three breakfasts and two dinners, and a free shuttle service to the airport.
이 패키지는 M 호텔에서의 2박, 아침 식사 3번과 저녁 식사 2번, 그리고 공항으로의 무료 셔틀 서비스를 포함합니다.

+ exclusive rate 특별 가격, 할인가

This week only, we are offering **exclusive rates** for suite rooms to celebrate our hotel's 15th anniversary.
저희 호텔의 15주년을 기념하기 위하여, 이번 주만 스위트룸을 특별가에 제공하고 있습니다.

+ be eligible for ~의 자격이 있다

GND Club members **are eligible for** a 20% discount at any of Marlin's Steakhouse branches.
GND 클럽 멤버들은 모든 Marlin's Steakhouse 지점에서 20% 할인을 받을 수 있습니다.

+ provide 제공하다

I'm sorry, but wine and desserts are only **provided** for course B.
죄송하지만, 와인과 디저트는 B 코스에만 제공됩니다.

+ refreshment 다과

In the guest lounge, you can watch movies, read books or magazines, or enjoy various **refreshments**.
게스트 라운지에서는 영화를 보거나, 책이나 잡지책을 읽거나, 다양한 다과를 즐기실 수 있습니다.

┼ **house special** 식당 특별메뉴

Our **house special** for Saturday, May 14th is grilled lamb chop with gravy sauce and mashed potatoes.

5월 14일 토요일, 저희 식당의 특별 메뉴는 그레이비 소스와 매쉬 포테이토가 곁들여진 구운 양고기 요리입니다.

┼ **appetizer** 애피타이저, 전채요리

You can choose from three different **appetizers**; egg salad, tomato salad, or potato soup.

세 가지의 다른 애피타이저들; 에그 샐러드, 토마토 샐러드, 또는 감자 스프 중에 고르실 수 있습니다.

┼ **entree** 앙트레, 주 요리

Each **entree** comes with a choice of one side dish and a beverage.

모든 주 요리는 하나의 사이드 요리와 음료가 함께 제공됩니다.

┼ **main course** 메인 코스, 주 요리

The **main course** that night will be scallops with butter sauce and veal cutlet.

그날 밤의 메인 코스는 버터 소스를 곁들인 가리비와 송아지고기 커틀릿입니다.

┼ **side dish** 사이드 디쉬, 곁들임 요리

All courses include an appetizer, entree, two **side dishes**, and a glass of house wine.

모든 코스들에는 애피타이저, 앙트레, 두 가지의 사이드 디쉬, 그리고 하우스 와인 한 잔이 포함되어 있습니다.

┼ **dessert** 디저트, 후식

Dessert will be made by Jacque Monica, a famous patissier from White Hotel in Paris.

디저트는 파리에 있는 White Hotel의 유명한 파티시에인 Jacque Monica에 의해 만들어질 것입니다.

┼ **vegetarian** 채식주의자

We also have two courses for **vegetarians**.

채식주의자를 위한 코스 요리도 두 가지가 있습니다.

┼ **dining room** 식당, 다이닝 룸

You can reserve our main **dining room** for dinner on Tuesday, Wednesday, and Friday next week.

다음 주 화요일, 수요일, 그리고 금요일 저녁 식사 때 저희 메인 다이닝 룸을 예약하실 수 있습니다.

+ **large group** 단체

You can get an additional 5% discount if you make a reservation for **large groups** of 10 or more.

10명 또는 그 이상의 단체 예약을 하시면 5% 할인을 추가적으로 받으실 수 있습니다.

+ **parties of+숫자** ~명의 단체

For **parties of 5** or more, we offer our special dining room with the view of the sea.

5명 또는 그 이상의 단체들에게는, 바다가 보이는 특별 다이닝 룸을 제공해드립니다.

+ **catering service** 출장연회 서비스

If you need any changes in menus or locations, please contact our **catering service** manager at 555-0005.

메뉴나 위치의 변경이 필요하시면, 555-0005로 저희 출장연회 서비스 매니저에게 연락하십시오.

+ **membership card** 멤버십 카드, 회원증

You can apply for our **membership card** when you come to the restaurant on Friday, and immediately get a 20% discount on your total bill.

금요일에 식당으로 오시면 저희 멤버십 카드를 신청하실 수 있고, 즉시 계산서의 20% 할인을 받으실 수 있습니다.

시설/장비 이용 04-32

+ **rent** 빌리다, 임대하다 / 임대료, 임차료

On September 30th, you can **rent** a four-person yacht, a three-person sailboat, or a two-person rowing boat.

9월 30일에는, 4인용 요트, 3인용 돛단배, 또는 2인용 노 젓는 배를 빌리실 수 있습니다.

I'm afraid we accept **rent** through check and cash only.

유감스럽게도 저희는 임대료를 수표와 현금으로만 받습니다.

+ **rental fee** 대여료, 임대료

You have to pay the total **rental fee** before using the recreation hall.

레크리에이션홀을 사용하시기 전에 대여료를 전액 지불하셔야 합니다.

+ facility 시설, 기관

Yes, we have various sports **facilities** such as a swimming pool, a soccer field, and a tennis court.
네, 저희는 수영장, 축구장, 그리고 테니스 코트 등 다양한 스포츠 시설들을 갖추고 있습니다.

+ charge 요금을 청구하다 / 요금

We **charge** a penalty of 50 dollars an hour if you return the vehicle late.
차량을 늦게 반납하시면 시간당 50달러의 벌금을 부과합니다.

There will be an additional **charge** if you wish to ride the boat with our crew.
저희 직원들과 함께 배를 타고 싶으시면 추가 요금이 있습니다.

+ ~hour period ~시간 기준

All prices are for a **12-hour period** and include temporary insurance.
모든 가격들은 12시간 기준이며 임시 보험을 포함합니다.

+ available 이용 가능한, 구입 가능한

Three kinds of motorcycles are **available** from October 7th to 11th.
10월 7일부터 11일까지는 세 가지의 오토바이들이 이용 가능합니다.

+ for free 무료로, 공짜로

We take pictures of you riding banana boats at our lake **for free**.
저희 호수에서 바나나 보트 타는 모습의 사진을 무료로 찍어드립니다.

+ free of charge 무료로

A shower room inside our rental center is available **free of charge** to all customers.
저희 렌탈 센터 내에 있는 샤워실은 모든 고객들에게 무료로 제공됩니다.

+ at no cost 무료로

You can extend your rental period **at no cost** by filling in an application at our web site.
저희 웹사이트에서 신청서를 작성함으로써 대여 기간을 무료로 연장할 수 있습니다.

+ brochure 안내책자, 소책자

You can find more information about our reservation schedules in our **brochure**.
저희 안내책자에서 예약 일정에 대한 더 많은 정보를 찾으실 수 있습니다.

+ **additional discount** 추가 할인

You can get an **additional discount** on bike rental if you are a member of the local cycling club.
지역 사이클링 클럽의 회원이시라면 자전거 대여에 추가 할인을 받으실 수 있습니다.

+ **extra charge of~** (금액) ~의 추가 비용

You must pay an **extra charge of** 300 dollars to use the swimming pool.
수영장을 이용하시려면 300달러의 추가 비용을 지불하셔야 합니다.

+ **make one's payment** 지불하다

You can **make your payment** however you want, through on-line or in person.
지불은 온라인이든 직접 와서 하시든, 원하시는 대로 하셔도 됩니다.

+ **check** 수표

Yes, we accept cash, **checks**, credit cards, and all kinds of debit cards.
네, 저희는 현금, 수표, 신용카드, 모든 종류의 현금 카드를 받습니다.

+ **receipt** 영수증

If you need a formal **receipt**, please contact our accounting office at 223-2342.
정식 영수증이 필요하시면, 저희 회계 사무실 223-2342번으로 연락하십시오.

+ **invoice** 송장

We will send you an **invoice** as soon as your reservation and payments are confirmed.
귀하의 예약과 지불이 확인되는 대로 송장을 보내드릴 것입니다.

+ **the cheapest** 가장 저렴한

The cheapest hall available on March 5th is the Violet Hall, which is 450 dollars, and can accommodate up to 30 guests.
3월 5일에 이용 가능한 가장 저렴한 홀은 바이올렛홀이며, 450달러이고 30명의 손님을 들일 수 있습니다.

+ **be occupied** 차지되다, 사용되다

I'm sorry, but the squash court **is occupied** from 2 P.M. to 6 P.M. on Monday.
죄송하지만, 스쿼시 코트는 월요일 오후 2시부터 6시까지 사용하실 수 없습니다.

+ return 반납하다, 돌려주다

Please **return** all the equipment on the following day by noon at the latest.
늦어도 다음 날 정오까지는 모든 장비들을 반납하여 주십시오.

자원자 모집 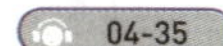 04-35

+ volunteer 자원자

We need two **volunteers** for preparing snacks and beverages, and one volunteer for arranging seats.
스낵과 음료수 준비에 두 명의 자원자가 필요하고, 좌석 배열에 한 명이 필요합니다.

+ volunteer for~ ～에 자원하다, ～에 봉사하다

There are three jobs you can **volunteer for**; setting up the audio system, arranging the stage, or installing the lights.
자원하실 수 있는 일은 오디오 시스템 설치하기, 무대 준비하기, 또는 조명 설치하기 세 가지가 있습니다.

+ help out with~ ～를 돕다

You can **help out with** decorating the lobby before the party begins.
파티가 시작되기 전에 로비 장식을 도우실 수 있습니다.

+ participate in~ ～에 참여하다

If you wish to **participate in** the party planning committee, contact Daniel Peters in the Planning Department.
파티 준비 위원회에 참여하고 싶으시면, 기획부의 Daniel Peters에게 연락하십시오.

+ assist with~ ～를 돕다, 보조하다

I'm sorry, but we already have enough people to **assist with** operating the ticket booth.
죄송하지만, 티켓 부스 운영을 도울 사람들은 이미 충분히 있습니다.

+ set up 설치하다, 준비하다

You can help out with **setting up** the tables and chairs.
테이블과 의자 준비를 도우실 수 있습니다.

+ **preparation** 준비

The food **preparation** committee still needs three more volunteers.
음식 준비 위원회는 아직도 세 명의 지원자가 더 필요합니다.

+ **We need~** 우리는 ~가 필요합니다.

We need one more person to handle job applications.
지원서들을 처리할 사람이 한 명 더 필요합니다.

+ **potluck** 포트럭(각자 음식을 가져와서 나눠먹는 식사)

The employee **potluck** party will be held at John Meyer's house on 129 Grover Street.
직원 포트럭 파티는 129 Grover Street에 있는 John Meyer의 집에서 개최될 것입니다.

+ **end-of-year** 연말

The **end-of-year** celebration will take place this coming Friday in the auditorium, and we will need 15 volunteers to prepare for it.
연말 기념행사는 다가오는 금요일 강당에서 열릴 것이고, 준비하는 데 15명의 자원자가 필요합니다.

+ **celebration** 기념행사, 축하행사

We will be hiring an outside catering company for the annual staff **celebration**.
연례 직원 기념행사를 위해서 외부 연회업체를 고용할 것입니다.

+ **booth** 부스, 점포

Samantha Baily had to quit for personal reasons, so we need an employee to volunteer at the snack **booth**.
Samantha Baily가 개인 사정으로 관둬야 해서, 스낵 부스에서 봉사할 직원이 한 명 필요합니다.

기타 필수 표현 04-37

+ **make a reservation (=book / reserve)** 예약하다

You can **make a reservation** through the Internet or phone.
인터넷이나 전화로 예약을 하실 수 있습니다.

+ choose between A and B A와 B 중에 선택하다

You can **choose between** bringing the main course **and** dessert.
메인코스와 디저트를 가져오는 것 중에 선택하실 수 있습니다.

+ attend A or B A 또는 B에 참석하다

Participants can **attend** the group discussion **or** the sales presentation.
참가자들은 그룹 토론이나 세일즈 발표 중 하나만 참석할 수 있습니다.

+ be scheduled to~ ~하기로 예정되어 있다

The event **is scheduled to** end at 11 P.M., but it may last longer depending on the circumstances.
행사는 밤 11시에 끝나기로 예정되어 있지만, 상황에 따라 더 오래 지속될 수도 있습니다.

+ be supposed to~ ~하기로 되어 있다, ~해야 한다

Guests **are supposed to** bring at least one menu to the dinner party.
저녁 식사 파티에 손님들은 적어도 하나의 메뉴를 가지고 와야 합니다.

+ 영업시간

hours of operation / business hours / operating hours / office hours

The store's **hours of operation** are from 9 A.M. to 5 P.M., Monday through Saturday.
가게의 영업시간은 월요일부터 토요일, 오전 9시부터 오후 5시까지입니다.

Our **business hours** will be extended to 10 P.M. starting next month.
저희 영업시간은 다음 달부터 오후 10시로 연장될 것입니다.

The **operating hours** during the holiday are from 10 A.M. to 4 P.M., and we will be closed on the weekend.
연휴 중의 영업시간은 오전 10시부터 오후 4시까지이며, 주말에는 영업을 안 합니다.

You can find out about our new **office hours** on our web site at www.greypaper.com.
저희 웹 사이트 www.greypaper.com에서 새 영업시간에 대해 알아보실 수 있습니다.

Part 4에는 하나의 표와 세 개의 문제가 출제됩니다. 각 문제별로 자주 출제되는 유형과 질문 패턴들이 있으므로, 다음 표를 보며 출제 가능한 질문과 답변들을 익혀두도록 합시다.

Bascan City Construction Career Fair (May 5-6)
Minnesota State Fairgrounds 1265 Snelling Avenue

• Monday, May 5

TIME	EVENT	FACILITATOR
10:00 A.M.	Opening speech	Mayor Jack Langdon
10:30 A.M.	Introduction to the Construction Industry	Mark Marlon, director of IBC Constructions
12:00 P.M.	Presentation on Top 10 Businesses	Nancy Kelly, Redbrick Industries

• Tuesday, May 6

TIME	EVENT	LOCATION
11:30 A.M.	Luncheon event	Dining Hall
1:00 P.M.	Presentation on Interview Strategies	Exhibition Hall A
3:00 P.M.	Individual Counseling*	Exhibition Hall B

* Included with a two-day ticket / 13 dollars for other guests

Admission: 15 dollars for a one-day ticket, 40 dollars for a two-day ticket
Registration must be made in person at local community centers.

Bascan City 건축 취업 박람회 (5월 5일~6일)
Minnesota주 박람회장. 1265 Snelling Avenue

• 월요일, 5월 5일

시간	행사	진행자
오전 10:00	개회사	시장 Jack Langdon
오전 10:30	건축 산업의 소개	Mark Marlon, IBC 건설의 이사
오후 12:00	탑10 기업들에 대한 프레젠테이션	Nancy Kelly, Redbrick 산업

• 화요일, 5월 6일

시간	행사	진행자
오전 11:30	오찬 행사	다이닝홀
오후 1:00	인터뷰 전략에 대한 프레젠테이션	전시회장 A
오후 3:00	개별 상담*	전시회장 B

* 2일 티켓에 포함되어 있음 / 다른 손님들에게는 13달러

입장료: 1일 티켓은 15달러, 2일 티켓은 40달러
신청은 지역 커뮤니티 센터에 직접 가서 하셔야 합니다.

① (7, 8번) – 의문사의문문/일반의문문/확인의문문

7번과 8번 문제는 답변 시간이 각각 15초씩으로, 비교적 간단한 정보를 묻는 문제가 출제됩니다. 한 가지, 혹은 두 가지 내용을 묻는 의문사의문문, 긍정/부정 여부를 묻는 일반의문문, 그리고 질문자가 본인이 알고 있는 사실을 확인하는 확인의문문 등이 있습니다.

❶ 의문사의문문　　04-38

Who, When, Where, What, How, Why 등의 의문사를 사용하여 구체적인 정보를 묻는 의문사의문문들은 핵심 내용인 의문사와 키워드를 잘 듣고 빨리 표에서 해당 정보를 찾아내야 합니다.

Q: **When and where** will the Construction Career Fair be held?
건축 취업 박람회가 언제, 어디에서 열립니까?

A: The Bascan City Construction Career Fair will be held on May 5th and 6th, at the Minnesota State Fairgrounds on 1265 Snelling Avenue.
Bascan City 건축 취업 박람회는 5월 5일과 6일에, 1265 Snelling Avenue에 있는 Minnesota주 박람회장에서 열립니다.

Q: Can you tell me **who** will be making the opening speech?
누가 개회사를 하는지 알려 주시겠습니까?

A: Mayor Jack Langdon will be making the opening speech on Monday at 10 A.M.
시장 Jack Langdon 씨가 월요일 오전 10시에 개회사를 할 것입니다.

Q: **What time** can I get information about the top 10 businesses, and **who** will make the presentation?
탑10 기업들에 대한 정보는 몇 시에 알 수 있으며, 누가 발표를 합니까?

A: The presentation on the top 10 businesses will take place at noon on Monday, May 5th, and it will be given by Nancy Kelly from Redbrick Industries.
탑10 기업들에 대한 프레젠테이션은 5월 5일 월요일 정오에 있을 것이며, Redbrick 산업의 Nancy Kelly 씨에 의해 이루어질 것입니다.

Q: **How much** is the general admission?
입장료는 얼마입니까?

A: Admission is 15 dollars for a one-day ticket and 40 dollars for a two-day ticket.
1일 티켓 입장료는 15달러이고, 2일 티켓 입장료는 40달러입니다.

Q: Why is the two-day ticket more expensive?

왜 2일 티켓이 더 비싼가요?

A: The two-day ticket is expensive because Individual Counseling is included. It is 13 dollars for other guests.

2일 티켓이 비싼 이유는 개별 상담이 포함되어 있기 때문입니다. 다른 손님들에게는 13달러입니다.

❷ 일반의문문 04-39

일반의문문은 여러 가지 정보들에 대하여 긍정/부정 여부를 묻는 질문으로, 질문의 핵심 내용을 정확히 파악할 수 있도록 동사나 목적어 등 키워드를 잘 들어야 합니다.

Q: Will there be a chance to learn about interview strategies?

인터뷰 전략에 대해서 배울 수 있는 기회가 있습니까?

A: Yes, there will be a presentation on interview strategies on Tuesday at 1 P.M., in Exhibition Hall A.

네, 화요일 오후 1시에 전시회장 A에서 인터뷰 전략에 대한 프레젠테이션이 있을 것입니다.

Q: Will there be any opportunities to get personal counseling?

개별 상담을 받을 수 있는 기회가 있나요?

A: Of course, there will be individual counseling from 3 P.M. on Tuesday, in Exhibition Hall B. It is 13 dollars, but if you buy a two-day ticket, it is included.

물론이죠. 화요일 오후 3시부터 전시회장 B에서 개별 상담이 있을 것입니다. 13달러이지만, 2일 티켓을 구매하시면 거기에 포함되어 있습니다.

Q: Can I register through fax or e-mail?

팩스나 이메일로 신청할 수 있나요?

A: I'm afraid not. Registration can only be made in person at local community centers.

유감스럽지만 안 됩니다. 신청은 지역 커뮤니티 센터에서 직접 하셔야 합니다.

Q: Will I be able to eat lunch during the career fair?

취업 박람회 중에 점심을 먹을 수 있나요?

A: Yes, there is a luncheon event scheduled on the second day of the fair at 11:30.

네, 박람회 두 번째 날 11시 반에 오찬 행사가 예정되어 있습니다.

Q: **Is** individual counseling **included** in all tickets?

모든 티켓에 개별 상담이 포함되어 있나요?

A: No, counseling is included only in the two-day ticket, and it is 13 dollars for other guests.

아니요, 상담은 2일 티켓에만 포함되어 있고, 다른 손님들에게는 13달러입니다.

Q: **Do you offer** any discounts for two-day tickets?

2일 티켓에는 할인이 제공되나요?

A: Yes, a one-day ticket is 15 dollars, and you must pay an additional 13 dollars for individual counseling, but you can buy a two-day ticket for 40 dollars which includes that session.

네, 1일 티켓은 15달러이고, 개별 상담을 받으시려면 13달러를 추가로 지불하셔야 하지만, 그게 포함되어 있는 2일 티켓을 40달러에 구입하실 수 있습니다.

Q: Nancy Kelly is giving the introduction to the construction industry, **right**?

Nancy Kelly 씨가 건축 산업에 대한 소개를 하시기로 되어 있죠?

A: No, Nancy Kelly is presenting the top10 businesses. Introduction to the construction industry will be given by Mark Marlon, the director of IBC Constructions.

아니요, Nancy Kelly 씨는 탑10 기업들을 발표하실 겁니다. 건축 산업의 소개는 IBC 건설의 이사님이신 Mark Marlon에 의해 이루어질 것입니다.

▶ **여러 가지 긍정의 표현들**   04-40

> **Yes.** 네. / **Of course.** 물론입니다. / **Sure.** 물론이죠. / **Certainly.** 그럼요. / **Absolutely.** 물론입니다.
> **That's correct.** 맞습니다.

▶ **여러 가지 부정의 표현들**

> **No.** 아닙니다. / **I'm afraid not.** 유감스럽지만 아닙니다. / **That's not right.** 그건 아닙니다.
> **I'm sorry, but~.** 죄송하지만~. / **That's not possible.** 그건 안 됩니다.

확인의문문은 질문자가 자신이 알고 있거나 확신하고 있는 정보를 확인하는 내용의 질문으로, 그것이 잘못된 정보라면 정정해주는 것이 핵심입니다. 따라서 단순히 긍정/부정 여부를 묻는 일반의문문과 잘 구별해서 듣는 것이 중요합니다. 정보를 정정해줄 때 사용할 수 있는 답변 표현도 함께 숙지해두도록 합시다.

Q: I heard that there will be a luncheon event on Monday. **Is that correct**?

월요일에 오찬 행사가 있을 거라고 들었습니다. 맞나요?

A: I'm sorry, but you have the wrong information. The luncheon event will only be held on Tuesday, May 6th.

죄송하지만, 잘못된 정보를 알고 계시네요. 오찬 행사는 5월 6일 화요일에만 있을 것입니다.

Q: I was told that Mark Marlon will be giving a presentation on interview strategies. **Is that right**?

Mark Marlon이 인터뷰 전략에 대한 프레젠테이션을 한다고 들었습니다. 맞습니까?

A: I'm afraid that's not right. Mark Marlon will be giving an introduction to the construction industry.

죄송하지만 아닙니다. Mark Marlon은 건축 산업의 소개를 해줄 것입니다.

Q: I'm aware that the presentation on interview strategies will be held in Exhibition Hall B. **Is that correct**?

인터뷰 전략에 대한 발표가 전시회장 B에서 열린다고 알고 있습니다. 맞나요?

A: No, I'm afraid you're mistaken. The presentation on interview strategies will be held in Exhibition Hall A. Individual counseling will take place in Exhibition Hall B.

아니요, 잘못 알고 계십니다. 인터뷰 전략에 대한 발표는 전시회장 A에서 열릴 것입니다. 전시회장 B에서는 개별 상담이 있을 것입니다.

② (9번)

9번 문제는 답변 시간이 30초로, 주로 여러 가지 정보들을 나열해서 답변하는 유형으로 출제됩니다. 따라서 답변의 패턴을 잘 익혀둔다면 시간 내에 효율적인 답변을 할 수 있을 것입니다.

▶ **답변 패턴** `04-42`

- **답변 항목의 개수** : There are~ ~가 있습니다.
- **첫 번째 항목** : First,~ / The first is~ 첫 번째는~
- **두 번째 항목** : Secondly,~ 두 번째는~ / Also,~ 또한~ / After that~ 그 다음에는~
- **마지막 항목** : Lastly,~ / Finally,~ 마지막으로~

Q: What events are scheduled for the first day of the fair?

박람회의 첫 번째 날에는 어떤 행사들이 예정되어 있나요?

A: **There are** 3 events scheduled for the first day of the fair. **First**, at 10 A.M., there will be an opening speech by the mayor Jack Langdon. **After that**, Mark Marlon, the director of IBC Constructions will be giving an introduction to the construction industry at 10:30 A.M. **Lastly**, a presentation on top10 businesses will take place by Nancy Kelly from Redbrick Industries at noon.

박람회의 첫 번째 날에는 3가지의 행사들이 예정되어 있습니다. 첫째로, 오전 10시에, 시장 Jack Langdon에 의한 개회사가 있을 것입니다. 그 다음에, IBC 건설의 이사님이신 Mark Marlon 씨가 오전 10시 반에 건축 산업의 소개를 해주실 것입니다. 마지막으로, 정오에는 Redbrick 산업의 Nancy Kelly 씨가 하는 탑10 기업체들에 대한 발표가 있을 것입니다.

Q: Can you tell me the schedule for Tuesday, May 6th?

5월 6일 화요일의 일정을 알려주실 수 있나요?

A: Of course, **there are** 3 events scheduled for Tuesday. **The first is** the luncheon event, which will be held in the Dining Hall at 11:30 A.M. **Also**, a presentation on interview strategies will take place in Exhibition Hall A at 1 P.M. **Finally**, there will be individual counseling from 3 P.M. in Exhibition Hall B.

물론입니다, 화요일에는 세 가지 행사들이 예정되어 있습니다. 첫 번째는 오찬 행사인데, 오전 11시 반에 다이닝홀에서 열릴 것입니다. 또한, 오후 1시에 전시회장 A에서 인터뷰 전략에 대한 프레젠테이션이 개최될 것입니다. 마지막으로, 오후 3시부터 전시회장 B에서는 개별 상담이 있을 것입니다.

1. 녹음된 음원을 듣고, 빈칸 받아쓰기 연습을 하세요. `04-43`

❶ _______________ will the 12th annual company party _______________ ?

❷ _______________________________ after the speech?

❸ _______________________________ in the package price?

❹ _________ that the team presentation has been canceled. _________ ?

❺ _______________________________ for children and seniors?

❻ _______________ to go shopping _______________ ?

❼ _______________ to participate in _______________ ?

2. 녹음된 음원을 듣고, 각 질문에 해당되는 답변을 다음 중 고르세요. `04-44`

a) Complimentary snacks and beverages will be provided during the coffee break.

b) The speech will be made by Ms. Lee from the New Jersey branch.

c) We will be discussing sales and promotion, so please think of some ideas before you come.

d) For parties of 5 or more, we offer our special dining room with the view of the sea.

e) I'm afraid not. Front-row seats are usually reserved for the performers' families and friends.

f) Seating arrangements will be made at our ticket office, so please come by 5 o'clock at the latest.

g) In order to attend, you must submit the application form to the registration office at least a week before the seminar.

h) There are three different training sessions you can attend on June 7th.

❶ _______________   ❺ _______________

❷ _______________   ❻ _______________

❸ _______________   ❼ _______________

❹ _______________   ❽ _______________

3. 다음 날짜, 시간, 숫자 표현들을 어떻게 읽어야 하는지 적어보세요.

❶ April 4, 2012

❷ Sun. Oct. 17

❸ Feb. 19th

❹ 11:00 A.M.~3:45 P.M.

❺ 1964

  2001

❻ $34

  $1.50

  $121.25

❼ NO.47

  Room 105

  Flight #25

4. 다음 빈칸을 채워보세요.

❶ 공연의 **일반석 입장료**는 125달러이고, 저녁 식사를 **포함합니다**.

The ____________ to the performance is 125 dollars, and it ____________ a visit to the museum.

❷ 단체 예약에는 10% **할인을 받으실 수 있습니다**.

You can ____________ 10% on group reservations.

❸ 인터넷이나 전화로 **예약을 하실** 수 있습니다.

You can ____________ through the Internet or phone.

❹ 행사와 관련된 추가 정보를 위해서는 **기획 위원회**에게 연락해 주십시오.

Please contact the ____________ for more information regarding the event.

❺ 멤버들에게는 저희 센터 내에 있는 헬스장이 **무료로** 제공됩니다.

The gym in our center is available ____________ to all members.

5. 다음 내용들을 영작해보세요.

❶ 어린이들을 위한 요가 수업은 30% 할인됩니다.

❷ 공연 중에 두 번의 10분짜리 휴식 시간이 있을 것입니다.

❸ 안내 데스크에서 회의 예정표를 찾아가실 수 있습니다.

❹ 저희의 모든 방들은 하룻밤 단위로 값이 매겨져 있습니다.

❺ 디저트를 가져올 자원자가 한 명 더 필요합니다.

❻ 3시 영화와 5시 영화 중에 선택하실 수 있습니다.

❼ 요금은 재료비를 포함하여 수업 당 200달러입니다.

❽ 참가자들은 그룹 토론이나 마케팅 발표 중 하나만 참석할 수 있습니다.

6. 표를 보며, 문제별 모범 답안을 영작해보세요.

Edmonds Conference Center

201 Fourth Ave. Edmonds, Washington / Phone&Fax: 425-650-1809

Conference Hall Reservation Schedule: October 5-11
(O) Indicates availability, (X) Indicates no availability

Conference Hall/ Seating	5(Mon)	6(Tue)	7(Wed)	8(Thu)	9(Fri)	10(Sat)	11(Sun)
Navy Hall / 20 ($60)	(O)	(X)	(O)	(X)	(X)	(O)	(X)
Yellow Hall / 35 ($70)	(X)	(O)	(X)	(O)	(O)	(O)	(O)
Violet Hall / 50 ($85)	(X)	(O)	(X)	(O)	(X)	(O)	(O)
Golden Hall / 70 ($125)	(O)	(O)	(O)	(X)	(X)	(X)	(X)

Prices are on a per hour basis.
Please call our office for inquiries or reservation.

> Hello, I'm the personnel manager at HSV Constructions. Our company has several conferences coming up this week, and I have a few questions about your conference center.

7번 Where is your center located and how can I make a reservation?

⇨ --

8번 I heard that your Violet Hall can accommodate up to 70 people. Is that correct?

⇨ --

9번 What rooms are available on Saturday, October 10th, and how much are they?

⇨ --

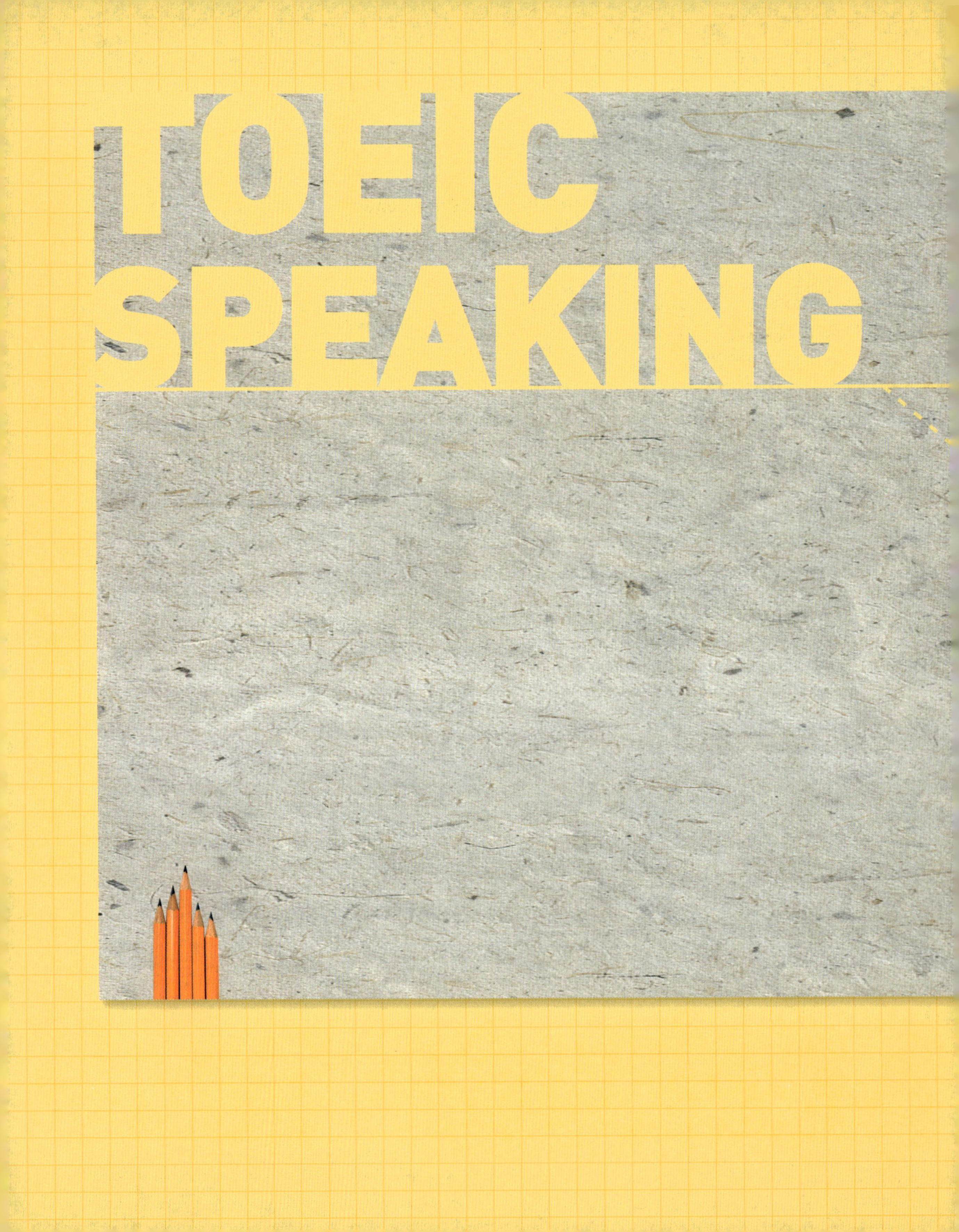

TOEIC
SPEAKING

Part 5

Propose a Solution

해결책 제안하기

- **Part 5 공략법&요령**
- 전화 메시지에 자주 등장하는 표현들
- 답변 틀(Template)에서 활용 가능한 표현들
- 분야별 빈출 표현
- 암기해두면 요긴한 필수 답변 패턴
- Exercise

PART 05 Propose a Solution 해결책 제안하기

▶ 개인이 남긴 전화 메시지를 들은 후, 그에 대한 답변 메시지를 녹음하는 문제
▶ 1 문제 출제 (10번)
▶ 답변 준비시간 30초 / 답변시간 60초
▶ 평가기준: 메시지에서 요구하는 사항들을 잘 이해했고, 그에 맞는 답변을 했는가?
　　　　　　인사말부터 마무리까지 답변 메시지에 필요한 내용을 시간 내에 효과적으로 답변했는가?
　　　　　　해결 방안 제시에 필요한 표현들을 다양하게, 그리고 문법적으로 맞게 사용할 줄 아는가?

01 Part 5 공략법&요령

① ETS 공식 기준

ETS 공식 기준에 따르면 Part 5에서는 발음, 억양, 강세뿐만 아니라 문법, 어휘, 내용의 일관성, 완성도, 그리고 관련성을 중요하게 평가합니다. Part 5의 전화 메시지는 어떠한 도움을 요청하거나 불만사항을 제기하며 그에 대한 해결책을 요구하는 내용으로 나오기 때문에 메시지의 내용을 잘 이해해 그에 맞는 답변을 조리 있게 구사해주는 것이 중요합니다.

② 듣기 연습을 통해 메시지의 전체적인 내용과 요구사항을 정확하게 이해하기!

Part 5는 1분 내외 길이의 음성 메시지를 듣고 푸는 유형이므로 듣기 실력이 약하다면 상당히 불리할 수 있습니다. 따라서 평상시에 다양한 음성 메시지 지문들을 들으며 듣기 실력을 키워두도록 하세요. 시험에 출제되는 메시지는 비교적 긴 편이기 때문에, 세부적인 정보들을 세세하게 전부 다 기억해내기란 쉽지 않습니다. 메시지를 남긴 사람의 이름, 나와의 관계, 전체적인 내용과 나에게 원하는 요구사항 위주로만 정확히 들어도 충분한 답변을 해낼 수 있으므로 거기에 초점을 맞춰서 연습해두도록 합시다.

③ 답변 메시지에서 사용하면 좋은 답변의 틀(탬플릿)을 정확히 익혀두기!

Part 5와 6은 답변시간이 1분씩으로 다른 Part에 비하여 길기 때문에 많은 학생이 가장 부담스러워하는 Part이기도 합니다. 특히 Part 5는 전화 메시지를 남기는 상황으로 가정되기 때문에 확실한 준비와 연습 없이는 1분이라는 시간이 굉장히 막막하게 느껴지거나, 횡설수설하면서 적절한 답변을 못하고 끝나버리는 경우가 발생할 수 있습니다. 따라서 답변의 틀을 잘 익혀두어 시간 내에 효율적인 답변을 구성해내도록 합시다. 메시지의 유형에 따른 두 가지 탬플릿을 확실히 숙지해 두세요.

이 흐름대로 지문을 구성한다면 쉽고 효율적으로 답변을 해낼 수 있을 것입니다. 각 탬플릿에서 사용 가능한 표현들은 뒤에서 조금 더 자세히 정리하도록 합시다.

④ 주어진 준비시간 30초 동안 답변 메시지를 효율적으로 준비하기!

Part 5의 답변시간은 60초이지만 답변 준비시간은 30초가 주어지기 때문에 실제 답변을 녹음하는 것과 똑같이 처음부터 끝까지 연습해볼 만한 시간은 없습니다. 따라서 준비시간 30초는 창의적으로 만들어내야 하는 내용들을 빨리 생각하고 영작하는 시간으로 활용해야 합니다. 앞서 언급된 탬플릿 두 가지를 확실하게 암기해두면 메시지를 완성하기 위해 만들어내야 하는 부분들은 30초 안에 충분히 생각할 수 있으므로 시간을 효율적으로 활용하는 연습이 필요합니다. 거듭 말하지만, 뒤에서 나올 탬플릿을 확실히 익혀두도록 합시다.

⑤ 비즈니스 상황에서 자주 사용되는 표현들을 다양하게 익혀두기!

Part 5에 나오는 메시지는 주로 회사 동료 직원이나, 거래처, 고객 등 일과 관련된 사람들이 남기는 내용으로 출제됩니다. 따라서 비즈니스와 관련된 여러 가지 상황별 표현들을 암기해두는 것이 중요합니다.

Part 5는 전화 메시지를 듣고 답변 메시지를 남겨주어야 하는 유형이므로, 전화상에서 자주 쓰이는 표현들을 많이 알아둘수록 유리합니다. 다음 표현들을 예문과 함께 읽어보며 익혀둡시다.

+ This is~ (전화상에서) ~입니다

Hello, **this is** Robert Young from the finance department.
안녕하세요, 저는 재무부의 Robert Young입니다.

+ I'm calling to~ ~하려고 전화했습니다

I'm calling to get some advice for the upcoming marketing seminar.
다가오는 마케팅 세미나에 대한 조언을 좀 구하려고 전화했습니다.

+ The problem is that~ 문제는 ~입니다

The problem is that there will be more guests than expected, and we don't have enough seats for them.
문제는 예상보다 손님들이 더 많이 올 것이고, 그들을 위한 좌석이 충분하지 않다는 것입니다.

+ have trouble -ing ~하는 데 어려움을 겪다

I'm **having trouble installing** the air conditioner I bought from your store.
당신의 가게에서 산 에어컨을 설치하는 데 어려움을 겪고 있습니다.

+ have a problem with~ ~에 문제가 있다

I **have a problem with** the heating system at our restaurant.
저희 식당의 난방 시스템에 문제가 있습니다.

+ unfortunately 안타깝게도, 불행히도

Unfortunately, two of our workers are ill and they can't come to work today.
안타깝게도, 우리 직원들 중 두 명이 아파서 오늘 출근을 할 수 없습니다.

+ as you know 당신도 알다시피

As you know, our sales figures have been going down since last winter.
당신도 알다시피, 우리의 판매 수치가 지난겨울부터 계속 떨어지고 있습니다.

+ **get back to~** ~에게 다시 연락하다

Please **get back to** me as soon as possible, and tell me what you want to do about this matter.

최대한 빨리 제게 다시 전화 주셔서, 이 문제에 대해 어떻게 하고 싶은지 알려주세요.

+ **contact** 연락하다, 전화하다

You can **contact** me at extension 249 anytime after 2 P.M.

내선번호 249번으로 오후 두 시 이후에 아무 때나 제게 연락하실 수 있습니다.

+ **call back** 답신 전화를 하다

Please **call** me **back** if you have any ideas or suggestions.

어떠한 아이디어나 제안 사항이 있으면 제게 답신 전화를 해주세요.

+ **let+사람+know** ~에게 알리다

Please **let me know** what you are going to do about the broken furniture.

부러진 가구들을 어떻게 하실 건지 알려주십시오.

+ **you can reach me at+전화번호** ~번으로 제게 연락하실 수 있습니다

You can reach me at 555-1235, from 10 A.M. to 5 P.M., Monday through Friday.

월요일부터 금요일까지, 오전 10시부터 오후 5시 사이에 555-1235번으로 제게 연락하실 수 있습니다.

+ **immediately** 즉시, 당장

Please send someone to our shop **immediately** to fix the air conditioner.

에어컨을 고칠 사람을 즉시 저희 가게로 보내주십시오.

+ **as soon as possible** 최대한 빨리

I need some advice **as soon as possible**, as the seminar is coming up in a few days.

세미나가 며칠 후에 있을 것이기 때문에, 최대한 빨리 조언을 구해야 합니다.

Part 5에 출제되는 메시지의 유형은 크게 도움/조언을 요청하는 내용의 메시지와 어떠한 문제점에 대한 불만(컴플레인)을 얘기하며 보상을 요청하는 메시지로 나눌 수 있습니다. 답변 메시지를 훨씬 빠르고 효율적으로 만들어낼 수 있도록 다음 템플릿들을 암기해두도록 합시다.

▶ 도움(조언)을 요청하는 메시지

첫인사 : Hello ____________, this is ____________ returning your call.

내용/요구사항 요약 : I understand from your message that ____________.

해결책 제시 : After checking into the situation, I've come up with a few ideas.
  I suggest ____________.
  And I will ____________.

마무리 : Please feel free to contact me if you have any questions or concerns. Thank you.

▶ 컴플레인을 하는 메시지

첫인사 : Hello ____________, this is ____________ returning your call.

문제점/요구사항 요약 : I understand from your message that you have a problem with ____________.

사과 : First of all, I am very sorry for the inconvenience.

해결책 및 대안책 제시 : After checking into the situation, I found out that ____________.
  I will ____________.
  And to compensate this matter, I will ____________.

마무리 : Please feel free to contact me if you have any questions or concerns. Once again, I apologize for the inconvenience. Thank you.

탬플릿에서 활용 가능한 표현들을 더 다양하게 정리해봅시다.

첫인사  05-02

+ **This is+이름+returning your call.** 저는 당신의 전화에 답신을 하는 ~입니다.
Hello, this is TK returning your call. 안녕하세요, 저는 당신의 전화에 답신을 하는 TK입니다.

+ **I am+이름+from+소속** 저는 ~(소속)의 ~(이름)입니다
Hello, I am Karen Miles from SRW Lumber. 안녕하세요, 저는 SRW 목재의 Karen Miles입니다.

+ **This is+이름+calling in response to your message.** 저는 당신의 메시지에 답신 전화를 하는 ~입니다.
Hello, this is John calling in response to your message.
안녕하세요, 저는 당신의 메시지에 답신 전화를 하는 John입니다.

내용/문제점 요약 05-03

+ **I understand from your message that~** 당신의 메시지에서 ~라는 것을 알았습니다
I understand from your message that you have a problem with the accounting files.
당신의 메시지에서 회계 파일에 문제가 있다는 것을 알았습니다.

+ **I just heard your message and understand that~** 방금 당신의 메시지를 들었고, ~라는 것을 알았습니다
I just heard your message and understand that there is something wrong with the product you bought at our store.
방금 당신의 메시지를 들었고, 저희 가게에서 구입하신 물건에 이상이 있다는 것을 알았습니다.

+ **I understand that you have a problem with~** ~에 문제가 있다는 것을 알았습니다
I understand that you have a problem with installing the bookshelves at your library.
당신의 도서관에서 책장 설치하는 것에 문제가 있다는 것을 알았습니다.

+ **I am returning your call about(=concerning / regarding / in regard to)~**
~에 관한 당신의 메시지에 답신 전화를 드립니다
I am returning your call about the preparation for the upcoming banquet.
다가오는 연회 준비에 관한 당신의 메시지에 답신 전화를 드립니다.

사과 표현 05-04

+ **I am very sorry for the inconvenience.** 불편을 끼쳐드려 매우 죄송합니다.

+ **I regret any inconvenience this has caused you.** 이것이 끼쳐드린 불편에 대해 사과드립니다.

+ **I sincerely apologize for~** ~에 대하여 진심으로 사과드립니다
I sincerely apologize for this situation. 이 상황에 대하여 진심으로 사과드립니다.

+ **Please accept my apology for~** ~에 대한 저의 사과를 받아주십시오

Please accept my apology for the mistake our employee has made.
저희 직원이 한 실수에 대한 저의 사과를 받아주십시오.

+ **After checking into the situation~** 상황을 좀 알아본 결과~

After checking into the situation, I found out that the heater has some defective parts.
상황을 좀 알아본 결과, 히터에 결함 있는 부품들이 있다는 것을 알았습니다.

+ **I've come up with a few ideas.** 몇 가지 아이디어를 생각해냈습니다.

After checking into the situation, **I've come up with a few ideas**.
상황을 좀 알아본 결과, 몇 가지 아이디어를 생각해냈습니다.

+ **I found out that~** ~라는 것을 알았습니다

I found out that one of our delivery workers has mistaken the address.
저희 배송 직원들 중 한 명이 주소를 착각했다는 것을 알았습니다.

+ **It appears that~** ~인 것 같습니다

It appears that there was a problem with our scheduling system.
저희 스케줄 시스템에 문제가 있었던 것 같습니다.

+ **I suggest that~** ~를 제안합니다

I suggest that you just stay at the hotel, and take the clients on the tour scheduled.
당신은 그냥 호텔에 머물러서, 예정대로 고객들을 관광시켜줄 것을 제안합니다.

+ **I will~** 제가 ~하겠습니다

I will try to find extra waiters to serve at the event.
제가 그 행사에서 서빙을 할 추가 웨이터들을 찾도록 노력하겠습니다.

+ **I am willing to~** 제가 기꺼이 ~하겠습니다

I am willing to prepare the necessary documents, so you can pick them up at my office during this afternoon.
제가 기꺼이 필요한 서류들을 준비해 놓을 테니, 오늘 오후 중에 제 사무실로 오셔서 가져가시면 됩니다.

+ **All you have to do is~** 당신은 ~하기만 하면 됩니다

All you have to do is call our center and make an appointment.
당신은 저희 센터로 전화를 해서 약속을 잡으시기만 하면 됩니다.

+ **To compensate this matter~** 이 문제에 대해 보상해드리기 위해~

To compensate this matter, I will send you a 50% discount voucher for your next purchase.
이 문제에 대해 보상해드리기 위해, 다음 구매 때 사용하실 수 있는 50% 할인 쿠폰을 보내드리겠습니다.

+ **So you don't have to worry about that.** 그러니 그것에 대해 걱정하지 않으셔도 됩니다.

마무리  05-06

+ **Please feel free to contact me~** 부담 갖지 말고 연락 주십시오

Please feel free to contact me if you have any suggestions.
제안 사항이 있으시다면, 부담 갖지 말고 연락 주십시오.

+ **Please call me back anytime~** 언제든지 제게 다시 전화 주십시오

Please call me back anytime that is convenient for you.
당신이 편하실 때 언제든지 제게 다시 전화 주십시오.

+ **Please let me know~** 제게 알려주십시오

Please let me know when you want to come in for an interview.
언제 면접을 보러 오고 싶으신지 제게 알려주십시오.

+ **if you have any questions or concerns** 질문이나 걱정거리가 있으시면

Contact my secretary, **if you have any questions or concerns**.
질문이나 걱정거리가 있으시면, 제 비서에게 연락하십시오.

+ **If you want to discuss this further, feel free to~**
이것에 대해 더 자세히 얘기하길 원하시면, 마음껏~

If you want to discuss this further, feel free to visit my office any time during office hours.
이것에 대해 더 자세히 얘기하길 원하시면, 근무 시간 중 언제든지 제 사무실로 방문하십시오.

+ **I wish you good luck with~** ~에 행운을 빕니다

I wish you good luck with your annual company event.
귀사의 연례행사와 관련해 행운을 빕니다.

+ **Have a great(nice) day.** 좋은 하루 보내십시오.

Thank you for calling, and **have a nice day**.
전화해주셔서 감사드리며, 좋은 하루 보내십시오.

04 분야별 빈출 표현

앞서 언급되었듯이, Part 5에는 주로 비즈니스 상황에서 남긴 메시지들이 많이 출제됩니다. 크게 주문·배송 관련 메시지, 일정 관련 메시지, 제품 관련 메시지, 직원 관련 메시지, 비용·매출 관련 메시지 등으로 나누어 볼 수 있는데, 각 분야에서 출제 가능한 표현들을 정리해봅시다.

① 주문, 배송 관련 메시지　05-07

+ place an order (=make an order) 주문하다

I understand that you **placed an order** for some stationary at our store last month, but you still haven't received them.
당신이 지난달에 저희 가게에서 문구류들을 주문했는데, 아직도 못 받았다는 것을 알았습니다.

+ be delayed 지연되다, 연기되다

Some of our warehouse workers are on vacation, and all deliveries **have been delayed**.
저희 창고 직원들 중 몇 명이 휴가 중이어서 모든 배송들이 지연되었습니다.

+ ordering system 주문 시스템

I'm very sorry, but our **ordering system** is down at the moment.
매우 죄송하지만, 저희 주문 시스템이 현재 다운되었습니다.

+ order number 주문 번호

As soon as you call me back with your **order number**, I will process your order.
제게 다시 전화하셔서 주문 번호를 알려주시는 대로, 귀하의 주문을 처리하겠습니다.

+ make a mistake 실수를 하다

One of our employees **made a mistake**, and put in the wrong order.
저희 직원들 중 한 명이 실수를 해서, 잘못된 주문을 했습니다.

+ error (=mistake) 실수, 오류

Due to a scheduling **error**, some of our deliveries got mixed up.
스케줄 상의 실수 때문에, 몇몇 배송들이 뒤죽박죽되었습니다.

+ **delivery** 배달, 배송

I assure you that all **deliveries** will be finished by the end of this week.

모든 배송들이 이번 주 말까지 완료될 것을 보장해드립니다.

+ **receive** 받다

Please let me know when you want to **receive** the products, so we can arrange the delivery schedule.

배달 일정을 잡을 수 있도록, 언제 상품들을 받고 싶은지 알려주십시오.

+ **our records show~** 저희 기록상에는 ~라고 나옵니다

Our records show that you only placed an order for some printing papers and ink cartridges.

저희 기록상에는 귀하가 프린트 용지와 잉크 카트리지만 주문하셨다고 나옵니다.

+ **express delivery** 빠른 배송

I will send the items through **express delivery**, so that you can receive them by tomorrow.

물건들을 빠른 배송으로 보내서, 내일까지 받으실 수 있도록 하겠습니다.

+ **warehouse** 창고

I will contact the **warehouse** and find out the status of your order.

제가 창고에 연락을 해서 당신의 주문 상태를 알아보도록 하겠습니다.

+ **shipment** 선적

Your **shipment** has left our dock yesterday, and will get to you during this afternoon.

귀하의 선적은 어제 저희 부두에서 출발했고, 오늘 오후 중에 도착할 것입니다.

+ **supplier** 공급업자, 공급업체

I will send you a list of **suppliers** you can use to prepare for the party.

파티 준비에 이용할 수 있는 공급업체들의 목록을 보내드리겠습니다.

+ **invoice** 송장

You can pick up the **invoice** at my office, or I can fax it to you directly if you want.

제 사무실에서 송장을 찾아가시거나, 원하시면 제가 직접 팩스로 보내드릴 수도 있습니다.

+ correct 옳은, 정확한

If you send me the **correct** address, I will process your order right away.
정확한 주소를 제게 보내주시면, 바로 주문을 처리하겠습니다.

+ incorrect (=wrong) 틀린, 부정확한

I understand from your message that we sent you the **wrong** number and size of office furniture.
당신의 메시지에서 저희가 잘못된 수량과 사이즈의 사무실 가구를 보내드렸다는 것을 알았습니다.

+ right away 즉시, 곧바로

I will cancel the order **right away**, and give you a full refund.
주문을 즉시 취소하고, 전액 환불을 해드리겠습니다.

+ address A to B A를 B 앞으로 보내다

And of course, I will **address** the package **to** your office.
그리고 물론, 소포를 당신의 사무실 앞으로 보내겠습니다.

+ busy time of year 한 해 중 바쁜 시기, 성수기

I'm very sorry, but it is our **busiest time of year** and most deliveries are backed up.
매우 죄송하지만, 지금이 한 해 중 가장 바쁜 시기이고 대부분의 배송들이 밀려 있습니다.

+ backorder (재고가 없어) 이월 주문하다

I'm afraid we are out of stock at the moment, so I will **backorder** the product for you.
안타깝게도 현재 재고가 없어, 상품을 이월 주문해드리겠습니다.

+ unit 단위, 구성

I just heard your message and understand that the shelving **units** you ordered for your library has not arrived yet.
방금 당신의 메시지를 들었고, 도서관을 위해 주문한 선반들이 아직 도착하지 않았다는 것을 알았습니다.

② 일정 관련 메시지 `05-10`

+ as scheduled 예정대로

When the interns arrive, I suggest that you make the presentation **as scheduled**.
인턴들이 도착하면, 예정대로 발표를 하실 것을 제안합니다.

+ in the meantime (=meanwhile) 그동안에

In the meantime, I will send my assistant to the train station to pick up the other clients.
그동안에, 다른 고객들을 픽업할 수 있도록 제 조수를 기차역으로 보내겠습니다.

+ arrive 도착하다

The files will **arrive** at the conference center before the meeting begins.
서류들은 회의 시작 전에 컨퍼런스 센터에 도착할 것입니다.

+ on time 정각에, 정시에

I will make sure that all supplies arrive there **on time**.
모든 용품들이 그곳에 정시에 도착하도록 확실히 하겠습니다.

+ make it in time for~ ~의 시간에 맞게 도착하다

If we hurry, I think we can **make it in time for** the seminar.
서두른다면, 우리는 세미나 시간에 맞게 도착할 수 있을 것 같습니다.

+ reschedule (일정을) 변경하다, 다시 잡다

I suggest that we **reschedule** the appointment to next week, so that you can deal with your car problem today.
오늘은 당신이 차 문제를 처리할 수 있도록, 우리 약속을 다음 주로 변경할 것을 제안합니다.

+ be available (사람이) 시간이 있다, (물건이) 이용 · 구입 가능하다

I **am available** anytime after 2 P.M., so please call me back and let me know when you want to meet.
저는 오후 2시 이후로 언제든지 시간이 있으니, 다시 전화해서 언제 만나고 싶은지 알려주세요.

+ **mix-up** 혼동

I'm sorry, but there was a **mix-up** in schedule and we'll have to rearrange your appointment.

죄송하지만, 스케줄 상의 혼동이 있어서 당신의 예약을 다시 잡아야 할 것 같습니다.

+ **still** 아직도, 여전히

I understand from your message that you have to leave soon, but the clients have **still** not arrived.

당신은 곧 출발해야 하는데, 고객들이 아직도 도착하지 않았다는 것을 메시지를 듣고 알았습니다.

+ **in advance** 미리, 이전에

If you need to cancel your appointment, please contact me **in advance**.

예약을 취소해야 한다면, 제게 미리 연락을 주십시오.

+ **at the last minute** 막판에, 임박해서

I'm sorry, but you can not change the reservation **at the last minute**.

죄송하지만, 막판에 예약을 변경하실 수는 없습니다.

+ **on short notice** 갑작스럽게, 촉박하게

I apologize on behalf of our staff for canceling the order **on** such **short notice**.

이렇게 갑작스럽게 주문을 취소한 것에 대해 저희 직원들을 대표하여 사과드립니다.

+ **be stuck in~** ~에 갇혀 있다

I found out that our repairman **was stuck in** traffic, and couldn't arrive at your restaurant in time.

저희 수리공이 교통정체에 갇혀서 제시간에 당신의 식당에 도착하지 못했다는 것을 알았습니다.

+ **That way, S+V** 그렇게 하면, S가 V한다

That way, you can go to the repair center and fix your car today.

그렇게 하면, 당신은 오늘 수리 센터에 가서 차를 고칠 수 있습니다.

+ **if things settle down** 상황이 정리되면

If things settle down, please let me know when you are available for an interview.
상황이 정리되면, 언제 인터뷰를 위한 시간이 되실지 알려주세요.

+ **make arrangements** 준비를 하다, 일정을 잡다

I will **make arrangements** to pick you up at the airport at 5 o'clock.
5시에 공항에서 당신을 픽업할 준비를 해두겠습니다.

+ **rush** 서두르다, 급히 움직이다

That way, you don't have to **rush** to the bank during your working hours.
그렇게 하면, 근무시간 중에 은행으로 서둘러 갈 필요가 없습니다.

+ **book flights** 항공편을 예약하다

I will have my secretary **book flights** for you, so that you can make it to the conference before the presentation.
당신이 발표 전에 회의에 도착할 수 있도록, 제 비서를 시켜서 항공편을 예약하도록 하겠습니다.

+ **travel expense** 여행 경비, 출장비

I can increase the **travel expense** for you, so I suggest that you just book the earliest flight.
제가 당신을 위해 여행 경비를 늘려드릴 테니, 가장 이른 항공편으로 그냥 예약하시기를 제안합니다.

+ **upgrade** 승급하다, 업그레이드하다

He is a very important client at our company, so I think you should **upgrade** his flight to first class so that he can attend the meeting in time.
그는 우리 회사에서 아주 중요한 고객이기 때문에, 그가 제시간에 회의에 참석할 수 있도록 그의 항공편을 일등석으로 업그레이드 해야 한다고 생각합니다.

+ **urgent** 긴급한, 시급한

Since we are in a very **urgent** situation right now, I ask you to get back to me as soon as possible.
우리는 지금 매우 급한 상황에 처해 있으므로, 최대한 빨리 연락 주시기를 요청합니다.

+ **instruction** 설명, 설명서

I suggest that you read the **instructions** one more time, and call me back if the printer still doesn't work.
설명서를 한 번 더 읽어보고, 그래도 프린터가 작동되지 않으면 다시 전화주시기를 제안합니다.

+ **manual** 매뉴얼, 설명서

It seems like one of our workers forgot to put the **manual** in the box.
저희 직원들 중 한 명이 상자에 매뉴얼을 넣는 것을 잊어버렸던 것 같습니다.

+ **replacement** 교체물, 대체물

I will immediately send you a **replacement** for the broken vacuum cleaner.
고장 난 진공청소기의 대체물을 즉시 보내드리겠습니다.

+ **defective** 결함이 있는

I think that the air conditioner you purchased at our store is **defective**.
제 생각에 저희 매장에서 구입하신 에어컨에 결함이 있는 것 같습니다.

+ **parts** 부품들

I understand from your message that there are some broken **parts** in the computer.
당신의 메시지를 통해 컴퓨터 안에 고장 난 부품들이 있다는 것을 알았습니다.

+ **technician** 기술자, 기사

I will send you a **technician** as soon as possible to look at the problem.
문제를 살펴보도록 기술자를 최대한 빨리 보내드리겠습니다.

+ **under warranty** (상품이) 보증 기간 중인

And yes, the coffee machine is still **under warranty**, so you can get it fixed for free.
그리고 네, 그 커피머신은 아직 보증 기간 중이기 때문에 무료로 수리 받으실 수 있습니다.

+ **at no cost (=for free / at no charge)** 무료로

Since it was our mistake, we will replace the battery **at no cost**.
저희 실수였기 때문에, 배터리를 무료로 교체해드리겠습니다.

+ **at no additional cost** 추가 요금(비용) 없이

I will deliver the product to your office **at no additional cost**.
추가 비용 없이 당신의 사무실로 제품을 배송해드리겠습니다.

+ **voucher (=coupon)** 상품권, 쿠폰

To compensate this matter, I will send you a **voucher** that you can use at our on-line shop.
이 문제를 보상해드리기 위해, 저희 온라인 숍에서 사용하실 수 있는 상품권을 보내드리겠습니다.

+ **valid** 유효한

I'm very sorry, but your warranty was **valid** until last month, so you will have to pay an extra charge for the repair.
매우 죄송하지만, 당신의 보증서는 지난달까지 유효했으므로 수리에 대한 추가 비용을 지불하셔야 합니다.

+ **expire** 만료되다, 만기되다

The coupon **expires** at the end of the year, so be sure to use it before that.
쿠폰은 연말에 만기되기 때문에, 그 전에 꼭 사용하십시오.

+ **on your next purchase** 다음 구매하실 때

I will send you a gift certificate that you can use **on your next purchase**.
다음 구매하실 때 사용하실 수 있는 상품권을 보내드리겠습니다.

+ **be in good condition** (기계, 상품 등이) 상태가 좋다

There must be some mistake, because our engineers made sure that the vehicle **was in good condition**.
뭔가 잘못된 것 같습니다, 왜냐하면 차량의 상태가 좋다는 것을 저희 엔지니어들이 확인했거든요.

+ **replace** 교체하다, 대체하다

We are willing to **replace** your cell phone with a brand new one.
저희는 기꺼이 당신의 휴대폰을 새것으로 교체해 드리겠습니다.

+ have+사물+repaired ~를 수리시키다, 고치게 하다

We will **have** your television **repaired** by this Friday at the latest.
당신의 텔레비전을 늦어도 이번 주 금요일까지는 수리해드리겠습니다.

+ pick up (물건을) 찾아가다

You can **pick** it **up** anytime that works for you.
시간 되실 때 언제든지 찾아가시면 됩니다.

+ work properly 제대로 작동하다

I'm returning your call about the projector that is not **working properly**.
제대로 작동하지 않는 영사기에 관한 당신의 메시지에 답신 전화를 드립니다.

+ missing (있어야할 것이) 빠진, 분실된, 없어진

Please accept my apology about the **missing** components.
빠진 부품들에 대한 저의 사과를 받아주십시오.

+ service charge 서비스 요금

Since it was your fault that the product broke down, you have to pay a **service charge** for the repair.
제품이 고장 난 것이 당신의 과실이기 때문에, 수리에 대한 서비스 요금을 지불하셔야 합니다.

+ travel all the way to~ ~까지 먼 길을 가다

That way, you won't have to **travel all the way to** our shop just to pay for the product.
그렇게 하면, 단지 제품의 값을 지불하기 위해 저희 가게까지 먼 길을 오실 필요가 없을 것입니다.

+ in person 직접

I'm sorry, but if you want a full refund, you must bring the item **in person**.
죄송하지만 전액 환불을 원하시면, 제품을 직접 가지고 오셔야 합니다.

④ 직원 관련 메시지   05-16

+ call in sick (전화로) 병가를 내다

I understand that two waiters **called in sick**, and there is not enough staff for this evening's event.

두 명의 웨이터들이 병가를 내서 오늘 저녁 행사를 위한 직원들이 충분하지 않다는 것을 알았습니다.

+ employee (=staff / worker) 직원

I will send you some of my **employees** to help you at the banquet tomorrow.

내일 연회에서 당신을 도울 수 있도록 제 직원들 몇 명을 보내드리겠습니다.

+ colleague 동료

If you want, I can ask my **colleague** for some advice on the issue.

원하시면, 제 동료에게 그 문제에 대한 조언을 좀 요청할 수도 있습니다.

+ outstanding 뛰어난

She is a very **outstanding** worker, so I believe that she will be a great help to your team.

그녀는 매우 뛰어난 직원이므로, 당신의 팀에 큰 도움이 될 것이라 믿습니다.

+ experienced 경험이 있는, 능숙한

I heard from your message that the new manager is very **experienced**, but has difficulty communicating with clients.

당신의 메시지에서 새로운 매니저가 아주 경험이 많지만, 고객들과 의사소통하는 데 어려움이 있다는 것을 들었습니다.

+ professional 전문적인

I suggest that you hire a **professional** journalist to write some articles about our company.

우리 회사에 대한 기사를 작성하도록 전문적인 기자를 고용할 것을 제안합니다.

+ well-trained 잘 훈련된

The new interns are very **well-trained**, and I think they are ready to work at the office.

새로운 인턴들이 훈련을 아주 잘 받았고, 이제 사무실에서 일할 준비가 되었다고 생각합니다.

+ **competent** 능숙한

He is very **competent** in his work, so I think you will be satisfied.
그는 자신의 일에 매우 능숙하기 때문에, 만족하실 것 같습니다.

+ **easy to work with** 같이 일하기 좋은

Although she is very kind and **easy to work with**, her sales have been going down and down lately.
비록 아주 친절하고 같이 일하기 좋을지라도, 그녀의 판매 실적이 최근에 점점 줄었습니다.

+ **poor** (어떤 일을) 잘 못하는, 실력 없는

Since he has **poor** communication skills, I suggest you give him some personal training.
그가 의사소통 능력이 좋지 않기 때문에, 당신이 개인적으로 교육시켜줄 것을 제안합니다.

+ **take a class** 수업을 듣다

I recommend you **take a class** on marketing strategies.
마케팅 전략에 대한 수업을 들으실 것을 추천합니다.

+ **interfere with~** ~를 방해하다, ~에 지장을 주다

You can take the class during the weekend, so that it doesn't **interfere with** your work.
당신의 일에 지장을 주지 않도록 수업을 주말 동안 들으시면 됩니다.

+ **work extra hours (=work late)** 초과 근무하다, 야근하다

To complete everything on time, I will have the employees **work extra hours**.
모든 것을 시간 내에 끝내기 위해서, 직원들을 초과 근무하도록 시키겠습니다.

+ **regular office hours** 정규 근무 시간

Until the whole project is finished, we can temporarily change the **regular office hours**.
전체 프로젝트가 끝날 때까지, 임시적으로 정규 근무 시간을 변경할 수도 있습니다.

+ **leave the company** 회사를 그만두다

I understand from your message that your assistant is **leaving the company** this month, and you cannot complete the project without her.
당신의 메시지에서 당신의 조수가 이번 달에 회사를 그만두는데, 그녀 없이는 프로젝트를 끝낼 수 없다는 사실을 알았습니다.

+ **resign** 사직하다, 사임하다

The accountant will **resign** from her job this Friday, and we need to find someone to replace her.

회계사가 이번 주 금요일에 사직할 것이고, 우리는 그녀를 대신할 누군가를 찾아야 합니다.

+ **short-staffed (=understaffed)** 직원이 부족한

Since the public relations department is **short-staffed** at the moment, I suggest you help them first before meeting with your clients.

홍보부가 현재 일손이 부족하기 때문에, 당신의 고객들을 만나기 전에 그들을 먼저 도울 것을 제안합니다.

+ **hire (=recruit)** 고용하다, 채용하다

I suggest that we **hire** 5 more employees to work at the new branch.

새 지점에서 일할 수 있는 직원들을 5명 더 고용할 것을 제안합니다.

+ **fill a position** 자리를 채우다

Please find a person to **fill your position** as soon as you can.

최대한 빨리 당신의 자리를 대신할 수 있는 사람을 찾으십시오.

+ **personnel office** 인사과

I will ask the **personnel office** for the documents that you need for your loan.

당신의 대출에 필요한 서류들을 인사과에 요청하겠습니다.

+ **permanent** 영구적인 (↔ **temporary** 임시의)

I'm afraid there are no **permanent** jobs available at the moment, but I can find some temporary positions for you if you want.

현재 비어있는 영구직은 없지만, 원하시면 임시직을 찾아봐드릴 수는 있습니다.

+ **effectively** 효과적으로

I think we need to find some ways to organize the office supplies **effectively**.

효과적으로 사무용품들을 정리할 방법들을 찾아야 한다고 생각합니다.

+ remind A of B A에게 B를 상기시키다

During the meeting today, I will **remind** the staff **of** the upcoming training session.
오늘 회의에서 제가 직원들에게 다가오는 교육에 대해 상기시키도록 하겠습니다.

+ duties and responsibilities 직무내용

I understand from your message that many of the new employees don't know what their **duties and responsibilities** are.
당신의 메시지를 통해 많은 새 직원들이 자신들의 직무내용을 모른다는 사실을 알았습니다.

+ warn 경고하다

I will **warn** them personally about the high phone bills in the office.
사무실에서의 높은 전화요금에 대해 그들에게 개별적으로 경고를 하겠습니다.

+ post a notice 게시하다, 공고문을 올리다

And I will **post a notice** around the office to let them know about the work procedure.
그리고 사무실 주변에 공고를 게시하여 그들에게 작업 절차를 알려주도록 하겠습니다.

+ regulation 규정, 규칙

I found out that some of the new staff don't know about the office **regulations**, and no one has explained anything to them.
새로운 직원들이 사무실 규정들을 잘 모르고 있고, 아무도 그들에게 설명해주지 않았다는 사실을 알았습니다.

+ work together on~ ~를 함께 일하다, 협력하다

I suggest you **work together on** the presentation so that you can finish it before the staff seminar tomorrow.
내일 직원 세미나 전에 프레젠테이션을 끝낼 수 있도록 함께 일할 것을 제안합니다.

+ help (목적어) out ~를 도와주다, 거들다

I can send you some employees to **help** you **out** at the luncheon event next week.
다음 주 오찬 행사에서 당신을 도와줄 직원들을 보내드릴 수 있습니다.

+ take+기간+off (기간) ~을 쉬다

After the workshop, you can **take** a week **off** to visit your family, so don't worry about that.
워크숍 후에 가족들을 방문하기 위해 1주일 쉬면 되니까, 그건 걱정하지 마세요.

+ drop by (=come by / stop by) 들르다

You can **drop by** my office anytime during this afternoon to pick up the report.
오늘 오후 아무 때나 제 사무실에 들러서 보고서를 찾아가시면 됩니다.

+ necessary documents 필요한 서류들

If you want, I will prepare the **necessary documents** for you and fax them to your office.
원하시면, 제가 필요한 서류들을 준비해서 당신의 사무실로 팩스를 보내겠습니다.

+ submit 제출하다

I found out that some of the applicants still didn't **submit** their resumes to the Human Resources department.
지원자들 중 몇 명이 아직도 인사부에 이력서를 제출하지 않았다는 것을 알았습니다.

+ come in for an interview 면접을 보러 오다

Please call me back and let me know when you are available to **come in for an interview**.
다시 제게 전화해서 언제 면접을 보러 오실 수 있는지 알려주세요.

+ communicating skills 의사소통 능력

Due to his poor **communicating skills**, some clients have made complaints about the phone calls.
그의 부족한 의사소통 능력 때문에, 몇몇 고객들이 전화 통화에 대한 불평을 했습니다.

+ incentive (=bonus) 장려금, 보너스

I will arrange a system to give **incentives** to the top performers.
제일 일을 잘한 사람들에게 장려금을 주는 제도를 마련하겠습니다.

+ give a budget increase 예산을 올려주다

I will **give** you **a budget increase** for the newspaper advertisement.
신문 광고를 위한 예산을 올려드리겠습니다.

+ stay within the budget 예산을 지키다

I understand from your message that you are having difficulty **staying within the budget**.
당신이 예산을 지키는 데 어려움을 겪고 있다는 것을 메시지를 듣고 알았습니다.

+ go over budget 예산을 초과하다

I understand that the marketing department **went over budget**, and they want some advice on managing expenses.
마케팅 부서가 예산을 초과했고, 경비 관리에 대한 조언을 원한다는 사실을 이해했습니다.

+ increase one's rate 요금을 늘리다

The problem is that the shipping company we use **increased their rates** by 10%.
문제는 우리가 이용하는 배송 업체가 요금을 10% 인상했다는 것입니다.

+ reduce one's cost 비용을 줄이다

To boost our profits, I suggest we **reduce our costs** and improve the quality.
수익을 증가시키기 위해서, 비용을 줄이고 품질을 향상시킬 것을 제안합니다.

+ sales figures 매출액, 판매수치

I understand from your message that the **sales figures** for this quarter are quite low.
당신의 메시지에서 이번 분기의 판매수치가 꽤 낮다는 것을 알았습니다.

+ be affected 영향을 받다

I suggest that we increase the price of our products so that our overall profit won't **be affected**.
우리의 전반적인 수익에 영향이 미치지 않도록 제품들의 가격을 올릴 것을 제안합니다.

+ cut costs 비용을 삭감하다

I think we need to **cut costs** in every department to make up for the decrease in sales.
판매의 감소를 만회하기 위해 모든 부서에서 비용을 삭감해야 한다고 생각합니다.

+ office supplies 사무용품

I found out that our expense for **office supplies** is too high.
사무용품에 드는 지출이 너무 높다는 것을 알았습니다.

+ drop 낮아지다, 떨어지다

I just heard your message and understand that our sales have **dropped** steadily since last winter season.
방금 당신의 메시지를 들었고, 우리의 판매가 지난 겨울시즌부터 꾸준히 낮아졌다는 사실을 알았습니다.

+ recommend 추천하다

I **recommend** that we make a television advertisement to promote our new cosmetics line.
우리 새로운 화장품을 홍보하기 위해 텔레비전 광고를 만들 것을 추천합니다.

+ limit 제한하다

I think we should **limit** the advertising budget in the marketing department.
마케팅 부서의 광고 예산을 제한해야 한다고 생각합니다.

+ work-related 일과 관련된

I suggest that all employees keep records of all **work-related** phone calls.
전 직원들이 일과 관련된 모든 전화 통화들을 기록할 것을 제안합니다.

+ profit 수익, 이익

I understand from your message that you want some advice on increasing our **profits**.
당신의 메시지에서 우리 수익을 늘리는 것에 대한 조언을 원하신다는 사실을 알았습니다.

+ maintain 유지하다, 지키다

That way, we can **maintain** our profits and provide a better service for our customers.
그렇게 하면, 우리는 수익도 유지하면서 고객들에게 더 나은 서비스를 제공할 수 있습니다.

+ **stay with** (물건을) 계속 쓰다 / (일 등을) 계속하다

I suggest that we **stay with** the company since they are very reliable and we have worked with them for a long time.

그 회사가 아주 믿을만하고 우리와 오랫동안 일을 해왔기 때문에 계속 그 회사와 거래할 것을 제안합니다.

+ **dependable (=reliable)** 믿을 수 있는, 신뢰할 수 있는

I understand that the new sales manager is very **dependable**, but his performance has not been very good.

새로운 영업 관리자가 매우 믿을만하다는 것은 알지만, 그의 실적은 별로 좋지 않았습니다.

+ **marketing** 마케팅

I heard you wanted some advice on our new **marketing** campaign.

당신이 우리의 새 마케팅 캠페인에 대한 조언을 원하신다고 들었습니다.

+ **do well** 성공하다(잘하다)

I understand from your message that our new cell phone products are not **doing well** in the market.

당신의 메시지에서 우리의 새 휴대폰 제품들이 잘 안 팔리고 있다는 것을 알았습니다.

+ **promote** 홍보하다, 촉진하다

I suggest that we use coupons to **promote** our services.

우리 서비스들을 홍보하기 위해 쿠폰을 사용할 것을 제안합니다.

+ **place an advertisement** 광고를 내다

We should **place an advertisement** in the local newspaper to let the citizens know about our company.

시민들이 우리 회사에 대해 알 수 있도록 지역 신문에 광고를 내야 합니다.

+ **consumer** 소비자

I found out that a lot of **consumers** haven't even heard about our products.

많은 소비자들이 우리 제품들에 대해 들어본 적도 없다는 사실을 알았습니다.

+ be famous for ~로 유명하다

We should let people know that we **are famous for** producing various organic food.
우리가 다양한 유기농 식품들을 생산하는 것으로 유명하다는 것을 사람들에게 알려야 합니다.

+ represent the company 회사를 대표하다

Please be aware that our sales agents **represent the company**, so they need to be nice and active when dealing with customers.
우리의 영업 사원들이 회사를 대표하므로, 고객들을 상대할 때 친절하고 적극적이어야 한다는 것을 알고 계십시오.

+ cast a celebrity 유명 인사를 캐스팅하다

I suggest that we **cast a** famous **celebrity** for our television ad, so that people would be more interested in our products.
사람들이 우리 제품에 더 관심을 가질 수 있도록, 우리 텔레비전 광고에 유명한 연예인을 캐스팅하기를 제안합니다.

+ give out 나눠주다, 돌리다

I suggest we **give out** free samples of our shampoo on the streets.
길거리에서 우리 샴푸의 무료 샘플을 나눠줄 것을 제안합니다.

+ try out 써보다

That way, people can **try out** our products and experience how good they are.
그렇게 하면, 사람들이 우리 제품을 써보고 얼마나 좋은지 경험할 수 있습니다.

+ come up with 생각해내다, 떠올리다

I will **come up with** some ideas for our marketing campaign and call you back as soon as possible.
우리 마케팅 캠페인을 위한 아이디어들을 생각해보고 최대한 빨리 다시 전화 드리겠습니다.

+ hopefully 바라건대

Hopefully, our sales will get better after the campaign.
바라건대, 캠페인 이후에 판매가 나아지면 좋겠습니다.

05 암기해두면 요긴한 필수 답변 패턴

Part 5를 효율적인 구성을 갖춰 답변하려면 앞서 p.230에서 살펴본 템플릿을 암기해두는 것이 좋습니다. 준비 시간 동안에는 템플릿의 빈칸에 들어가는 내용들만 잘 영작을 해서 넣어주면 되므로, 훨씬 수월하게 답변을 만들어 낼 수 있을 것입니다. 이제 알아두면 요긴한 몇 가지 포인트와 답변 패턴들을 살펴보며 실전에 더 완벽하게 대비해보도록 합시다.

① 상대방의 이름을 기억하고, 나의 영어 이름도 만들어두자!

템플릿의 첫 멘트는 인사말로 시작하는 것이 좋습니다. 보통은 상대방이 메시지를 남길 때 처음에 이름을 언급하는데, 그 이름을 기억해두었다가 인사할 때 얘기를 해주면 채점자들에게 메시지를 집중해서 잘 들었다는 이미지를 줄 수 있겠죠? 항상 **"Hello+상대방 이름, this is+본인 이름+returning your call."** 이라는 문장으로 시작하도록 하세요. 만약 경황이 없어 이름을 잊어버렸다면, 상대방 이름은 생략을 하고 **"Hello, this is 본인 이름 returning your call."** 이라는 문장으로 시작하도록 하세요.

그리고 여기에서 언급할 수 있도록 본인의 영어 이름을 만들어두는 것도 좋습니다. 영어를 하는 중간에 한글 발음의 이름이 들어가면 말하는 사람도, 듣는 사람도 어색한 느낌을 받을 수 있고, 원어민 채점자들이 한글 이름보다 영어 이름을 더 잘 알아듣기 때문에 영어 이름을 사용해서 답변하도록 하세요. 만약 영어 이름이 없다면, 영문 약자를 사용해서 얘기해도 괜찮습니다.

ex Hello, this is TK returning your call.

② 전화 메시지의 내용을 제대로 이해하지 못했을 때는?

TOEIC Speaking 시험에서 명심해야 할 한 가지 중요한 점은, 바로 자신감 있는 답변입니다. 항상 당당하게, 큰 소리로 또박또박 얘기를 해서 채점자들을 집중시켜야 하는데, 조용한 목소리로 얼버무린다거나 자신감 없는 말투로 머뭇거리면 감점 요소가 될 수 있습니다. Part 5에서 만약 전화 메시지의 내용을 이해하지 못했다면 당황하지 말고 다음과 같은 방법으로 대처할 수 있습니다.

I'm afraid I'm not in charge of this matter, so I'm not exactly sure what you're talking about. But I think you mean~ 죄송하지만 제가 이 일을 담당하고 있지 않아서, 정확히 무슨 얘기를 하시는지 모르겠습니다. 하지만 ~를 의미하시는 것 같네요.

이렇게 답변을 시작하면서 최대한 메시지의 내용을 유추해서 얘기를 해준다면, 대처 능력도 어느 정도 보여주면서 침묵으로 일관하지 않을 수 있겠죠?

③ 메시지 내용별 필수 답변 패턴들을 암기해두자! 05-25

❶ 구입한 상품(혹은 서비스)에 이상이 있어요!

상품이나 서비스 등과 관련된 고객의 불평·불만 메시지에 대해서는 그에 대한 대안과 더불어 보상책을 제시해주는 것이 좋습니다. 문제의 내용이 무엇이든 간에 고객과 업체 간의 관계라면 다음과 같은 보상책을 자연스럽게 제시할 수 있을 것입니다.

- To compensate this matter, I will give you a ~% discount
  이 문제를 보상해드리기 위해, ~% 할인을 해드리겠습니다

- To compensate this matter, I will send you a discount coupon(voucher) for your next purchase.
  이 문제를 보상해드리기 위해, 다음 구매 때 사용하실 수 있는 할인 쿠폰을 보내드리겠습니다.

- To compensate this matter, I will give you a discount coupon(voucher) that you can use to buy any item in our shop.
  이 문제를 보상해드리기 위해, 저희 가게에서 어떤 물건이든 구입하실 때 사용하실 수 있는 할인 쿠폰을 드리겠습니다.

❷ 직원들이 ~를 잘 몰라요!

직원들이 업무나 회사의 규정 등 회사의 일에 대해 잘 몰라서 문제가 있다는 내용의 메시지일 경우에는 다음과 같은 해결책을 제시해줄 수 있습니다.

- I will arrange a training session for the employees.
  직원들을 위한 교육을 준비하겠습니다.

- I will post a notice on the bulletin board to remind the employees about the matter.
  그 일을 직원들에게 상기시키기 위해 게시판에 공지를 게시하겠습니다.

❸ 필요한 서류가 없어요!

동료 직원이나 일로 관계된 사람이 나에게 어떠한 서류를 요청하는 경우에는 다음과 같은 해결책을 제시할 수 있습니다.

- I will prepare the necessary documents, so come by my office anytime to pick them up.
  필요한 서류들을 제가 준비해놓을 테니, 아무 때나 제 사무실에 오셔서 찾아가세요.

- I can mail or fax the necessary documents to you.
  필요한 서류들을 당신에게 우편이나 팩스로 보내드리겠습니다.

Exercise

1. 녹음된 음원을 듣고, 문제점이 무엇인지 고른 후 빈칸 받아쓰기 연습을 하세요. `05-26`

❶ Some of the employees do not ________________________ after using them, so a lot of them ________________________ .

(a) 없어진 청소 도구들이 많습니다.　　　(b) 고장 난 청소 도구들이 많습니다.

❷ I just got off the phone with our supplier, and they decided to ________________________ by 15%. I believe this will ________________________ , but we have worked with this company for a long time and they are very ________________________ .

(a) 우리의 전반적인 수익이 줄었습니다.　　　(b) 우리가 거래하는 업체가 가격을 인상합니다.

❸ ________________________ from your store the other day. I ________________________ it yesterday and ________________________ some ice cream, but when I woke up this morning it had all melted. I think ________________________ , and I ________________________ as soon as possible.

(a) 구입한 냉동고가 고장 난 것 같습니다.　　　(b) 아이스크림에 이상이 있습니다.

❹ As you know, the company is ________________________ this Friday. However, one of the employees ________________________ and ordered some new furniture to be delivered ________________________ next week.

(a) 가구를 잘못된 장소로 주문했습니다.　　　(b) 실수로 잘못된 가구를 주문했습니다.

2. 다음 빈칸을 채워보세요.

❶ **예정대로** 사무실로 오시면 됩니다.
You can come to the office ________________________ .

❷ 제품이 (a) **보증 기간 중**이기 때문에, (b) **무료로** 고쳐드리겠습니다.
Since the product is (a) ________________________ , we will fix it (b) ________________________ .

❸ (a) **제시간에** 오실 수 없다는 것을 알았으니, 인터뷰 (b) **일정을 다시 잡을** 것을 제안합니다.
I understand that you can not make it (a) ________________________ , so I suggest that we (b) ________________________ the interview.

❹ 제 사무실에 (a) **들러서** (b)**필요한 서류들**을 가져가시면 됩니다.
You can (a) ⬛⬛⬛ my office and take the (b) ⬛⬛⬛ .

❺ 일에 **방해가 되지** 않도록, 주말에 수업을 들으세요.
Take the class during the weekend, so that it doesn't ⬛⬛⬛
your work.

❻ 에어컨에 **결함 있는 부품들**이 있었던 것 같습니다.
I think there were some ⬛⬛⬛ in the air conditioner.

3. 다음 내용들을 영작해보세요.

❶ 그동안에, 제 비서를 사무실로 보내서 서류를 찾아오도록 하겠습니다.

❷ 이 문제를 보상해드리기 위해, 10% 할인 쿠폰을 보내드리겠습니다.

❸ 상황이 정리되면, 언제 시간이 되시는지 알려주세요.

❹ 저희 직원들 중 한 명이 실수를 했다는 것을 알았습니다.

❺ 당신의 메시지에서 두 직원이 오늘 아침에 병가를 냈다는 것을 알았습니다.

4. 다음 메시지에 대한 모범 답안을 탬플릿에 맞춰 영작해보세요.
   (지문을 읽지 않고 듣는 연습도 함께하세요.)

① 도움요청 메시지 `05-27`

Hello, this is Erin Bell. I'm calling in regard of our new coffee shop branch in Lakeside. The manager of the branch just called and said that their sales figures for the last quarter are quite lower than they had expected. According to the manager, our coffee brand hasn't been promoted enough, and a lot of local residents don't know about the shop. So they want some advice on marketing to increase their sales. As you are in charge of the marketing department, I think you could come up with some ideas to effectively promote the coffee shop to the people in that region. Please call me back as soon as possible with some advice. Once again, this is Erin Bell. You can reach me at extension 422. Thank you.

첫인사 Bell양 안녕하세요, 당신의 전화에 답신을 하는 (본인 이름)입니다.

➪

내용/요구사항 요약 당신의 메시지를 통해 우리의 Lakeside에 있는 커피숍 지점의 판매 수치가 예상보다 낮고, 커피숍을 홍보하는 것에 대한 조언을 원하신다는 것을 알았습니다.

➪

해결책 제시 상황을 좀 알아본 결과, 몇 가지 아이디어를 생각해냈습니다. 우리의 브랜드가 충분히 홍보되지 않았다고 언급하셨으니, 사람들에게 우리 브랜드를 알리기 위해서 지역 신문들에 광고를 낼 것을 제안합니다. 그리고 길거리에서 주민들에게 무료 커피 샘플이나 할인 쿠폰들을 나눠줄 수도 있습니다.

➪

마무리 질문이나 걱정거리가 있으시면 부담 갖지 말고 연락 주십시오.

➪

Good morning, my name is Jim Beasely and I recently bought a cell phone at your shop. It seemed perfectly fine when your employee gave me technical assistance and showed me all the functions. And I used it for about a week with no particular problem, but suddenly I can't turn it on since last night. I've checked the battery and tried everything I can, but it won't work. I think the cell phone is defective. This is a very serious problem because I have to go on a business trip tomorrow and I really need a cell phone. I want to know what you are going to do about this problem. I believe that the device is under warranty, and I can get services free of charge. Please call me back with a solution as soon as possible. You can reach me at 555-0015. Thank you.

첫인사 Beasely 씨 안녕하세요, 당신의 전화에 답신을 하는 <u>(본인 이름)</u> 입니다.

문제점/요구사항 요약 당신의 메시지를 통해 저희 가게에서 구입하신 핸드폰에 문제가 있다는 것을 알았습니다.

사과 우선, 불편을 끼쳐드려 매우 죄송합니다.

해결책 및 대안책 제시 상황을 좀 알아본 결과, 당신이 언급하신 것처럼 핸드폰에 결함이 있었다는 것을 알아냈습니다. 그리고 네, 보증 기간 중이기 때문에, 저희 가게로 핸드폰을 가져오기만 하시면 새것으로 교체해드리겠습니다. 그리고 이 문제를 보상해드리기 위해, 저희 가게에서 어떤 물건이든 구입하실 때 사용하실 수 있는 30% 할인 쿠폰을 드리겠습니다.

마무리 질문이나 걱정거리가 있으시면 부담 갖지 말고 연락 주십시오. 다시 한 번, 불편을 끼쳐드린 것에 대해 사과드립니다. 감사합니다.

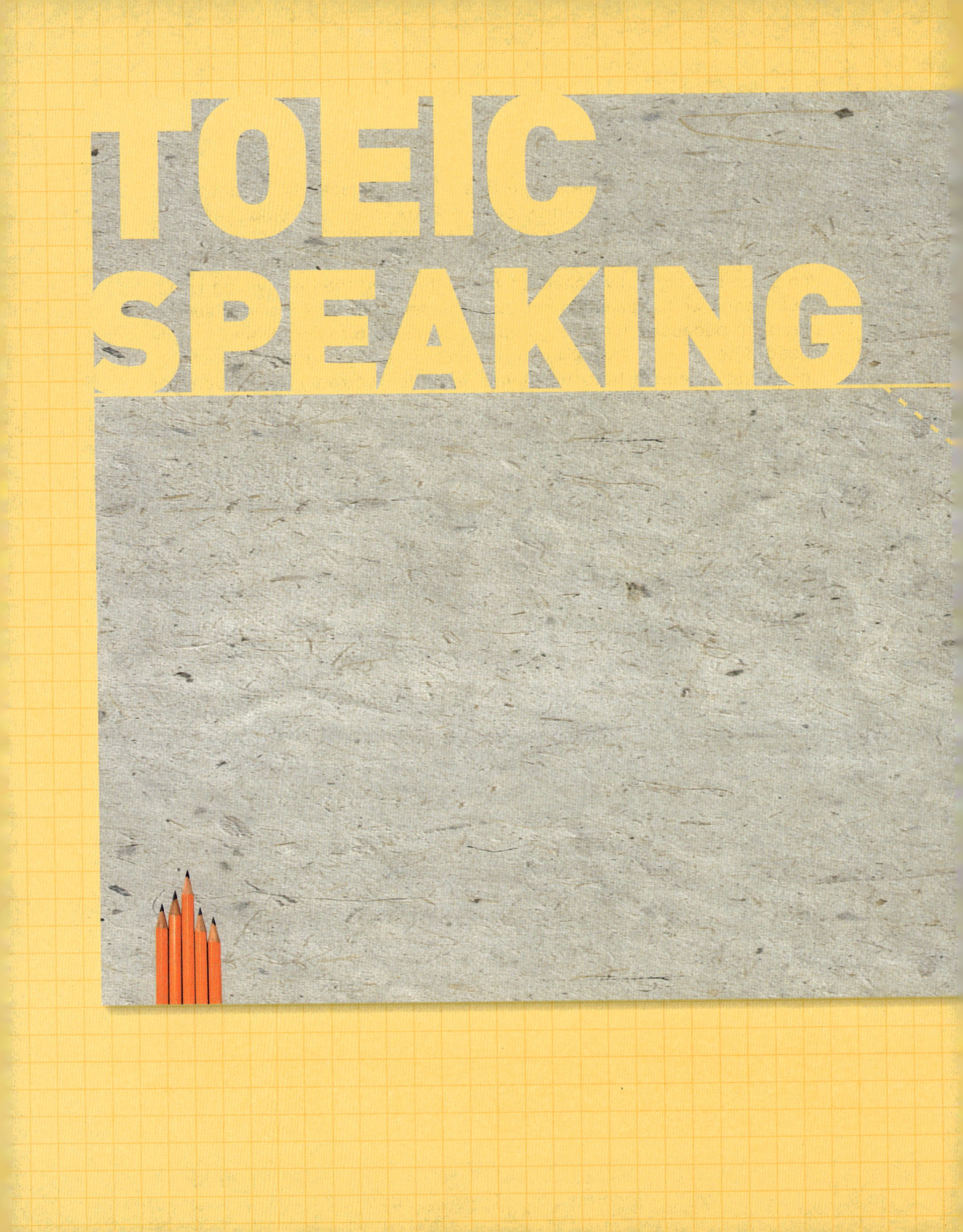

TOEIC
SPEAKING

Part 6

Express an Opinion

의견 제시하기

- Part 6 공략법&요령&Template설명
- Template과 활용 가능한 표현들
- 주제별 빈출 표현
- 필수 영어 속담&격언 표현들
- Exercise

PART 06 Express an Opinion 의견 제시하기

▶ 특정 주제에 대한 질문에 자신의 의견을 밝히고, 이유와 근거를 들어 설명하는 문제
▶ 1 문제 출제 (11번)
▶ 답변 준비시간 15초 / 답변시간 60초
▶ 평가기준: 주제를 잘 이해했고, 그 주제에 대한 자신의 의견을 명확히 밝혔는가?
　　　　　 자신의 의견을 뒷받침할 수 있는 이유와 근거들을 적절하고 충분하게 답변 했는가?
　　　　　 주장을 밝힐 때 필요한 표현들을 다양하게, 그리고 문법적으로 맞게 사용할 줄 아는가?

01 Part 6 공략법&요령

① 영작 연습을 습관화하자!

ETS 공식 기준에 따르면 Part 6에서는 발음, 억양, 강세뿐만 아니라 문법, 어휘, 내용의 일관성, 완성도, 그리고 관련성을 중요하게 평가합니다. Part 6는 특정한 주제에 대한 자신의 의견을 1분간 얘기하는 유형으로, Part 5와 더불어 답변 시간이 1분으로 가장 긴 Part입니다. 1분이라는 시간이 짧다면 짧다고 할 수도 있지만, 하나의 주제에 대해 영어로 얘기해야 한다는 관점에서는 상당히 길고 부담스럽게 느껴질 수도 있는 시간입니다. 따라서 ETS 공식 기준에 포함되어 있는 평가 항목들을 충족시킨 답변을 성공적으로 해내려면, 평상시에 꾸준한 영작 연습을 통해 유형에 익숙해지도록 합시다.

② 평소에 다양한 주제들과 아이디어들을 생각해두기!

Part 6에는 전문적인 지식이나 정보를 요구하는 주제들이 출제되지는 않습니다. 주로 회사생활, 일상생활, 그리고 학교생활 등과 관련된 일상적인 주제들이 문제로 나옵니다. 그럼에도 불구하고 많은 학생들이 가장 어려워하는 부분 중 한 가지는 주제에 대한 답변이나 아이디어가 잘 떠오르지 않는다는 점입니다. 물론 시간을 충분히 갖고 생각을 한다면 얼마든지 의견과 근거들을 얘기할 수 있을만한 문제들이지만, Part 6의 준비시간은 15초밖에 되지 않습니다. 따라서 평소에 많이 생각해보지 않았던 주제가 나온다면 순간 당황해서 의견을 제대로 얘기하지 못할 수도 있을 겁니다. 그런 경우들에 대비하기 위해 평소에 다양한 빈출 분야와 주제들에 대해 생각해보고, 의견을 정리해보는 습관을 길러두는 것이 중요합니다.

③ 문제 읽어주는 시간을 잘 활용하기!

앞서 언급했듯이, Part 6의 준비시간은 15초입니다. 상당히 짧기 때문에 시간 활용이 매우 중요합니다. 한 가지 다행인 것은 문제가 화면 상에도 나오고 음성으로도 제공됩니다. 따라서 문제를 읽어주는 시간까지 준비시간으로 활용을 해야지만 여유 있게 생각을 정리하여 답변을 할 수 있을 것입니다.
우선, 컴퓨터 화면에 문제가 뜨고 그것이 음성으로 제공되는 동안 눈으로 재빨리 읽어 내용을 파악해야 합니다. 주제를 확실히 이해한 후, 준비시간 15초 동안에는 의견을 뒷받침할 수 있는 근거들과 예시를 떠올립니다. 만약 15초 동안 한 가지 근거밖에 생각하지 못했다면, 얘기를 해나가면서 조금 더 구체화하면 됩니다.

④ 문제 유형들을 확실히 익혀두기!

Part 6의 문제 유형은 크게 4가지로 나누어볼 수 있습니다. 다음 유형들을 확실히 익혀두고, 문제로 출제된다면 재빠르게 내용을 파악할 수 있도록 대비합시다.

❶ 찬반 여부를 묻는 문제

Do you agree or disagree with~? ～에 찬성하십니까, 반대하십니까?

Are you in favor of~? ～에 찬성하십니까?

❷ 두 가지 의견 중 하나를 선택해야 하는 문제

Which do you prefer, and why? 당신은 어떤 것을 더 선호하며, 이유는 무엇입니까?

Do you prefer A or B? 당신은 A를 선호하십니까, B를 선호하십니까?

Do you usually A or B? 당신은 주로 A하십니까, B하십니까?

Would you rather A or B? A하겠습니까, B하겠습니까?

❸ 제시해준 세 가지 항목 중 하나를 선택해야 하는 문제

Which of the followings do you think is~? <A/B/C> 다음 A/B/C 중 어떤 것이 ～라고 생각하십니까?

Which of the followings do you consider most when~? <A/B/C>

～할 때 A/B/C 중 어떤 것을 가장 고려하십니까?

* 셋 중 한 가지를 선택하도록 묻고 있지만, 근거가 충분치 않을 때는 두 가지를 선택하고 각각에 대한 근거를 들어도 좋습니다.

❹ 의견을 서술하는 문제

Do you think that~? ～라고 생각하십니까?

What is your opinion on~? ～에 대한 당신의 의견은 무엇입니까?

What do you think about~? ～에 대해 어떻게 생각하십니까?

⑤ TOEIC Speaking은 '틀'이 있는 말하기 시험이다! – Part 6에서 사용할 Template 익혀두기

앞서 다른 Part들에서도 언급되었듯이, TOEIC Speaking 시험은 일종의 틀이 있는 말하기 시험입니다. 어떻게 시작해서 어떻게 마무리할지, 구성을 갖춰 반복적인 연습을 한다면 새로운 문제가 나와도 당황하지 않고 답변을 해낼 수 있을 것입니다. Part 6에서는 〈도입부-본론-마무리〉의 구성으로 틀을 잡고 답변을 만드는 것이 좋습니다. 이 유용한 템플릿은 다음 장에서 자세히 살펴보도록 합시다.

02 Template과 활용 가능한 표현들

Part 6에서 사용할 수 있는 탬플릿을 익혀둡시다. 의견을 두서없이 나열하지 말고 다음과 같은 틀을 사용해서 답변한다면 훨씬 더 논리적이고 깔끔한 답변을 만들어낼 수 있을 것입니다.

도입부

① 본인의 의견/주제: **I think~** 저는 ~라고 생각합니다 (1문장)

② 들어가는 말: **There are several reasons to support my opinion.** (1문장)
제 의견을 뒷받침할 수 있는 이유가 여러 가지 있습니다.

본론

③ 첫 번째 이유 (1문장)

④ 근거 or 예시 (1~3문장)

⑤ 두 번째 이유 (1문장)

⑥ 근거 or 예시 (1~3문장)

마무리

⑦ 결론: **For these reasons~** 이러한 이유로~ (1문장)

위와 같은 구성으로 지문을 만들고, 문장의 개수는 총 9~11 문장 정도가 적당합니다. 지금부터 각 단계별로 사용할 수 있는 표현들을 더 다양하게 살펴보도록 합시다.

① 도입부

도입부에서는 본론에 들어가기에 앞서 본인의 핵심 의견을 밝힙니다.

자신의 주장이나 찬성의 의견을 말할 때 쓸 수 있는 표현들　06-01

I agree that S+V~ 저는 ~에 동의합니다

I completely agree with+명사~ 저는 ~에 전적으로 동의합니다

I am in favor of+명사~ 저는 ~를 지지합니다

I think / believe / feel that S+V~ 저는 ~라고 생각합니다

I strongly believe that S+V~ 저는 ~라고 강력히 믿습니다

I am quite sure that S+V~ 저는 ~라고 확신합니다

I am convinced that S+V~ 저는 ~라고 확신합니다

I insist that S+V~ 저는 ~라고 주장합니다
I must argue that S+V~ 저는 ~라고 주장할 수밖에 없습니다
I partly agree that S+V~ 저는 부분적으로 ~에 동의합니다

반대의 의견을 말할 때 쓸 수 있는 표현들 `06-02`

I disagree that S+V~ 저는 ~에 반대합니다
I object that S+V~ 저는 ~에 반대합니다
I am opposed to+명사~ 저는 ~에 반대합니다
I'm against the opinion that S+V~ 저는 ~라는 의견에 반대합니다

선호하는 것을 말할 때 쓸 수 있는 표현들 `06-03`

I prefer A to B. 저는 B보다 A를 선호합니다.
I prefer A rather than B. 저는 B보다 차라리 A가 좋습니다.
A is better than B. A는 B보다 낫습니다.
I think it is better to A than B. 저는 B하는 것보다 A하는 것이 낫다고 생각합니다.
I guess A is better than B. 저는 B보다 A가 낫다고 생각합니다.

② 본론

본론에서는 자신의 의견을 뒷받침할 수 있는 이유 두 가지와, 각각에 대한 근거나 예시를 구체적으로 얘기
해줍니다.

열거할 때 쓸 수 있는 표현들 `06-04`

First / First of all 첫째로
Secondly / Second of all 둘째로
Next 그 다음은
Also 또한
Finally / Lastly 마지막으로

의견을 개진할 때 쓸 수 있는 표현들 `06-05`

In my opinion, S+V~ 제 의견으로는 ~입니다
In my point of view, S+V~ 제 관점으로는 ~입니다
I personally think that S+V~ 저는 ~라고 생각합니다
Generally speaking, S+V~ 일반적으로 말하면 ~입니다

There is no question that S+V~ ~하다는 것에는 의심의 여지가 없습니다
It is true that S+V~ ~하다는 것은 사실입니다
As far as I'm concerned, S+V~ 저에게 있어서는, ~입니다

이유나 근거를 얘기할 때 쓸 수 있는 표현들 06-06

The reason is that S+V~ 그 이유는 ~이기 때문이다
The primary reason is that S+V~ 그 주된 이유는 ~입니다
That's because S+V~ 그것은 ~이기 때문이다
This is mainly because S+V~ 이것은 주로 ~때문입니다
When it comes to+명사~ ~로 말하자면
Since S+V,~ / Because S+V,~ ~이기 때문에
Because of+명사 / Due to+명사 / Owing to+명사 ~때문에

예를 들 때 쓸 수 있는 표현들 06-07

For example, S+V~ 예를 들어, ~입니다
For instance, S+V~ 예를 들어, ~입니다
To be specific, S+V~ 구체적으로 말하자면, ~입니다
In other words, S+V~ 다시 말해서, ~입니다
As a matter of fact, S+V~ / In fact, S+V~ 사실 ~입니다
Actually, S+V~ 사실 ~입니다

비교·대조할 때 쓸 수 있는 표현들 06-08

There are several things in common. 몇 가지 공통점들이 있습니다
A is similar to B. A는 B와 비슷합니다
Similarly, S+V~ 유사하게, ~입니다
Likewise, S+V~ 이와 마찬가지로, ~입니다
Compared to+명사~ ~와 비교했을 때
The difference between A and B is~ A와 B의 차이점은 ~입니다
On the other hand, S+V~ 반면에, ~입니다
In contrast to+명사~ ~와 대조적으로
While S+V,~ ~하는 반면에
On the contrary, S+V~ 반대로, ~입니다

덧붙일 때 쓸 수 있는 표현들 `06-09`

In addition, S+V~ 게다가, ~입니다

Moreover, S+V~ 더욱이, ~입니다

Furthermore, S+V~ 뿐만 아니라(더욱이), ~입니다

Besides, S+V~ 게다가, ~입니다

Additionally, S+V~ 또한, ~입니다

Not only A but also B~ A뿐만 아니라 B도~

③ 마무리

마무리에서는 자신의 의견을 종합적으로 한 번 더 얘기해주면서 결론을 짓도록 합니다.

결론을 얘기할 때 쓸 수 있는 표현들 `06-10`

For these reasons, S+V~ 이러한 이유로, ~입니다

Therefore, S+V~ 그러므로, ~입니다

In conclusion, S+V~ 마지막으로(끝으로), ~입니다

In short, S+V~ 요약하면, ~입니다

In summary, S+V~ 요약하면, ~입니다

That's why S+V~ 그것이 ~한 이유입니다

As a result, S+V~ 결과적으로, ~입니다

Part 6에는 우리가 평상시에 자주 접할 수 있는 소재들이 출제되는데 크게 회사생활, 학교생활, 그리고 여러 가지 일상생활과 관련된 주제들로 나누어볼 수 있습니다. 다음 예문들 모두 실제 Part 6 답변에 활용할 수 있는 형태이므로, 어휘와 표현뿐만 아니라 예문들도 소리 내어 읽어보며 정리하세요.

① 회사생활　06-11

직장생활과 관련된 주제들이 최근에 많이 출제되고 있습니다. 회사의 종류, 승진, 출장, 직원의 성향 등 우리가 직장생활을 할 때 고려할만한 소재들이 문제로 나오므로 예문들을 살펴보며 본인의 생각도 함께 정리해보도록 하세요.

+ get a promotion (=get promoted) 승진하다

I think that **getting a promotion** in a small company is easier than in a big company.
저는 대기업보다 중소기업에서 승진하는 것이 더 쉽다고 생각합니다.

+ major company (=big company) 대기업

In **major companies**, there are a number of employees and departments.
대기업에는, 많은 직원들과 부서들이 있습니다.

+ domestic company 국내기업 (↔ international company 국제기업)

I prefer to work for a **domestic company** for several reasons.
저는 여러 가지 이유로 국내기업에서 일하는 것을 선호합니다.

+ small-sized 소규모의

If employees work in **small-sized** groups, it would be easier to show their talents and skills.
직원들이 소규모 그룹으로 일을 한다면, 자신들의 재능과 기술들을 보여주기가 더 쉬울 것입니다.

+ competition 경쟁

Since small companies usually have less employees than big companies, there would be less **competition** between workers.
주로 중소기업들이 대기업들보다 직원의 수가 적기 때문에, 직원들 간의 경쟁이 덜할 것입니다.

+ **work load** 업무량, 작업량

Also, small companies have smaller departments and less **work load** than big companies.
또한, 중소기업들은 대기업들보다 더 작은 규모의 부서들과 적은 업무량을 갖고 있습니다.

+ **be successful** 성공하다, 결과가 좋다

These days, there are many young people trying to **be successful** in their work.
요즘, 자신의 일에서 성공하려고 노력하는 젊은 사람들이 많습니다.

+ **accomplish one's goal** 자신의 목적을 달성하다

I believe I can **accomplish my goal** easier if I work together with other people.
저는 다른 사람들과 함께 일하면 더 쉽게 제 목표를 달성할 수 있을 것이라고 생각합니다.

+ **get one's ability recognized** 자신의 능력을 인정받다

It would be easier to show and **get my ability recognized**.
제 능력을 보여주고 인정받기가 더 쉬울 것입니다.

+ **be confident in~** ～에 자신이 있다

Even though I was still a student, I **was** very **confident in** that area and was able to complete many projects.
비록 저는 아직 학생이었지만, 그 분야에 자신이 있었고 많은 프로젝트를 완성할 수 있었습니다.

+ **be assigned to~** ～에 배정되다, 할당되다

I **was assigned to** do a presentation for the whole company.
저는 사원 일동에게 발표를 하도록 배정받았습니다.

+ **compliment** 칭찬

After I completed the project, I got a lot of **compliments** and a chance to work there after I graduate.
그 프로젝트를 끝낸 후에, 저는 많은 칭찬과 졸업 후에 거기서 일할 수 있는 기회를 얻었습니다.

+ **give an opportunity to~** ～할 기회를 주다

I think it is important to **give** employees **an opportunity to** learn a foreign language.
직원들에게 외국어를 공부할 수 있는 기회를 주는 것은 중요하다고 생각합니다.

+ position 직위, 직책

Since big companies have much more departments and **positions**, there are more jobs I can choose from.
대기업들이 훨씬 더 많은 부서와 직책들을 갖고 있기 때문에, 제가 선택할 수 있는 일들이 더 많습니다.

+ systematic organization 체계적인 조직

I prefer working for a company with a **systematic organization**.
저는 체계적인 조직을 갖고 있는 회사에서 일하는 것을 선호합니다.

+ employee evaluation 직원 평가

I think doing a lot of **employee evaluation** is good for raising employee morale.
직원 평가를 많이 하는 것은 직원 사기를 북돋기에 좋다고 생각합니다.

+ restructuring 구조조정

I know several people who were affected by their companies' **restructuring**.
회사의 구조조정으로 인해 영향을 받은 사람들을 여러 명 알고 있습니다.

+ assess 평가하다

In a bigger company, I can get my performances **assessed** more professionally.
큰 회사에서 제 일을 더 전문적으로 평가받을 수 있습니다.

+ objectively 객관적으로

It is very important to evaluate employees **objectively**.
직원들을 객관적으로 평가하는 것은 매우 중요합니다.

+ do one's best 최선을 다하다

I believe that if I always **do my best** on my work, I would receive a good result.
저는 제 일에서 항상 최선을 다한다면, 좋은 결과를 얻을 것이라고 생각합니다.

+ be fired (=be laid off / be let go / be dismissed) 해고되다

These days a lot of people are afraid of **getting fired** from their work.
요즘 많은 사람들이 직장에서 해고되는 것을 두려워하고 있습니다.

+ work overtime 초과근무를 하다, 야근하다

I think **working overtime** should be prohibited.
저는 야근하는 것이 금지되어야 한다고 생각합니다.

+ set one's schedule 일정을 세우다

I prefer **setting my** own **schedule** rather than working as instructed.
저는 지시대로 일하는 것보다 제가 직접 일정을 세우는 것을 선호합니다.

+ work with a team 팀으로 일하다

I would be able to accomplish more things efficiently if I **work with a team**.
팀으로 일하면 더 많은 일들을 효율적으로 성취할 수 있을 것입니다.

+ earn money 돈을 벌다

Some people think that the ultimate goal of having a job is to **earn money**.
어떤 사람들은 직장을 갖는 것의 궁극적인 목표가 돈을 벌기 위함이라고 생각합니다.

+ high-paying job 고소득 직업

If I could choose what I want to do, I would consider a **high-paying job** the first priority.
제가 하고 싶은 일을 고를 수 있다면, 저는 고소득 직업을 최우선으로 고려할 것입니다.

+ transfer 이동하다, 전근가다

I prefer a job that requires me to **transfer** to many places.
저는 많은 곳들로 이동하는 것을 요구하는 직업을 선호합니다.

+ social skills 사회적 기능, 사교 기술

By traveling to many places, I could meet a lot of people and it would help my **social skills**.
많은 장소들을 여행함으로써, 저는 많은 사람들을 만날 수 있고 그것은 제 사교 기술에 도움이 될 것입니다.

+ socialize with~ ~와 사귀다, 어울리다

I like learning how to **socialize with** different kinds of people.
저는 다른 부류의 사람들과 사귀는 법을 배우는 것을 좋아합니다.

+ work at home 재택근무하다, 집에서 일하다

I prefer **working at home** to going to the office every day.
저는 매일 출근하는 것보다 재택근무하는 것을 선호합니다.

+ adapt to~ ~에 적응하다

Moving to many places would be difficult because I would have to **adapt to** new environments every time.
매번 새로운 환경에 적응해야 되기 때문에 많은 장소들로 옮겨 다니는 것은 힘들 것입니다.

+ for a living 생계수단으로, 밥벌이로

If I could work **for a living** and travel around a lot, it would be like killing two birds with one stone.
생계수단으로 일도 하고 여행도 많이 다닐 수 있다면, 일석이조입니다.

+ environment 환경

New **environments** and changes can bring me excitement.
새로운 환경들과 변화들은 제게 흥분을 가져다 줄 수 있습니다.

+ adjust to~ ~에 적응하다

Adjusting to a new work environment is a challenging task.
새로운 근무 환경에 적응하는 것은 도전적인 과제입니다.

+ be tiring 피곤하다, 힘들다

If I have to adjust to new offices every time, it could **be** very **tiring**.
매번 새로운 사무실에 적응해야 한다면, 매우 피곤할 수 있습니다.

+ stable 안정된, 안정적인

Since I have families and friends living near me, I want a **stable** life.
가족들과 친구들이 제 주변에 살고 있기 때문에, 저는 안정된 삶을 원합니다.

+ secure job 안정적인 직업

I think having a **secure job** is the most important factor.
안정적인 직업을 갖는 것이 가장 중요한 요소인 것 같습니다.

+ **enthusiasm (=passion)** 열정, 열의

I agree that **enthusiasm** is the most important factor when recruiting new employees.
새로운 직원들을 채용할 때 열정이 가장 중요한 요소라는 것에 동의합니다.

+ **result in~** ~(결과)로 끝나다, 이어지다

Lack of passion will directly **result in** employees' performances.
열정의 부족은 직원들의 실적으로 직접적으로 이어질 것입니다.

+ **passionate (=enthusiastic)** 열정적인

On the other hand, employees with enthusiasm will be more **passionate** and interested in their work.
반면, 열의를 갖고 있는 직원들은 더욱 열정적이고 자신들의 일에 관심이 많을 것입니다.

+ **lead to better results** 더 좋은 결과로 이어지다

Planning in advance always **leads to better results**.
사전에 계획하는 것은 항상 더 좋은 결과로 이어집니다.

+ **background** (개인의) 배경

I disagree to the idea that companies should evaluate people's **background** when they hire new employees.
저는 회사들이 새 직원들을 고용할 때 사람들의 배경을 평가해야 한다는 의견에 반대합니다.

+ **obtain** 얻다, 구하다

Skills can be **obtained** by effort, but enthusiasm cannot be taught.
기술들은 노력으로 얻을 수 있지만, 열정은 배울 수가 없습니다.

+ **as time goes by** 시간이 지남에 따라

I can get used to the work **as time goes by**, but interpersonal problems are difficult to cope with.
일은 시간이 지남에 따라 익숙해질 수 있지만, 대인관계의 문제들은 극복하기가 힘듭니다.

+ new recruit 신입사원

New recruits usually start out with an enthusiastic attitude, but they tend to lose it as time goes by.

신입사원들은 주로 열정적인 태도로 시작을 하지만, 시간이 지나면서 그것을 잃는 경향이 있습니다.

+ inexperienced 미숙한, 경험이 부족한

I think it is better to hire an **inexperienced** worker than to hire a worker who lacks knowledge.

지식이 부족한 직원을 고용하는 것보다 경험이 부족한 직원을 고용하는 것이 낫다고 생각합니다.

+ flexibly 융통성 있게, 유연하게

First, I can spend my time **flexibly** if I work as a freelancer.

첫째로, 프리랜서로 일한다면 제 시간을 융통성 있게 쓸 수 있습니다.

+ dress code 드레스코드, 복장규정

I personally don't like companies with strict **dress codes**.

저는 개인적으로 엄격한 드레스코드가 있는 회사들을 좋아하지 않습니다.

② 학교생활 06-18

학창시절, 공부 습관, 교복 등 학교생활과 관련된 주제들도 우리의 삶과 밀접한 관계가 있습니다. 시험에 간혹 출제되고 있는 분야이므로 본인의 의견을 함께 정리하면서 표현들을 익혀두세요.

+ focus on (=concentrate on) ~에 집중하다

The library is very quiet and peaceful, so I can **focus** only **on** my studies.
도서관은 아주 조용하고 평화롭기 때문에, 제 공부에만 집중할 수 있습니다.

+ quiet atmosphere 조용한 분위기

The library has a **quiet atmosphere** and everyone is there to study or read books.
도서관은 조용한 분위기이고 모두가 공부하거나 책을 읽기 위해 그곳에 갑니다.

+ reading materials 읽을거리, 읽기 자료

The place was full of **reading materials** and various information, so it was very helpful for my project.
그곳은 읽을거리와 다양한 정보들로 가득해서, 제 프로젝트에 매우 도움이 되었습니다.

+ be equipped with ~를 갖추고 있다

The library is more convenient because it **is equipped with** many computers and copy machines.
많은 컴퓨터와 복사기를 갖추고 있기 때문에 도서관이 더 편리합니다.

+ be interrupted by ~에 의해 방해받다

At home, I can easily **get interrupted by** television, the computer, the refrigerator, and so on.
집에서는 텔레비전, 컴퓨터, 냉장고 등에 의해 쉽게 방해받을 수 있습니다.

+ get tired 피곤하다, 지치다

If I study at home, I can easily take a rest whenever I **get tired**.
집에서 공부를 하면 제가 피곤해질 때마다 쉽게 휴식을 취할 수 있습니다.

+ refresh oneself 기분 전환하다

Students need to **refresh themselves** after studying for a long time.
학생들은 오랫동안 공부를 한 후에는 기분 전환을 해야 합니다.

+ get good grades on~ ~에 좋은 성적을 받다

For example, I **got good grades on** my last mid-term exam after studying at the library for a week.
예를 들어, 저는 일주일간 도서관에서 공부한 후에 지난 중간고사에서 좋은 성적을 받았습니다.

+ subject 과목

I think highschool students should be able to choose the **subjects** that they want to study.
저는 고등학생들이 공부하고 싶은 과목들을 직접 선택할 수 있어야 한다고 생각합니다.

+ learn how to~ ~하는 법을 배우다

Through group assignments, students will **learn how to** cooperate with each other.
그룹 과제들을 통하여, 학생들은 서로 협동하는 법을 배울 것입니다.

+ be required to~ ~하도록 요구되다

I disagree that students should **be required to** attend supplementary classes after school.
저는 학생들이 방과 후에 보충수업을 들어야 한다는 것에 반대합니다.

+ attend a class 수업을 듣다, 출석하다

In my case, I didn't like **attending** gym **classes** when I was in highschool.
제 경우에는, 고등학교 때 체육 수업을 듣는 것을 좋아하지 않았습니다.

+ interact with~ ~와 교류하다, 소통하다

I think teachers should receive training on how to **interact with** students.
저는 선생님들이 학생들과 소통하는 법에 대한 교육을 받아야 한다고 생각합니다.

+ school uniform 교복

I agree that young students should be required to wear **school uniforms**.
저는 어린 학생들이 교복을 입어야 한다는 것에 동의합니다.

+ care too much about~ ~에 대해 너무 신경 쓰다

If students **care too much about** fashion, it can interrupt their studying time.
학생들이 패션에 너무 신경을 쓴다면, 그들의 공부시간에 방해가 될 수 있습니다.

+ appearance (=look) 외모

I wore school uniforms when I was in highschool, so I didn't have to care about my **appearances** as much as I do now.
저는 고등학교 때 교복을 입었기 때문에, 지금처럼 외모에 신경을 쓰지 않아도 됐습니다.

+ get allowance from~ ~로부터 용돈을 받다

Because students usually **get allowance from** their parents, they don't have much money.
학생들은 주로 부모님들로부터 용돈을 받기 때문에, 돈이 많지 않습니다.

+ repress (=suppress) 억압하다, 억제하다

I think that school uniforms **repress** students' individuality.
저는 교복이 학생들의 개성을 억압한다고 생각합니다.

+ freedom of expression 표현의 자유

Everyone, including young students, should have the **freedom of expression**.
어린 학생들을 포함한 모든 사람들에게 표현의 자유가 있어야 합니다.

+ be sensitive about~ ~에 대해 민감하다

Teenagers **are** especially very **sensitive about** their appearances and looks.
십대들은 특히 자신들의 외모에 매우 민감합니다.

+ learning skills 학습 기술, 공부 방법

By studying **learning skills**, students can find a studying method that suits themselves.
학습 기술을 공부함으로써, 학생들은 자신들에게 맞는 공부 방법을 찾을 수 있을 것입니다.

+ efficiently 효율적으로

Since Korean students have so much to study these days, it is very important for them to study well and **efficiently**.
요즘 한국 학생들은 공부할 것이 너무 많기 때문에, 공부를 효율적으로 잘하는 것이 매우 중요합니다.

+ know-how 노하우, (실질적인) 지식

I think there should be classes that teach students the **know-how** of taking tests.
저는 학생들에게 시험 보는 것의 노하우를 가르쳐주는 수업들이 있어야 한다고 생각합니다.

+ keep up with~ ~에 쳐지지 않고 따라가다

More and more students have trouble **keeping up with** their school work.
점점 더 많은 학생들이 학교 공부를 따라가는 것에 어려움을 겪고 있습니다.

+ encourage 용기를 북돋다, 격려하다

Studying the methods of learning can also **encourage** the students.
학습 방법을 공부하는 것은 학생들에게 용기를 줄 수도 있습니다.

+ gain confidence 자신감을 얻다

The best way for students to **gain confidence** is to believe in themselves.
학생들이 자신감을 얻는 가장 좋은 방법은 자신들을 믿는 것입니다.

+ confident in~ ~에 자신이 있는

After that experience, I became more **confident in** my English skills.
그 경험 이후로, 제 영어 실력에 더 자신이 생겼습니다.

+ memorize 암기하다, 외우다

When I was in middle school, I had trouble **memorizing** English words.
제가 중학생일 때, 저는 영어 단어를 암기하는 것에 어려움을 겪었습니다.

+ become discouraged 좌절하다, 의욕이 꺾이다

The more problems I had to solve, the more I **became discouraged**.
더 많은 문제들을 풀어야 할수록, 저는 더 좌절했습니다.

+ a great amount of~ 엄청난 양의~, 아주 많은~

Many students are stressed out due to **a great amount of** assignments.
많은 학생들이 엄청난 양의 과제들로 인해 스트레스를 받습니다.

+ physical activity 운동

I completely agree that **physical activity** is very important for young children.
저는 운동이 어린 아이들에게 매우 중요하다는 것에 전적으로 동의합니다.

+ mental health 정신 건강

I think studying art is good for children's **mental health**.
미술 공부를 하는 것은 아이들의 정신 건강에 좋다고 생각합니다.

+ P.E. (Physical Education) 체육

I enjoyed **P.E.** class the most when I was in highschool.
저는 고등학교 때 체육 수업을 가장 즐겼습니다.

+ too young to~ ~하기에 너무 어린

I believe that teenagers are **too young to** make those kinds of decisions.
저는 그러한 결정을 하기에 십대들은 너무 어리다고 생각합니다.

+ community service 지역 봉사 활동

I disagree to the idea that all university students must participate in **community service**.
저는 모든 대학생들이 지역 봉사 활동에 반드시 참여해야 한다는 의견에 반대합니다.

+ reputation 명성, 평판

Some students consider the **reputation** as the most important thing when they choose a university.
어떤 학생들은 대학교를 선택할 때 명성을 가장 중요한 요인으로 고려합니다.

+ stimulate 자극하다

Competition between students can **stimulate** their desire of learning.
학생들 사이의 경쟁은 그들의 학습 욕구를 자극할 수 있습니다.

+ build one's imagination ~의 상상력을 기르다

Reading a lot of books is essential for children because it helps **build their imagination** and logic.
상상력과 논리성을 기르는 데 도움이 되기 때문에 많은 책을 읽는 것은 아이들에게 필수적입니다.

+ **dormitory** 기숙사

My friend used to live in a **dormitory** when she was in college, and she told me a lot of good things about it.

제 친구는 대학교 때 기숙사에서 살았었는데, 좋은 점들을 많이 얘기해주었습니다.

+ **part-time job** 아르바이트

Of course **part-time jobs** can help students build their social skills.

물론 아르바이트는 학생들의 사회성을 기르는 데 도움이 됩니다.

+ **common sense** 상식

We can not learn **common sense** from schools or educational institutes.

상식은 학교나 학원에서는 배울 수가 없습니다.

③ 일상생활  06-24

회사나 학교생활 관련 주제들 외에도 다양한 일상적인 소재들이 Part 6에 많이 출제됩니다. 가족, 건강, 인터넷, 쇼핑 등 우리가 평상시에 항상 접하는 소재들이 출제되므로 어렵지 않게 생각을 정리해볼 수 있을 것입니다. 역시 다음 표현들과 예문들을 살펴보면서 본인의 의견도 확립해두세요.

+ lifestyle 생활 방식

I think the best way to get information about healthy **lifestyles** is from my family and friends.

저는 건강한 생활 방식에 대한 정보를 얻을 수 있는 가장 좋은 방법은 제 가족과 친구들로 부터라고 생각합니다.

+ get advice from~ ~로부터 조언을 구하다

I can listen to my family's experiences and **get** practical **advice from** them.

저는 가족들의 경험을 듣고 그들에게서 실질적인 조언을 구할 수 있습니다.

+ be genetically related 유전적으로 관계되어 있다

Also, since my family and I **are genetically related**, we tend to have similar experiences and habits.

또한, 제 가족들과 저는 유전적으로 관계되어 있으므로 비슷한 경험과 습관들을 갖고 있는 경향이 있습니다.

+ be allergic to~ ~에 알레르기가 있다

Because I **am allergic to** animal fur, it makes my skin itchy and red.

저는 동물 털에 알레르기가 있기 때문에 피부가 가렵고 빨개집니다.

+ suffer from~ ~로 고통받다, 고생하다

When I **suffered from** a severe headache last month, I got some advice from a friend who had a similar experience before.

제가 지난달에 심한 두통으로 고생했을 때, 이전에 비슷한 경험을 했던 친구로부터 조언을 얻었습니다.

+ health instructors 건강(관리) 강사

Since **health instructors** are professionals, they would have a lot of knowledge about health.

건강 강사들은 전문가들이기 때문에, 건강에 관한 지식이 많을 것입니다.

+ **have experience -ing** ～한 경험이 있다

If they **have experience dealing** with many people, I can get much more reliable and professional advice.

그들이 많은 사람들을 상대한 경험이 있다면, 저는 훨씬 더 믿을만하고 전문적인 조언을 구할 수 있을 것입니다.

+ **be capable of~** ～할 수 있다, 할 능력이 있다

Since I haven't exercised in a long time, I don't know what I should do and what my body **is capable of**.

오랫동안 운동을 하지 않았기 때문에, 제가 무엇을 해야 되고 제 몸이 어떤 능력이 있는지 모르겠습니다.

+ **consult with~** ～와 상의하다, 상담하다

After I **consulted with** a health instructor, he gave me a list of things I should work on.

건강관리 강사와 상담을 한 후에, 그는 제게 제가 해야 할 것들의 목록을 주었습니다.

+ **be based on~** ～에 기초하다, 근거하다

Magazines offer various information that **are based on** professionals' opinions.

잡지책들은 전문가들의 의견을 기초로 한 다양한 정보를 제공합니다.

+ **physical status** 몸 상태, 체격

I was able to exercise according to my **physical status**, so it wasn't that difficult.

제 몸 상태에 맞춰서 운동을 할 수 있었기 때문에, 그렇게 힘들지는 않았습니다.

+ **widespread** 널리 퍼진, 광범위한

I don't think that the **widespread** information on the Internet is useful for several reasons.

저는 여러 가지 이유로 인터넷에 널리 퍼진 정보들이 유용하지 않다고 생각합니다.

+ **medical information** 의료(의학) 정보

Many doctors and professionals use the Internet to provide **medical information** or to advertise themselves.

많은 의사들과 전문가들이 의료 정보를 제공히거나 자신들을 홍보하기 위해 인터넷을 사용합니다.

+ **see a doctor (=go to the hospital)** 병원에 가다

Last winter, I went to **see a doctor** because I had a mild cold.
지난겨울에 저는 약한 감기에 걸려서 병원에 갔습니다.

+ **cost a fortune** 엄청나게 비싸다, 거금이 들다

Even though I am not seriously ill, going to the hospital can **cost a fortune**.
제가 비록 심하게 아프지 않더라도, 병원에 가는 것은 거금이 들 수 있습니다.

+ **obvious** 너무 뻔한, 분명한

But the doctor told me some **obvious** things such as drink hot water and wear warm clothes, and I had to pay quite a lot for that.
하지만 의사는 제게 따뜻한 물을 마시고 옷을 따뜻하게 입으라는 등의 뻔한 얘기들을 해주었고, 저는 그것에 꽤 많은 돈을 지불해야 했습니다.

+ **be annoyed** 짜증나다, 화나다

I **was annoyed** because I had to wait for almost an hour to get in.
들어가기까지 거의 한 시간을 기다려야 했기 때문에 저는 짜증이 났습니다.

+ **unverified information** 검증되지 않은 정보

Since there is so much information widespread on the Internet these days, there is a lot of **unverified information** as well.
요즘 인터넷에 워낙 많은 정보들이 널리 퍼져 있기 때문에, 검증되지 않은 정보들 또한 많습니다.

+ **symptom** 증상

My mother usually has the same **symptoms**, so she told me what I should do in case of an emergency.
제 어머니도 주로 같은 증상이 있으시기 때문에, 비상 시 어떻게 해야 하는지 제게 알려주셨습니다.

+ **get worse** 악화되다, 더 나빠지다

My symptoms can **get worse** if I follow the information on the Internet thoughtlessly.
생각 없이 인터넷에 있는 정보들을 따라하면 제 증상은 더 악화될 수도 있습니다.

+ **prescription** 처방전

When I am sick, going to see a doctor and getting the proper **prescription** can save a lot of time.

아플 때는, 병원에 가서 적절한 처방전을 받는 것이 시간을 많이 절약해줄 수 있습니다.

+ **affect** 영향을 미치다

Cell phones definitely **affect** our lives the most these days.

요즘에는 휴대폰이 단연코 우리 삶에 가장 영향을 미칩니다.

+ **essential** 필수적인, 극히 중요한

As the Internet is an **essential** factor in our everyday life, e-mail has also become a common and innovative way of communication.

인터넷이 우리의 일상생활에 필수적인 요소이기 때문에, 이메일 또한 흔하고 혁신적인 의사소통의 수단이 되었습니다.

+ **daily life (=everyday life)** 일상생활

We can not ignore the fact that e-mails have not only become a part of our **daily life** but also business.

이메일이 우리의 일상생활뿐만 아니라 사업의 일부분이 되었다는 사실을 무시할 수 없습니다.

+ **keep record of~** ~를 기록하다

Nowadays we take pictures everyday, everywhere to **keep record of** our moments.

요즘 우리는 순간을 기록해두기 위해 매일, 모든 곳에서 사진을 찍습니다.

+ **practically** 사실상, 실질적으로

So **practically**, I am able to access the Internet anywhere, anytime I want.

그래서 사실상, 저는 언제, 어디서든 인터넷에 접속할 수 있습니다.

+ **can't ignore~** ~를 무시할 수 없다

I have to pay to buy newspapers and they come out everyday, so I **can't ignore** the expense.

신문을 사려면 돈을 내야하고 신문은 매일 나오기 때문에, 그 비용을 무시할 수 없습니다.

+ **read the news** 뉴스를 읽다

I enjoy **reading the news** through the Internet because it is easy to search up articles that I need or want.

제가 필요로 하거나 원하는 기사들을 검색하기가 쉽기 때문에 저는 인터넷으로 뉴스를 읽는 것을 좋아합니다.

+ **subscribe to a newspaper** 신문을 구독하다

I usually **subscribe to a newspaper** and take one to work every morning.

저는 주로 신문을 구독하고 매일 아침 출근할 때 하나를 가져갑니다.

+ **be exposed to~** ～에 노출되다

Newspapers can be much more informative because I can **be exposed to** more various articles and information.

저는 더 다양한 기사와 정보에 노출될 수 있기 때문에 신문이 훨씬 더 유익할 수 있습니다.

+ **acquisition of knowledge** 지식의 습득

Through the Internet, I tend to search up only the articles that I'm interested in, so my **acquisition of knowledge** can be limited.

인터넷을 통해서는, 제가 관심 있는 기사들만 찾아보는 경향이 있기 때문에 제 지식의 습득이 제한될 수 있습니다.

+ **competitive** (사람이) 경쟁심이 강한 / 경쟁력 있는, 뒤지지 않는

I agree that a person who grew up in a small family is more **competitive** than a person who grew up in a big family.

저는 소가족에서 자란 사람이 대가족에서 자란 사람보다 더 경쟁심이 강하다는 것에 동의합니다.

+ **used to -ing** ～하는 것에 익숙하다

Those people are usually **used to receiving** things.

그런 사람들은 주로 무언가를 받는 것에 익숙합니다.

+ **childhood** 어린 시절

I think people who grew up with many siblings are probably used to being competitive from their **childhood**.

저는 많은 형제자매들과 함께 자란 사람들이 아마도 어린 시절부터 경쟁심에 익숙해졌을 거라고 생각합니다.

+ **fight over~** ~를 두고 싸우다

It is easy to **fight over** many things as they grow up, such as food, clothes, watching TV, and so on.
자라면서 음식, 옷, TV 보는 것 등 많은 것들을 두고 싸우기가 쉽습니다.

+ **give up** 포기하다

If people have many members in their family, they would learn to share or **give** things **up**.
가족 구성원이 많으면, 나누거나 포기하는 법을 배울 것입니다.

+ **considerate** 사려 깊은, 배려하는

So they would likely become **considerate** than the people who grew up by themselves.
그래서 그들이 혼자 자란 사람들보다 더 사려 깊어질 것입니다.

+ **share information** 정보를 나누다

Through many blogs, Internet cafes, and web sites, people can **share information**.
많은 블로그, 인터넷 카페, 그리고 웹사이트 등을 통해, 사람들은 정보를 나눌 수 있습니다.

+ **run out of~** ~를 다 써버리다, ~가 떨어지다

Last week, I **ran out of** cosmetics and had to buy some new ones.
지난주에, 저는 화장품을 다 써서 새것을 구입해야 했습니다.

+ **have no clue** 전혀 모르다, 전혀 이해하지 못하다

I wanted to try out a new brand, but I **had no clue** about cosmetics.
새로운 브랜드를 써보고 싶었지만, 저는 화장품에 대하여 전혀 몰랐습니다.

+ **be satisfied** 만족하다

I bought the products that many people recommended, and I **was satisfied**.
저는 많은 사람들이 추천한 제품들을 구입했고, 만족했습니다.

+ **be shocked** 충격 받다, 쇼크를 받다

However, when I received the jeans a few days later, I **was shocked**.
하지만 며칠 후에 청바지를 받았을 때, 저는 충격을 받았습니다.

+ **be disappointed** 실망하다

Because it was so different from what I saw, I **was** very **disappointed**, and I don't buy clothes from the Internet after that experience.

제가 본 것과 너무 달랐기 때문에, 저는 매우 실망을 했고, 그 경험 이후로 저는 인터넷에서 옷을 사지 않습니다.

+ **inaccurate** 부정확한

There is so many **inaccurate** information on the Internet these days.

요즘에는 인터넷에 부정확한 정보들이 너무 많습니다.

+ **distinguish** 구별하다, 식별하다

Since many companies place advertisements on the Internet, I can't **distinguish** which information is real or not.

많은 회사들이 인터넷에 광고를 내기 때문에, 어떤 정보가 진짜인지 아닌지 구별할 수가 없습니다.

+ **more than I can manage** 내가 감당할 수 있는 것보다 더

The credit card can sometimes make me spend **more than I can manage**.

신용카드는 가끔 제가 감당할 수 있는 것보다 더 돈을 쓰게 만듭니다.

+ **eventually** 결국

There were so many cool items and clothes that were on sale, so I **eventually** spent more than I had planned.

세일 중인 멋진 물건과 옷이 너무 많았고, 그래서 저는 결국 계획했던 것보다 돈을 더 썼습니다.

+ **swipe the card** 카드를 긁다

Buying things with the credit card is so convenient, because all I have to do is **swipe the card**.

카드를 긁기만 하면 되기 때문에, 신용카드로 물건을 사는 것은 너무 편리합니다.

+ **realize** 깨닫다

I feel like that I am saving a lot of money, but after all, I **realize** that I had spent money that I didn't have to.

돈을 많이 절약하는 것 같다고 느끼지만, 결국엔 쓰지 않아도 될 돈을 썼다는 것을 깨닫습니다.

+ **buy something impulsively (=buy something without planning)** 충동구매하다

I think it is very dangerous to **buy something impulsively**.
충동구매를 하는 것은 매우 위험하다고 생각합니다.

+ **there is no limit on~** ~의 제한이 없다

Even if I don't have the money at the moment, I can buy first and pay later, so **there is no limit on** buying things.
비록 그 순간에 돈이 없더라도, 먼저 사고 나중에 지불하면 되니까 물건들을 구입하는 데 제한이 없습니다.

+ **leave a strong impression** 강한 인상을 남기다

That movie **left a strong impression** on me, and whenever I feel afraid about my future, I think of it.
그 영화는 제게 강한 인상을 남겼고, 제 미래에 대해 두려움을 느낄 때마다 그것을 생각합니다.

+ **get addicted to~** ~에 중독되다

Children easily **get addicted to** games, so parents have to be careful.
아이들은 쉽게 게임에 중독되기 때문에, 부모님들은 조심해야 합니다.

+ **simultaneously** 동시에

If I use the computer, I can do many things **simultaneously**.
컴퓨터를 사용한다면, 많은 것들을 동시에 할 수 있습니다.

+ **urban area** 도시 지역

I prefer living in an **urban area** because the public transportation system is well organized and it is easy to reach somewhere.
대중교통 시스템이 잘 조직되어있고 어딘가로 이동하기가 쉽기 때문에 저는 도시 지역에서 사는 것을 선호합니다.

+ **rural area (=suburban area)** 시골 지역, 교외지역

I would choose the **rural area** to raise my children because the air and water is clean there, and it would be good for health.
공기와 물이 깨끗하고, 그것은 건강에 좋을 것이기 때문에 저는 제 아이들을 기를 때 시골 지역을 선택하겠습니다.

+ **be polluted** 오염되다

Big cities **are** usually much more **polluted** than the countryside.
대도시들은 주로 시골보다 훨씬 더 오염되었습니다.

+ **entertainment facility** 오락 시설

Since there are many kinds of **entertainment facilities** in a city, I can easily relieve my stress.
도시에는 다양한 오락 시설들이 있기 때문에, 쉽게 스트레스를 풀 수 있습니다.

+ **violence** 폭력

It is a problem that many children are getting exposed to **violence** through movies and computer games these days.
요즘에 많은 아이들이 영화와 컴퓨터 게임들을 통해 폭력에 노출되고 있는 것이 문제입니다.

+ **aggressive** 공격적인

Violent scenes can make teenagers **aggressive** and dangerous.
폭력적인 장면들은 십대들을 공격적이고 위험하게 만들 수 있습니다.

자신의 주장을 효과적으로 전달할 수 있는 좋은 방법 중 한 가지는, 속담이나 격언을 활용하는 것입니다. 단순한 설명만을 통해 의견을 얘기하는 것보다 다양한 속담이나 격언을 내용에 맞게 언급해준다면, 주장을 더욱 명확하게 전달할 수 있을 뿐만 아니라, 채점자들로 하여금 본인이 영어에 대한 관심도 많고 표현들을 다양하게 알고 있다는 인상을 심어줄 수도 있을 것입니다. 다음 표현들을 익혀두고, 상황에 맞게 사용할 수 있도록 연습합시다.

① 회사 · 학교생활 관련 `06-33`

고통 없이는 얻는 것도 없다.	→ **No pain, no gain.**
행동보다 말이 쉽다.	→ **It is easier said than done.**
말보다는 행동이다.(실천이 중요하다.)	→ **Action speaks louder than words.**
(사람이나 성공 등이) 아예 오지 않는 것보다 늦더라도 오는 것이 낫다.	→ **Better late than never.**
백지장도 맞들면 낫다.	→ **Two heads are better than one.**
경험은 최고의 스승이다.	→ **Experience is the best teacher.**
시간은 사람을 기다려주지 않는다.	→ **Time and tide wait for no man.**
아는 것이 힘이다.	→ **Knowledge is power.**
구르는 돌에는 이끼가 끼지 않는다.	→ **A rolling stone gathers no moss.**
일을 급히 서두르면 망친다.	→ **Slow and steady wins the race.**
쥐구멍에도 볕들 날 있다.	→ **Every dog has his day.**

서당 개 3년이면 풍월을 읊는다. → **The sparrow near a school sings the primer.**
(학교 근처 참새가 입문서를 노래한다.)

사공이 많으면 배가 산으로 간다. → **Too many cooks spoil the broth.**
(요리사가 너무 많으면 국을 망친다.)

일찍 일어나는 새가 벌레를 잡는다. → **The early bird catches the worm.**

천 마디 말보다 한 번 보는 것이 낫다. → **A picture is worth a thousand words.**

② 일상생활 관련  06-34

| 아니 땐 굴뚝에 연기 나랴. | → **There is no smoke without fire.** |

겉만 보고 판단하지 마라. → **Don't judge a book by its cover.**

어려울 때 돕는 친구가 진정한 친구다. → **A friend in need is a friend indeed.**

불운은 한꺼번에 닥친다. → **It never rains but pours.**

너무 욕심을 부리지 마라. → **Don't bite off more than you can chew.**
(씹을 수 있는 것보다 더 많이 베어 먹지 마라.)

대우 받고 싶은 대로 다른 사람을 대우하라. → **Do to others as you would be done by.**

백문이 불여일견 → 보는 것이 믿는 것이다. → **Seeing is believing.**

반짝거린다고 다 금은 아니다. → **All that glitters is not gold.**

몸에 좋은 약이 쓰다. → **Good medicine tastes bitter.**

남의 떡이 커 보인다. → **Grass is greener on the other side of the fence.**

유유상종이다. → **Birds of a feather flock together.**

하늘은 스스로 돕는 자를 돕는다. → **Heaven helps those who help themselves.**

시간이 약이다. → **Time heals all wounds.**

제 눈에 안경이다. → **Beauty is in the eye of the beholder.**

티끌모아 태산이다. → **Little drops of water make the mighty ocean.**

돌다리도 두드려보고 건너라. → **Look before you leap.**

일석이조다. → **It's killing two birds with one stone.**

1. 다음 빈칸을 채워보세요.

❶ 다른 부류의 사람들과 **사귀는** 법을 배우는 것은 중요합니다.

It is important to learn how to   different kinds of people.

❷ (a) **생계수단**으로 일도 하고 여행도 많이 다닐 수 있다면, (b) **일석이조**입니다.

If I could work (a)   and travel around a lot, it would be like

(b)   .

❸ 우리의 **일상생활**에서 휴대폰을 빼놓을 수는 없습니다.

We can not leave out cell phones from our   .

❹ 저는 큰 그룹보다 **소규모** 그룹으로 일하는 것을 더 좋아합니다.

I like working in a   group more than working in a large group.

❺ 저는 **상식**을 가르쳐주는 학원들이 있어야 한다고 생각합니다.

I think there should be educational institutions that teach   .

❻ 제 가족들과 저는 감기가 걸렸을 때 같은 **증상들**이 있습니다.

My family and I have the same   when we catch a cold.

❼ 신용카드로, 저는 가끔씩 **제가 감당할 수 있는 것보다 더** 돈을 쓰곤 합니다.

With a credit card, I sometimes spend money   .

❽ 많은 **업무량**은 직원들을 스트레스 받게 합니다.

Heavy   makes employees feel stressed.

❾ 더 다양한 정보**에 노출될** 수 있기 때문에 인터넷이 훨씬 유익하다고 생각합니다.

I think that the Internet is much more informative because I can

more various information.

❿ 새로운 직원들을 채용할 때 (a) **열정**이 가장 중요한 요소라는 것에 (b) **전적으로 동의합니다**.

(b)   that (a)   is the most important factor

when recruiting new employees.

⑪ 제 가족들과 저는 **유전적으로 관계되어** 있으므로 비슷한 경험과 습관들을 갖고 있는 경향이 있습니다.
Since my family and I are ________________ we tend to have similar experiences and habits.

⑫ 저는 십대들이 경험삼아 **아르바이트**를 해야 한다는 것에 찬성합니다.
I agree that teenagers should get a ________________ for experience.

2. 다음 내용들을 영작해보세요.

❶ 저는 동물 털에 알레르기가 있습니다.

❷ 도서관은 읽을거리로 가득해서, 제 프로젝트에 도움이 되었습니다.

❸ 저는 부모님들로부터 용돈을 받기 때문에, 돈이 별로 없습니다.

❹ 그들은 제게 그 회사에서 일할 기회를 주었습니다.

❺ 도서관은 조용한 분위기이기 때문에 저는 쉽게 공부에 집중할 수 있습니다.

❻ 저는 회사들이 새 직원을 고용할 때 사람들의 배경을 고려해야 한다고 생각합니다.

❼ 저는 어린 시절부터 큰 도시에서 자랐습니다.

❽ 저는 고등학교 때 교복을 입었기 때문에, 외모에 신경 쓰지 않아도 됐습니다.

3. 다음 문제들에 대한 의견에 제시할 두 가지 근거들을 영작해보세요.

❶ Do you agree that playing computer games is good for young people?

컴퓨터 게임을 하는 것이 어린 사람들에게 좋다는 것에 동의하십니까?

disagree

(1) 요즘에는 폭력적인 게임들이 많습니다. 그래서 어린 사람들이 공격적이게 될 수 있습니다.

(2) 어린 사람들은 쉽게 게임에 중독됩니다. 그래서 컴퓨터 게임을 하는 것은 그들의 공부를 방해할 수 있습니다.

❷ Do you prefer living in a big city or in the countryside?

대도시에서 사는 것을 선호하십니까, 시골에서 사는 것을 선호하십니까?

big city

(1) 대도시들은 체계적인 대중교통 시스템을 가지고 있습니다. 따라서 어딘가로 이동하는 것이 매우 편리합니다.

(2) 쉽게 스트레스를 풀 수 있습니다. 왜냐하면 도시에는 많은 종류의 오락 시설들이 있기 때문입니다.

❸ Do you agree with the idea that teachers must retire after the age of 65?

선생님들이 65세의 나이 이후에 은퇴해야만 한다는 의견에 동의하십니까?

→ disagree

(1) 나이를 기준으로 한 은퇴는 불공평하다고 생각합니다. 모든 사람들은 일할 권리가 있습니다.

(2) 선생님이 나이가 많다면, 더 많은 경험들과 지식을 갖고 있을 것입니다.

❹ Some people think that getting a promotion in a small company is easier than in a big company. Do you agree or disagree?

어떤 사람들은 소기업에서 승진을 하는 것이 대기업에서보다 쉽다고 생각합니다. 동의하십니까, 반대하십니까?

→ agree

(1) 소기업들이 주로 대기업보다 직원들이 적기 때문에, 직원들 사이의 경쟁이 덜 할 것입니다.

(2) 소기업에서, 직원들은 소규모의 그룹으로 목표를 달성할 수 있고, 자신들의 능력을 인정받기가 더 쉬울 것입니다.

4. 다음 문제들에 대한 모범 답안을 탬플릿에 맞춰 영작해보세요.

❶ Do you prefer a job that requires you to transfer a lot, or a job that requires you to work at one place for a long time?
많이 이동하도록 요구하는 직업을 선호하십니까, 아니면 오랫동안 한 곳에서 일하도록 요구하는 직업을 선호하십니까?

도입부

저는 오랫동안 한 곳에서 일하도록 요구하는 직업보다 많이 이동하도록 요구하는 직업을 선호합니다. 제 의견을 뒷받침할 수 있는 이유가 여러 가지 있습니다.

본론

첫째로, 저는 새로운 곳들로 여행하고 새로운 사람들을 만나는 것을 좋아합니다. 따라서 제가 선택할 수 있다면, 저는 여행 기회가 많은 직업을 갖겠습니다. 이것은 또한 저의 사교 기술을 기르는 데 도움이 될 것입니다. 왜냐하면 저는 새로운 환경에 적응하는 법을 배워야 할 것이기 때문입니다.
둘째로, 저는 여행하는 것을 좋아합니다. 따라서 만약 제가 생계수단으로 일을 하고 많은 곳으로 이동할 수도 있다면, 일석이조입니다. 저는 돈도 벌고 동시에 인생도 즐길 수 있을 것입니다.

마무리

이러한 이유들로, 저는 많이 이동하도록 요구하는 일을 선호합니다.

도입부
⇗

본론
⇗

마무리
⇗

도입부

저는 새로운 물건을 구입할 때 인터넷이 정보를 얻는 가장 좋은 방법이라는 것에 동의합니다. 제 의견을 뒷받침할 수 있는 이유가 여러 가지 있습니다.

본론

우선, 인터넷은 많은 정보를 가지고 있고, 모두가 요즘 인터넷을 사용하기 때문에, 사람들이 정보를 나눌 수 있습니다. 유용한 정보를 가지고 있는 블로그, 인터넷 카페, 그리고 웹사이트들이 많습니다. 예를 들어, 지난달에 저는 화장품이 다 떨어져서, 새 것들을 구입해야 했습니다. 그래서 저는 화장품 블로그에서 정보를 검색했고, 많은 사람들이 추천한 제품을 찾았습니다. 그 제품들을 구입했고, 저는 만족했습니다.

둘째로, 인터넷에서 정보를 찾는 것은 매우 편리합니다. 우리는 컴퓨터나 휴대폰을 통해 인터넷에 쉽게 접속할 수 있습니다. 또한 우리는 가게에 가지 않고도 쉽게 제품들이나 가격들을 비교해볼 수 있고, 그래서 시간을 절약할 수 있습니다.

마무리

이러한 이유들로, 저는 새로운 물건을 구입할 때 인터넷이 정보를 얻는 가장 좋은 방법이라는 것에 동의합니다.

도입부
⇨

본론
⇨

마무리
⇨

Exercise Answers
연습문제 정답

Chapter 01　Part 1. Read a Text Aloud

1. ❶ ABC Inc. → ABC Incorporated
　 D&E Corp. → D and E Corporation
　 F&G Co. → F and G Company
　 H&I Ltd. → H and I Limited

　 ❷ 555-2305 → five five five two three zero five
　 1800-123-4567 → one eight hundred one two three four five six seven
　 www.healthyfood.com → www dot healthyfood dot com

　 ❸ 2:15 → two fifteen
　 1999 → nineteen ninety nine
　 2013 → two thousand (and) thirteen
　 1900s → nineteen hundreds

　 ❹ $1,000 → one thousand dollars
　 $10,000 → ten thousand dollars
　 100,000 dollars → a hundred thousand dollars
　 1,000,000 dollars → one million dollars

2. ❶ Drivers should be aware / that the main roads in the center of the city / will be closed to vehicles / from 10 A.M. to 2 P.M. during the parade.

　 ❷ The government is planning to release an information booklet / listing some cost-effective ways / to heat homes.

　 ❸ The renovation work on our office windows / will begin tomorrow afternoon, / so please prepare for it / before you leave the office this evening.

4. 해석

　 ❶ Conrad 국제공항에 오신 것을 환영합니다. 각 승객은 핸드백, 서류가방, 혹은 노트북과 같은 개인 소지품 한 개와 한 개의 가방만을 들고 탈 수 있다는 점을 기억해주십시오. 보안 검색대에 도착하면, 모든 동전들과 금속 장신구들을 갈색 플라스틱 통에 넣어주십시오. 또한, 저희 직원에게 신분증과 탑승권을 보여줄 준비를 해주십시오. 협조해주셔서 감사합니다.

　 ❷ 우리 몸이 어떻게 돌아가는지 알고 싶으세요? 다음 주 월요일부터 시작될 "인체 전시"에 방문하세요! 이 독특한 전시는 복잡한 핏줄들, 근육들, 그리고 뼈를 포함하여 100개가 넘는 진짜 같은 인체 견본품을 보여줍니다. 비디오 투어를 통해 혈액 순환 시스템을 경험할 기회도 있을 것입니다. 예약은 저희 웹사이트, www.humanbody.com을 통해 하실 수 있습니다.

Chapter 02　Part 2. Describe a Picture

1. ❶ blond hair
　 ❷ intersection / crossroad
　 ❸ side by side

❹ Pedestrians / crosswalk
❺ getting on / boarding
❻ by the curb
❼ shopping for groceries
❽ produce section
❾ aisle
❿ that says
⓫ trying on
⓬ talking on the phone
⓭ taking notes
⓮ empty / unoccupied
⓯ calm / sparkling(glittering)

2. ❶ He is walking a dog.
   ❷ She has a ponytail.
   ❸ Many products(items / merchandise / goods) are displayed on the shelves.
   ❹ The restaurant is crowded with people.
   ❺ Boxes are stacked up on the desk.
   ❻ Papers are scattered on the floor.
   ❼ The house is surrounded by trees.
   ❽ A picture is hanging on the wall.
   ❾ The man is wearing a short-sleeved shirt and shorts.
   ❿ A customer is making an order from the menu.
   ⓫ A waiter is taking an order from the customer.

3. 도입부

This picture was taken in the market. There are many people in the picture.

세부묘사

The first thing I see is two men having a conversation.
The man on the left is wearing a black jacket and has short hair. He is carrying a little girl wearing a pink coat. A boy is standing next to him.
Across from them, there is a man wearing an orange work suit and a white shirt.
I think he is a vendor at the market.
Behind them, many kinds of seafood are displayed on the rack.
On the upper right side of the picture, many signs and writings are hanging on the wall.
And in the background of the picture, I can see a post and some customers.

마무리

Overall, it seems like the people are shopping for groceries at the supermarket.

Chapter 03　Part 3. Respond to Questions

1. ❶ disadvantage / downside　❷ wasting my time　❸ traffic jam / traffic congestion / heavy traffic
   ❹ Moreover / Also / In addition　❺ punctual　❻ public transportation
   ❼ work out / exercise　❽ gym (=health center / fitness center)　❾ hobby
   ❿ stay in shape / stay healthy　⓫ ingredients　⓬ eat out
   ⓭ relieve my stress　⓮ trendy / in style　⓯ Internet shopping mall

2. ❶Q : 친구들과 얼마나 자주 외출하십니까?
   A : 저는 친구들과 일주일에 두 번 정도 외출합니다.
   정답 : ⓑ

   ❷Q : 마지막으로 휴가를 간 것이 언제였습니까?
   A : 제가 마지막으로 휴가를 간 것은 두 달 전입니다.
   정답: ⓐ

   ❸Q : 매일 인터넷을 얼마나 오래 사용하십니까?
   A : 저는 매일 한 시간 정도 인터넷을 사용합니다.
   정답: ⓑ

   ❹Q : 당신은 현재 집에서 얼마나 오래 살았습니까?
   A : 저는 고등학교를 졸업한 이후로 현재 집에서 살았습니다.
   정답: ⓑ

   ❺Q : 당신은 주로 어디에서 옷을 삽니까?
   A : 저는 주로 온라인 쇼핑몰에서 옷을 삽니다.
   정답: ⓐ

3. ❶ I use food delivery service about twice a week.
   ❷ In my country, many kinds of items are recycled such as papers, cans, bottles, and so on.
   ❸ I visit the library three times a month, and I go there to study or read books.
   ❹ I consider quality and price the most when buying athletic shoes.
   ❺ I consider tourist attractions and restaurant information when I read about traveling.
   ❻ The most important quality of a good driver is driving by the rules.

4. **4번**

   I go to fine restaurants on special occasions such as anniversaries or birthdays.

   5번

   I usually try to eat exotic food at restaurants, because that kind of food is hard to cook and eat at home.

   6번

   There are several advantages and disadvantages of eating at restaurants. First, the advantage is that it is convenient. All I have to do is choose the menu and order, and I don't have to do the dishes. On the other hand, it is more expensive than cooking at home and not good for my health.

Chapter 04 Part 4. Respond to Questions Using Information Provided

1. ❶ When and where will the 12th annual company party be held?
   12번째 연간 회사 파티가 언제, 어디에서 개최되나요?

   ❷ Will I be able to ask questions after the speech?
   연설 후에 질문을 할 수 있나요?

   ❸ Are meals and beverages included in the package price?
   패키지 가격에 식사와 음료가 포함되어 있나요?

   ❹ I was told that the team presentation has been canceled. Is that correct?
   팀 프레젠테이션이 취소되었다고 들었습니다. 맞습니까?

⑤ Do you offer any discounts for children and seniors?
어린이와 연장자들에게는 할인을 제공해 주시나요?

⑥ Will there be a chance to go shopping for souvenirs?
기념품들을 쇼핑하러 갈 기회가 있나요?

⑦ Will there be any opportunities to participate in group discussions?
그룹 토론회에 참여할 수 있는 기회가 있나요?

2. ❶ e ❷ h ❸ g ❹ a ❺ c ❻ b ❼ d ❽ f

❶ I want to reserve some seats in the front. Is that okay?
맨 앞의 좌석을 예약하고 싶은데요. 괜찮나요?
e. 유감스럽지만 안 됩니다. 앞줄 좌석은 주로 공연자들의 친지들을 위해 예약되어 있습니다.

❷ What events are scheduled for June 7th?
6월 7일에는 어떤 이벤트들이 예정되어 있나요?
h. 6월 7일에 참여하실 수 있는 교육은 세 가지가 있습니다.

❸ How can I register for the seminar?
세미나 신청은 어떻게 할 수 있나요?
g. 참석하시려면, 세미나 최소 일주일 전에 등록 사무실에 신청서를 제출하셔야 합니다.

❹ Will there be anything to eat at the meeting?
회의에서 먹을 것이 제공되나요?
a. 무료 스낵과 음료수가 커피 브레이크 동안에 제공될 것입니다.

❺ Do I have to prepare anything before I go to the workshop?
워크숍에 가기 전에 준비해야 하는 것이 있나요?
c. 세일즈와 홍보에 대해 얘기할 것이므로, 오시기 전에 아이디어를 좀 생각해 오세요.

❻ Can you tell me who will be making the speech on sales strategy?
세일즈 전략에 대한 연설은 누가 할지 알려주실 수 있나요?
b. 연설은 뉴저지 지점의 Miss. Lee가 할 것입니다.

❼ Are there any discounts or special offers for large groups?
단체에는 할인이나 특가 상품들이 있나요?
d. 5명 혹은 그 이상의 단체들에게는, 바다가 보이는 특별 다이닝룸을 제공해드립니다.

❽ What time do I have to arrive at the theater?
극장에 몇 시까지 도착해야 하나요?
f. 좌석 배치가 티켓 오피스에서 이루어질 것이므로, 늦어도 5시까지는 오십시오.

3. ❶ April fourth, two thousand (and) twelve
❷ Sunday, October seventeenth
❸ February nineteenth
❹ from eleven a.m. to three forty five p.m.
❺ nineteen sixty four
two thousand (and) one
❻ thirty four dollars
one dollar (and) fifty cents
one hundred twenty one dollars (and) twenty five cents
❼ number forty seven
room number one o(zero) five
flight number twenty five

4. ❶ general admission / includes
   ❷ get a discount of
   ❸ make a reservation (reserve / book)
   ❹ planning committee (organizing committee)
   ❺ free of charge (at no cost / for free)

5. ❶ Yoga class for children is discounted by 30%.
   ❷ There will be two 10-minute intermissions(=breaks) during the performance.
   ❸ You can pick up the meeting agenda at the information desk.
   ❹ All our rooms are priced on a per night basis.
   ❺ We need one more volunteer to bring desserts.
   ❻ You can choose between the 3 o'clock movie and 5 o'clock movie.
   ❼ The fee is 200 dollars per class including materials.
   ❽ Participants can attend the group discussion or the marketing presentation.

6.

에드몬즈 컨퍼런스 센터

201 Fourth Ave., Edmonds, Washington 주/전화&팩스: 425-650-1809

컨퍼런스홀 예약 스케줄: 10월 5일–11일
(O) 이용 가능함을 의미, (X) 이용 가능하지 않음을 의미

컨퍼런스 홀/ 좌석	5 (월)	6 (화)	7 (수)	8 (목)	9 (금)	10 (토)	11 (일)
네이비 홀/20 (60달러)	(O)	(X)	(O)	(X)	(X)	(O)	(X)
옐로우 홀/35 (70달러)	(X)	(O)	(X)	(O)	(O)	(O)	(O)
바이올렛 홀/50 (85달러)	(X)	(O)	(X)	(O)	(X)	(O)	(O)
골든 홀/70 (125달러)	(O)	(O)	(O)	(X)	(X)	(X)	(X)

가격은 시간 당 기준입니다.
문의사항이나 예약은 저희 사무실로 연락 주십시오.

안녕하세요, 저는 HSV 건설의 인사부 관리자입니다. 다가오는 주에 저희 회사에 여러 회의들이 잡혀 있는데, 당신의 컨퍼런스 센터에 대해 몇 가지 질문들이 있습니다.

7번

센터는 어디에 위치해 있고, 어떻게 예약을 해야 하나요?

→ Our center is located on 201 Fourth Avenue in Edmonds, Washington, and you can make a reservation by calling our center at 425-650-1809.

저희 센터는 Washington주 Edmonds 201 Fourth Avenue에 위치해 있으며, 425-650-1809번으로 전화해서 예약하실 수 있습니다.

Answers

8번

바이올렛 홀이 70명까지 수용할 수 있다고 들었습니다. 맞나요?

→ I'm sorry, but you have the wrong information. Violet Hall can only accommodate up to 50 people, and Golden Hall can hold up to 70 people.

죄송하지만, 잘못된 정보를 알고 계시네요. 바이올렛홀은 50명 까지만 수용할 수 있고, 골든 홀이 70명까지 수용할 수 있습니다.

9번

10월 10일, 토요일에는 어떤 방들이 이용 가능하고, 얼마인가요?

→ There are three rooms you can use on October 10th. First is the Navy Hall which accommodates 20 people, and it is 60 dollars an hour. Also, we have the Yellow Hall which holds up to 35 people and is 70 dollars an hour. Finally, there is the Violet hall which accommodates 50 people, and costs 85 dollars an hour.

10월 10일에 이용하실 수 있는 방은 세 가지가 있습니다. 첫 번째는 네이비 홀인데 20명을 수용하고, 시간당 60달러 입니다. 또한, 35명까지 수용하고 시간당 70달러인 옐로우 홀도 있습니다. 마지막으로, 바이올렛 홀이 있는데 50명을 수용하며 시간당 85달러입니다.

Chapter 05　Part 5. Propose a Solution

5. ❶ 정답 (a)

Some of the employees do not organize the cleaning tools after using them, so a lot of them are missing.

몇몇 직원들이 사용 후에 청소 도구들을 정리하지 않아서, 여러 개가 없어졌습니다.

❷ 정답 (b)

I just got off the phone with our supplier, and they decided to increase their rates by 15%. I believe this will lower our overall profits, but we have worked with this company for a long time and they are very dependable.

우리 공급업체와 막 통화를 했는데, 요금을 15% 인상하기로 결정했다고 합니다. 이것은 우리의 전반적인 수익을 줄이겠지만, 우리는 이 회사와 오랫동안 거래를 해왔고, 그들은 매우 믿을만합니다.

❸ 정답 (a)

I bought a freezer from your store the other day. I installed it yesterday and stored some ice cream, but when I woke up this morning it had all melted. I think there's something wrong with the freezer, and I need it fixed as soon as possible.

일전에 당신의 가게에서 냉동고를 구입했습니다. 어제 설치를 하고 아이스크림을 넣어놨는데, 오늘 아침에 일어났더니 모두 녹았습니다. 냉동고에 이상이 있는 것 같은데, 최대한 빨리 고쳐야 합니다.

❹ 정답 (a)

As you know, the company is moving to a new office space this Friday. However, one of the employees made a mistake and ordered some new furniture to be delivered to this office next week.

당신도 알다시피, 이번 주 금요일에 회사가 새 사무실로 이사를 갑니다. 하지만, 직원 한 명이 실수를 해서 다음 주에 이 사무실로 배달되도록 새 가구들을 주문했습니다.

2. ❶ as scheduled
   ❷ (a) under warranty
      (b) at no cost (=for free / at no charge)
   ❸ (a) in time (b) reschedule
   ❹ (a) drop by (=stop by / come by)
      (b) necessary documents
   ❺ interfere with
   ❻ defective parts

3. ❶ In the meantime(=Meanwhile), I will send my secretary to the office to pick up the file.
   ❷ To compensate this matter, I will send you a 10% discount coupon.
   ❸ If things settle down, let me know when you are available.
   ❹ I found out that one of our employees made a mistake.
   ❺ I understand from your message that two workers called in sick this morning.

4. ❶ 안녕하세요, 저는 Erin Bell입니다. Lakeside에 있는 우리의 새 커피숍 지점과 관련해서 전화 드립니다. 그 지점의 매니저가 방금 전화를 했는데 지난 분기의 판매 수치가 예상했던 것보다 상당히 낮다고 얘기했습니다. 그 매니저의 말에 따르면, 우리 커피 브랜드가 충분히 홍보되지 않았고, 많은 지역 주민들이 그 가게에 대해서 모른다고 합니다. 그래서 판매를 늘리기 위해 마케팅에 대한 조언을 원한다고 했습니다. 당신이 마케팅 부서를 담당하고 있으므로, 그 지역에 있는 사람들에게 커피숍을 효과적으로 홍보할 수 있는 아이디어들을 떠올릴 수 있을 거라 생각합니다. 최대한 빨리 조언을 가지고 제게 다시 전화 주세요. 다시 한 번, 저는 Erin Bell이었습니다. 제 번호는 내선 422번입니다. 감사합니다.

첫인사

Hello Ms. Bell, this is (본인 이름) returning your call.

내용/요구사항 요약

I understand from your message that the sales figures for our coffee shop branch in Lakeside is lower than expected, and you want some advice on promoting the coffee shop.

해결책 제시

After checking into the situation, I've come up with a few ideas. Since you mentioned that our brand hasn't been promoted enough, I suggest that we place an advertisement in the local newspapers to let people know about our brand. And we can also give out free samples of coffee or discount coupons to residents on the streets.

마무리

Please feel free to contact me if you have any questions or concerns.

❷ 안녕하세요, 제 이름은 Jim Beasely이고, 저는 최근에 당신의 가게에서 핸드폰을 구입했습니다. 당신의 직원이 기술적인 설명을 해주고 모든 기능들을 보여줄 때만 해도 완전히 괜찮아 보였습니다. 그리고 별다른 문제없이 1주일 정도 사용을 했는데, 어젯밤부터 갑자기 전원을 켤 수가 없습니다. 배터리도 확인했고 제가 할 수 있는 모든 것은 다 해봤지만, 작동이 안 됩니다. 제 생각에는 핸드폰에 결함이 있는 것 같습니다. 이것은 매우 심각한 문제입니다. 왜냐하면 내일 저는 출장을 가야하고 핸드폰이 정말 필요합니다. 이 문제에 대해 어떻게 하실 건지 알고 싶습니다. 보증 기간이기 때문에 무상으로 서비스를 받을 수 있다고 알고 있습니다. 최대한 빨리 해결책을 가지고 전화 주십시오. 555-0015번으로 연락 주시면 됩니다. 감사합니다.

첫인사

Hello Mr. Beasely, this is (본인 이름) returning your call.

I understand from your message that you have a problem with the cell phone you bought at our store.

First of all, I am very sorry for the inconvenience.

After checking into the situation, I found out that the cell phone was defective like you mentioned. And yes, it is under warranty, so if you just bring the cell phone to our shop we will replace it with a new one. And to compensate this matter, I will give you a 30% discount voucher that you can use to buy any item in our store.

Please feel free to contact me if you have any questions or concerns.
Once again, I apologize for the inconvenience. Thank you.

Chapter 06　Part 6. Express an Opinion

1. ❶ socialize with
   ❷ (a) for a living
   　(b) killing two birds with one stone
   ❸ everyday life(=daily life)
   ❹ small-sized
   ❺ common sense
   ❻ symptoms
   ❼ more than I can manage
   ❽ work load
   ❾ be exposed to
   ❿ (a) enthusiasm
   　(b) I completely agree
   ⓫ genetically related
   ⓬ part-time job

2. ❶ I am allergic to animal fur.
   ❷ The library was full of reading materials, so it was helpful for my project.
   ❸ I get allowance from my parents, so I don't have much money.
   ❹ They gave me an opportunity to work at the company.
   ❺ I can easily concentrate on(=focus on) my studies because the library has a quite atmosphere.
   ❻ I think companies should consider people's background when they hire new employees.
   ❼ I grew up in a big city from my childhood.
   ❽ I didn't have to care about my appearances(=looks) because I wore school uniforms in highschool.

3. ❶ (1) There are many violent games these days, so young people can become aggressive.
   (2) Young people easily get addicted to games. So playing computer games can interrupt their studies.

   ❷ (1) Big cities have a systematic public transportation system. So traveling somewhere is very convenient.
   (2) I can easily relieve my stress, because there are many kinds of entertainment facilities in the city.

   ❸ (1) I think retirement based on age is unfair. All people have the right to work.
   (2) If a teacher is old, he(or she) would have more experiences and knowledge.

   ❹ (1) Since small companies usually have less employees than big companies, there would be less competition between workers.
   (2) In a small company, employees can accomplish their goals in a small-sized group, and it would be easier to get their abilities recognized.

4. ❶ 

I prefer a job that requires me to transfer a lot to a job that requires me to work at one place for a long time. There are several reasons to support my opinion.

본론

First, I like traveling to new places and meeting new people. So if I could choose, I would get a job with many traveling opportunities. It would also help build my social skills, because I would have to learn how to adapt to new environments. Secondly, I like traveling. So if I could work for a living and transfer to a lot of places, it is killing two birds with one stone. I can earn money and enjoy my life at the same time.

마무리

For these reasons, I prefer a job that requires me to transfer a lot.

   ❷ 

I agree that the Internet is the best way of getting information when buying new products. There are several reasons to support my opinion.

본론

First of all, the Internet has many information, and because everyone uses the Internet these days, people can share information. There are many blogs, Internet cafes, and web sites that have helpful information. For example, last month I ran out of cosmetics, so I had to buy new ones. So I searched up some information on a cosmetics blog, and found a product that many people recommended. I bought the products, and I was satisfied. Secondly, searching for information on the Internet is very convenient. We can access the Internet easily through computers or cell phones. And we can easily compare products or prices without going to the store, so we can save time.

마무리

For these reasons, I agree that the Internet is the best way of getting information when buying new products.